"十四五"普通高等教育精品系列教材

U0518461

新编管理会计

（第二版）

▶ 主　编◎陈春艳　钟　莉
▶ 副主编◎何劲军　余新培

西南财经大学出版社

中国·成都

图书在版编目(CIP)数据

新编管理会计/陈春艳,钟莉主编;何劲军,余新培副主编.—2 版.—成都:西南财经大学出版社,2024.1
ISBN 978-7-5504-6094-2

Ⅰ.①新… Ⅱ.①陈…②钟…③何…④余… Ⅲ.①管理会计
Ⅳ.①F234.3

中国国家版本馆 CIP 数据核字(2024)第 023658 号

新编管理会计(第二版)

XINBIAN GUANLI KUAIJI

主　编　陈春艳　钟　莉
副主编　何劲军　余新培

策划编辑:孙　婧
责任编辑:廖　韧
责任校对:植　苗
封面设计:墨创文化
责任印制:朱曼丽

出版发行	西南财经大学出版社(四川省成都市光华村街 55 号)
网　　址	http://cbs. swufe. edu. cn
电子邮件	bookcj@ swufe. edu. cn
邮政编码	610074
电　　话	028-87353785
照　　排	四川胜翔数码印务设计有限公司
印　　刷	郫县犀浦印刷厂
成品尺寸	185mm×260mm
印　　张	18.375
字　　数	430 千字
版　　次	2024 年 1 月第 2 版
印　　次	2024 年 1 月第 1 次印刷
印　　数	1— 2000 册
书　　号	ISBN 978-7-5504-6094-2
定　　价	39.80 元

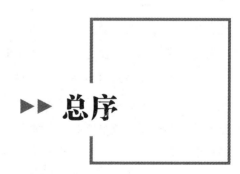

总序

　　21 世纪普通高等院校系列规划教材自 2008 年首次策划和出版以来,通过西南地区普通高等院校经济管理学院院长联席会议多轮次研讨,按照"分类指导、突出特色、重在改革"的原则,以教育教学改革和优质资源共享为手段,以提高人才培养质量为目标,先后编写和出版了九个系列百余本经济管理类本科教材,对推动普通高等院校经济管理类本科教材建设和课堂教学质量提升取得了良好的效果。

　　党的十九大以来,中国高等教育进入了新的发展阶段。以习近平同志为核心的党中央高度重视高等教育,对高等教育工作做出了一系列重大决策部署,要求高校落实立德树人的根本任务,坚持"以本为本"、推进"四个回归",建设一流本科教育。《教育部关于加快建设高水平本科教育全面提高人才培养能力的意见》(又称"新时代高教 40 条")对新时代高等教育的指导思想、总体目标和主要任务进行了全面和系统的规定。2018 年,教育部启动"六卓越一拔尖"计划 2.0,提出了建设新工科、新医科、新农科、新文科,其中新文科建设成为人文社科类一流本科专业建设的目标和方向。

　　近 20 年来,无论是财经院校或综合性高等院校,还是地方院校或专业性高等院校,经济管理类专业招生规模增长迅速,经济管理类专业建设是新文科建设的重要内容。在新文科建设背景下,近年来,有专家、学者根据经济管理类专业的教育教学规律和特征,提出了新财经和新商科教育的理念。新文科就是用符合世界高等教育发展规律和中国特色社会主义建设要求的新理念、新模式、新理论和新方法,改造传统的人文社科专业,以实现人文社科专业的新交叉、新功能、新范式与新路径。它是一个覆盖哲、史、经、管、文、教、法七个人文社科学科门类的广义概念。新文科建设主要包含学科专业交叉、人才培养和教育教学改革三个方面。新财经是新文科的一个分支,是经济学与管理学门类学科专业的新文科建设。概括而言,就是根据教育发展规律，立足中国基本经济制度和经济社会发展的阶段性特征，用新理论、新思想、新技术和新方法改造传统的经济管理学科教育教学，达成经济管理学科教育教学的新体系、新模式、新路径和新质量。新商科是新文科的建设思路在管理学科专业特别是工商管理和部分应用性经济学科专业的应用，目的是培养既掌握商科知识，又具有现代技术特别是信息技术运用能力的应用型和管理型人才。

教育部建设一流本科教育的主要抓手是一流专业、一流课程的两个"双万计划"，并对一流课程建设提出了体现高阶性、创新性和挑战度的"两性一度"要求，而一流课程必须有一流的教材支撑。"新时代高教 40 条"对一流教材也提出了明确要求，即必须创新教材呈现方式和话语体系，实现理论体系向教材体系转化、教材体系向教学体系转化、教学体系向学生知识体系和价值体系转化（三个"转化"），体现教材的科学性、前沿性，增强教材的针对性、实效性，让教材成为教书和育人相统一的载体。这意味着在新文科建设背景下，新财经教材既要服务于一流课程建设，提高"两性一度"，又要服务于中国特色的哲学社会科学理论体系、学术体系和话语体系，更要服务于本科教育教学的知识传授、价值塑造和能力培养三大基本功能的发挥。党的二十大报告指出"加强教材建设和管理"。因此，编委会决定按照新文科建设的新要求，以新财经教材为目标，引导和指导各相关教师对已有课程教材进行大幅度的修订或重编，并根据本科专业建设和发展的需要，组织编写新课程教材。总体而言，我们将对新财经教材进行三项改革，并力图体现三个特征：

第一，改革教材的理论知识体系，吸收最新学科专业成果，体现出新财经教材的科学性和挑战度。其一，教材必须要吸收最新学科理论成果。进入新世纪以来，随着科技革命的不断深入，经济不断全球化和信息化，以科技为先导、以经济为中心的综合国力竞争不断加剧，再加上气候变化和新冠疫情（新型冠状病毒感染）、贸易保护主义抬头、逆全球化和全球不断加剧的滞涨，传统的经济管理理论受到巨大挑战，新的经济理论和管理理论成果不断出现，这需要我们把这些理论新成果添加进教材，升级理论框架。其二，教材必须要吸收专业交叉的知识。科技创新有原始创新、集成创新和引进消化再创新三种方式，其中集成创新就是多个学科专业、多种技术手段的集成和交叉融合创新，是创新的主要方式。专业交叉也非常有必要，当前主要是现代信息技术与经济管理专业知识的交叉和融合，因此要更新知识体系，体现出学科知识的科学性和交叉融合性。其三，教材必须要增"负"和提高挑战度。较长时间以来，大学本科的"水"课多和"严进宽出"一直为社会所诟病，同时产业升级、经济发展对学生的知识水平和综合实践能力的要求也不断提高，为了支撑一流课程建设，必须为教材增"负"和提高挑战度。

第二，改革教材的价值体系，服务中国经济科学和经济建设，体现新财经教材的价值引领和目标导向。其一，教材建设必须要体现中国特色哲学社会科学的建设成果。

习近平总书记指出，要从我国改革发展实践中提出新观点、构建新理论，努力构建具有中国特色、中国风格、中国气派的学科体系、学术体系、话语体系；《中共中央关于加快构建中国特色哲学社会科学的意见》要求加快构建中国特色哲学社会科学。较长时期以来，西方经济学理论和方法在我国经济学科建设中占据了重要地位。新财经教材必须在理论体系和教学内容上做出重大转变，以习近平新时代中国特色社会主义思想为指导，综合运用马克思主义政治经济学理论和借鉴吸收西方主流经济理论，建构中国经济学科的理论框架，解决"道"的问题；总结提炼中国经济改革开放实践经验和参考借鉴西方资本主义经济方法、机制等设计中国经济运行的模式、机制和路径，解决"术"的问题，做到以道驭术、以术行道。其二，教材必须致力于培养中国特色社会主义经济建设者和接班人。不同于西方的资本主义经济制度，党的十九届四中全会指出，中国社会主义基本经济制度有三项：公有制为主体、多种所有制经济共同发展，按劳分配为主体、多种分配方式并存，以及社会主义市场经济体制。新财经教材必须立足于既能巩固和发展中国的基本经济制度，又能借鉴西方经济学的理论和方法，推动人类命运共同体建设。总之，新财经教材要有利于学生实现三个维度的教育教学目标：掌握基本知识、基本理论和基本方法的知识目标，提高学生思想政治素质和经世济民情怀的素养目标，增强学生运用现代科技手段进行经济分析和经营管理的能力目标。

第三，改革教材呈现方式，兼顾教育教学的需求，体现教材的现代性和应用性。其一，教材要便于以学生为中心的自主学习。要运用新一代信息技术，推进对教材内容、教学资源更多地采用互联网、二维码、微视频等现代信息技术手段，加快数字化教材建设，同时服务于MOOC、SPOC和微课等新型课程形式，加快教材与课程一体化建设，方便学生自主学习。其二，教材要便于教师组织系统性教学。围绕当前的一流课程建设，教材的结构要兼顾理论教学与实验教学、第一课堂与第二课堂、线下与线上教学的需要，教材的呈现形式需要更加多样化。其三，教材要服务于普通本科的应用性教学。普通高校以培养应用型人才为主，教材必须做到产教融合，即把握产业发展趋势，反映行业的新知识、新技术和新进展，关注新行业、新业态和新产品，体现教材的针对性和实效性。

为了编好本系列教材，西南财经大学出版社采取了与之前不同的模式，根据教材性质和特点有针对性地邀请有相同任课经历的资深教授担任匿名评审专家，从而对教材进行咨询并提出评阅意见，供教材编委会参考。在出版社的组织和协调下，该系列教材由各院校具有丰富教学经验的高级职称教师担任主编，由主编拟订教材编写大纲，经教材编委会审核后再修订或编写。同时，每一种教材均由多所院校的一线教师合作，取长补短、共同提升。截至2021年年底，该系列教材中已有10多种成为省部级一流课程或课程思政示范课教材。

我们希望，在新文科建设背景下，在新财经和新商科教育目标下，通过主编、编写人员及使用教材的师生的共同努力，让此系列教材成为支持新时代普通本科院校一流专业和一流课程建设的一流教材。最后，我们对各经济学院、管理学院和商学院院长的大力支持、各位编者的认真编写以及西南财经大学出版社编辑的辛勤劳动表示衷心的感谢！

编委会

2022 年 12 月

▶▶ 序言

　　盛夏的邕城南宁，酷暑难耐，骄阳似火。为了落实推进"党的二十大精神"进教材活动，结合专业特点，我们启动了本教材的修订工作。

　　本次修订的主题是在专业知识中有效融入"党的二十大精神"课程思政元素，我们紧密围绕"培养什么人、怎样培养人、为谁培养人"这一教育根本问题推进本教材修订。

　　管理会计自产生以来，经过近一个世纪的发展和实践，其理论不断完善并在企业经营管理中发挥着不可替代的重要作用。进入 21 世纪，人们对管理会计的重要性有了重新认识，理论界和实务界的一些专家和学者更是提出了 21 世纪是管理会计的时代。2014 年被业界誉为管理会计"元年"，财政部大力推进管理会计体系建设，当年 11 月出台的《关于全面推进管理会计体系建设的指导意见》，开启了管理会计改革与发展的新篇章。2016 年 6 月，财政部发布《管理会计基本指引》（财会〔2016〕10 号），将管理会计普遍规律上升为标准，对管理会计的基本原则、基本目标、基本要素等内容进行了总结、提炼，为单位全面准确理解管理会计、科学系统应用管理会计提供了基本框架，指引了方向，有利于加强单位管理会计工作，是我国管理会计体系建设取得的重大突破。《管理会计基本指引》首次以官方发布基本指引的形式确立了管理会计在中国会计体系中的地位，管理会计的建设和运用被提升至国家战略层面的高度。2016 年 10 月，财政部发布《会计改革与发展"十三五"规划纲要》，直接将管理会计人才列为"行业急需紧缺人才"，并明确提出"到 2020 年培养 3 万名精于理财、善于管理和决策的管理会计人才"的任务目标。财政部的系列举措，说明了传统会计向管理会计转型已经成为社会共识。

　　作为财经类专业的主干课程，许多高等院校积极投入管理会计的课程建设和教材建设中。基于此，我们在征求高校教师、实务界意见，反复研究并参照了中外各层次、各版本管理会计教材的基础上，精心设计了本书的内容及结构体系，获得了 2019 年广西财经学院优秀教材立项。在立项基础上以马英华教授、陈春艳副教授主编的《管理会计》相关资源为依托，组织多年来一直从事管理会计教学、具有丰富教学经验的教师编写了本教材。本教材适合高等院校管理类会计专业、财务管理专业、工商管理专业等相关专业的学生使用，还可以作为企事业单位培训在职财会人员和社会培训财会人员的参考用书。

教材共分为十章，系统介绍了管理会计基础理论、成本性态与变动成本法、本量利分析、预测分析、短期经营决策、成本控制、责任会计、作业成本管理、战略管理会计的相关知识和理论。本教材既包括管理会计基础知识理论，同时也吸收了管理会计新的知识和成果，丰富了管理会计的教学内容。同时，每章附有学习目标、小结、关键术语、综合练习题，方便读者进行学习，巩固所学知识。

本教材由广西财经学院的陈春艳副教授担任第一主编，广西财经学院钟莉老师担任第二主编。陈春艳负责本书的总体设计、大纲制定和定稿修改，并撰写第五章和第八章；钟莉担任主审并撰写第六章和第七章；广西财经学院余新培教授撰写第四章；广西财经学院何劲军副教授撰写第二章；广西财经学院曹向副教授撰写第三章；广西财经学院康玲副教授撰写第九章；第一章由陈春艳和马英华教授共同撰写；第十章由陈春艳和广西科技师范学院胡国强教授共同撰写。

在本书出版之际，感谢西南财经大学出版社和广西财经学院各级领导的支持，同时感谢对本书提出宝贵意见的实务界朋友和学校的各位同仁。我们对本书倾注了不少心血，但由于作者能力和水平有限，书中难免存在问题和不足，恳请广大读者批评指正。

编者
2023 年 8 月

▶▶ 目录

第一章

总论

【学习目标】

掌握：管理会计的概念、职能和基本内容；管理会计与财务会计的区别与联系。

熟悉：管理会计的基本假设与基本原则。

了解：管理会计的发展历程。

【关键术语】

管理会计；预测；决策；规划；控制；评价

第一节　管理会计概述

一、管理会计的概念

（一）管理会计的定义

管理会计（management accounting）是会计的一个重要分支，是对整个企业及各个责任单位的经济活动进行预测、决策、规划、控制和评价，为管理和决策提供信息，并参与企业经营管理的对内报告会计。

应当从以下几个方面来理解管理会计的定义：

（1）管理会计的对象是企业的经营活动及其价值表现；

（2）管理会计的手段是对财务信息等进行深加工和再利用；

（3）管理会计与企业管理的关系是部分与整体的从属关系；

（4）管理会计的本质既是一种侧重于在现代企业内部经营管理中直接发挥作用的

会计，又是企业管理的重要组成部分，因而也有人称其为"内部经营管理会计"，简称"内部会计（internal accounting）"。

（二）管理会计定义的其他观点

1. 西方学者的观点

尽管管理会计的理论和实践最先起源于西方社会，但迄今为止在西方尚未形成统一的管理会计定义。有人将管理会计描述为"向企业管理当局提供信息以帮助其进行经营管理的会计分支"，也有人认为"管理会计就是会计与管理的直接融合"。

美国会计学会（American Accounting Association，AAA）于 1958 年和 1966 年先后两次为管理会计提出了如下定义："管理会计是指在处理企业历史和未来的经济资料时，运用适当的技巧和概念来协助经营管理人员拟订能达到合理经营目的的计划，并做出能达到上述目的的明智的决策。"显然，他们将管理会计的活动领域限定于微观，即企业环境。

从 20 世纪 70 年代起，许多西方研究者将管理会计描述为"现代企业会计信息系统中区别于财务会计的另一个信息子系统"。

1981 年，全美会计师协会（National of Association Accountants，NAA）下设的管理会计实务委员会指出，管理会计是向管理当局提供用于企业内部计划、评价、控制，以及确保企业资源的合理使用和经管责任的履行所需财务信息的确认、计量、归集、分析、编报、解释和传递的过程，并指出管理会计同样适用于非营利的机关团体。这一定义扩大了管理会计的活动领域，指明管理会计的活动领域不应仅限于"微观"，还应扩展到"宏观"。

1982 年，英国成本与管理会计师协会（Institute of Cost and Management Accountants，ICMA）给管理会计下了一个更为广泛的定义，认为除了外部审计以外的所有会计分支（包括簿记系统、资金筹措、编制财务计划与预算、实施财务控制、财务会计和成本会计等）均属于管理会计的范畴。

1988 年 4 月，在国际会计师联合会（Intemational Federation of Accountants，IFAC）下设的财务和管理会计师委员会发表的《论管理会计概念（征求意见稿）》一文中明确表示："管理会计可定义为——在一个组织中，管理部门用于计划、评价和控制的（财务和经营）信息的确认、计量、收集、分析、编报、解释和传输的过程，以确保其资源的合理使用并履行相应的经营责任"。

2. 我国学者的观点

20 世纪 70 年代末 80 年代初，西方管理会计学的理论被传播到中国。我国会计学者在解释管理会计定义时，提出如下主要观点：

（1）管理会计是从传统的、单一的会计系统中分离出来，与财务会计并列的独立学科，是一门新兴的综合性的边缘科学（余绪缨，1982）。

（2）管理会计是西方企业为了加强内部经济管理，实现利润最大化这一企业经营目标的最终目的，灵活运用多种多样的方式方法，收集、储存、加工和阐明管理当局合理地计划和有效地控制经济过程所需要的信息，围绕成本、利润、资本三个中心，分析过去、控制现在、规划未来的一个会计分支（汪家裙，1987）。

（3）管理会计是通过一系列方法，利用财务会计、统计及其他有关资料进行整理、计算、对比和分析，是企业内部各级管理人员能据以对各个责任单位和整个企业日常和未来的经济活动及其发出的信息进行规划、控制、评价与考核，并帮助企业管理当局做出最优决策的一整套信息系统（李天民，1995）。

（4）管理会计是将现代化管理与会计融为一体，为企业的领导者和管理人员提供管理信息的会计，它是企业管理信息系统的一个子系统，是决策支持系统的重要组成部分（余绪缨，1999）。

二、管理会计的职能

管理会计的职能是指管理会计实践本身客观存在的必然性所决定的内在功能。按照管理五项职能的观点，可以将管理会计的主要职能概括为以下五个方面：预测经济前景、参与经济决策、规划经营目标、控制经济过程和考核评价经营业绩。

（一）预测经济前景

预测是指采用科学的方法预计推测客观事物未来发展必然性或可能性的行为。管理会计发挥预测经济前景的职能，就是按照企业未来的总目标和经营方针，充分考虑经济规律的作用和经济条件的约束，选择合理的量化模型，有目的地预计和推测未来企业销售、利润、成本及资金的变动趋势和水平，为企业经营决策提供第一手资料。

（二）参与经济决策

决策是在充分考虑各种可能的前提下，按照客观规律的要求，通过一定程序对未来实践的方向、目标、原则和方法做出决定的过程。决策既是企业经营管理的核心，也是各级各类管理人员的主要工作。由于决策工作贯穿于企业管理的各个方面和整个过程的始终，因而作为管理有机组成部分的会计（尤其是管理会计），必然具有决策职能。企业的重大决策，都应该有会计部门参加，因此，也有人将其称为参与决策。

管理会计发挥参与经济决策的职能，主要体现在根据企业决策目标搜集、整理有关信息资料，选择科学的方法计算有关长短期决策方案的评价指标，并做出正确的财务评价，最终筛选出最优的行动方案。

（三）规划经营目标

管理会计的规划职能是通过编制各种计划和预算实现的。它要求在最终决策方案的基础上，将事先确定的有关经济目标分解落实到各有关预算中去，从而合理有效地组织协调产、销及人、财、物之间的关系，并为控制和责任考核创造条件。

（四）控制经济过程

控制经济过程是管理会计的重要职能之一。这一职能的发挥要求将对经济过程的事前控制同事中控制有机地结合起来，即事前确定科学可行的各种标准，并根据执行过程中的实际与计划发生的偏差进行原因分析，以便及时采取措施进行调整，改进工作，确保经济活动的正常进行。

（五）考核评价经营业绩

现代管理十分注重充分调动人的积极性，贯彻落实责任制是企业管理的一项重要任务。管理会计履行考核评价经营业绩的职能，是通过建立责任会计制度来实现的。在各部门、各单位及每个人均明确各自责任的前提下，逐级考核责任指标的执行情况，找出成绩和不足，从而为奖惩制度的实施和未来工作改进措施的形成提供必要的依据。

三、管理会计的基本内容

管理会计的内容是指与其职能相适应的工作内容，包括预测分析、决策分析、全面预算、成本控制和责任会计等。其中，前两项内容合称为预测决策会计，全面预算和成本控制合称为规划控制会计。预测决策会计、规划控制会计和责任会计三者既相对独立，又相辅相成，共同构成了现代管理会计的基本内容。

（一）预测决策会计

预测决策会计是指管理会计系统中侧重于发挥预测经济前景和实施经营决策职能的最具有能动作用的会计子系统。它处于现代管理会计的核心地位，又是现代管理会计形成的关键标志之一。

（二）规划控制会计

规划控制会计是指在决策目标和经营方针已经明确的前提下，为执行既定的决策方案而进行有关规划和控制，以确保预期奋斗目标顺利实现的管理会计子系统。

（三）责任会计

责任会计是指在组织企业经营时，按照分权管理的思想划分各个内部管理层次的相应职责、权限及所承担义务的范围和内容，通过考核评价各有关方面履行责任的情况，反映其真实业绩，从而调动企业全体职工积极性的管理会计子系统。

四、管理会计的基本假设

管理会计的基本假设，是指为实现管理会计目标，合理界定管理会计工作的时空范围，统一管理会计操作方法和程序，满足信息收集与处理的要求，从纷繁复杂的现代企业环境中抽象概括出来的、组织管理会计工作不可缺少的一系列前提条件的统称。管理会计基本假设的具体内容包括多层主体假设、理性行为假设、合理预期假设、充分占有信息假设等。

（一）多层主体假设

多层主体假设又称多重主体假设，该假设规定了管理会计工作对象的基本活动空间。由于管理会计主要面向企业内部管理，而企业内部可划分为许多层次，所以，管理会计假定其会计主体不仅包括企业整体，而且还包括企业内部各个层次的所有责任单位。

（二）理性行为假设

该假设包含两重意义：第一，由于管理会计在履行其职能时，往往需要在不同的程序或方法中进行选择，就会使其工作结果在一定程度上受到人的主观意志影响。因此，管理会计假定，管理会计师总是出于设法实现管理会计工作总体目标的动机，能够采取理性行为，自觉地按照科学的程序与方法办事。第二，假定每一项管理会计具体目标的提出，完全出于理性或可操作性的考虑，能够从客观实际出发。既不将目标定得过高，也不至于含糊不清，无法操作。

（三）合理预期假设

合理预期假设也称灵活分期假设。该假设规定为了满足管理会计面向未来决策的要求，可以根据需要和可能，灵活地确定其工作的时间范围或进行会计分期，不必严格地受财务会计上的会计年度、季度或月份的约束；在时态上可以跨越过去和现在，一直延伸到未来。

（四）充分占有信息假设

该假设从信息搜集及处理的角度提出。一方面，管理会计采用多种计量单位，不仅充分占有和处理相关企业内部、外部的价值量信息，而且还占有和处理其他非价值量信息；另一方面，管理会计所占有的各种信息在总量上能够充分满足现代信息处理技术的要求。

五、管理会计的基本原则

管理会计原则是指在明确管理会计基本假设基础上，为保证管理会计信息符合一定质量标准而确定的一系列主要工作规范的统称。管理会计基本原则的内容包括最优化原则、效益性原则、决策有用性原则、及时性原则、重要性原则、灵活性原则等。

（一）最优化原则

它是指管理会计必须根据企业不同管理目标的特殊性，按照优化设计的要求，认真搜集、筛选、加工和处理数据，以提供能满足科学决策需要的最优信息。

（二）效益性原则

该原则包括两层含义：第一，信息质量应有助于管理会计总体目标的实现，即管理会计提供的信息必须能够体现管理会计为提高企业总体经济效益服务的要求；第二，坚持成本—效益原则，即管理会计提供信息所获得的收益必须大于为取得或处理该信息所花费的信息成本。

（三）决策有用性原则

现代管理会计的重要特征之一是面向未来决策，因此，是否有助于管理者正确决策，是衡量管理会计信息质量高低的重要标志。决策有用性是指管理会计信息在质量上必须符合相关性和可信性的要求。

信息的相关性是指管理会计所提供的信息必须紧密围绕特定决策目标，与决策内容或决策方案直接联系，符合决策要求。对决策者来说，不具备相关性的信息不仅毫无使用价值，而且干扰决策过程，加大信息成本，必须予以剔除。由于不同决策方案的相关信息是不同的，这就要求具体问题具体分析，不能盲目追求所谓全面完整。

信息的可信性又包括可靠性和可理解性两个方面，前者是指所提供的未来信息估计误差不宜过大，必须控制在决策者可以接受的一定可信区间内；后者是指信息的透明度必须达到一定标准，不至于导致决策者产生误解。前者规范的是管理会计信息内在质量的可信性，后者规范的是管理会计信息外在形式上的可信性。只有同时具备可靠性和可理解性的信息，才可以信赖并加以利用。

必须注意的是，不能将管理会计提供的未来信息应当具备的可靠性与财务会计提供的历史信息应具备的准确性、精确性或真实性混为一谈。

（四）及时性原则

这个原则要求规范管理会计信息的提供时间，讲求时效，在尽可能短的时间内迅速完成数据收集、处理和信息传递，确保有用的信息得以及时利用。不能及时发挥作用的、过时的管理会计信息，从本质上看也是没有用处的。管理会计强调的及时性，其重要程度不亚于财务会计所看重的真实性、准确性。

（五）重要性原则

虽然管理会计并不需要像财务会计那样，利用重要性原则来修订全面性原则，但也强调在进行信息处理时，应当突出重点，抓住主要矛盾。对关键的会计事项，认真对待，采取重点处理的方法，分项单独说明；对次要事项，可以简化处理，合并反映；对于无足轻重或不具有相关性的事项，甚至可以忽略不计。贯彻重要性原则，必须考虑到成本-效益原则和决策有用性原则的要求。同时，重要性原则也是实现及时性的重要保证。

（六）灵活性原则

尽管管理会计也十分讲究其工作的程序化和方法的规范化，但必须增强适应能力，根据不同任务的特点，主动采取灵活多变的方法，提供不同信息，以满足企业内部各方面管理的需要，从而体现灵活性原则的要求。

第二节　管理会计的产生与发展

管理会计自问世以来，已经发展了一个世纪。在这个过程中，同其他任何新鲜事物一样，管理会计从无到有、从小到大，经历了由简单到复杂、从低级到高级的发展过程。

一、管理会计的历史沿革

从客观内容上看，管理会计的实践最初萌生于19世纪末20世纪初，其雏形产生于20世纪上半叶，正式形成和发展于第二次世界大战之后，20世纪70年代后在世界范围内得以迅速发展。

（一）管理会计的形成与发展

1. 传统管理会计阶段（20世纪初—20世纪40年代）

这个阶段是以成本控制为基本特征的管理会计阶段（也是管理会计的萌芽阶段）。

传统的财务会计始终停留在记账、算账上，其主要的目标就是事后向与企业有经济利害关系的团体和个人提供企业财务状况、经营结果的会计信息。但随着社会生产力水平的提高和商品经济的迅速发展，传统的因袭管理方式所无法克服的粗放经营、资源浪费严重、企业基层生产效率低下等弊端同大机器工业生产的矛盾越来越尖锐。于是，取代旧的落后的"传统管理"的"科学管理"方式在19世纪末20世纪初应运而生。在美国出现了以泰罗和法国的法约尔为代表人物的"古典管理理论"。

泰罗的科学管理，其实质就是通过标准化的劳动工具、劳动动作、劳动定额等来进行标准化的管理。这时传统的财务会计所提供的事后信息，已经不能满足这种在管理上的变化，为了配合标准化管理的实施，将事先的计算和事后的分析即"标准成本制度""预算控制"和"差异分析"等方法引入原有的会计体系，强调会计不仅要为外界的利益相关者服务，也要为加强内部管理服务。使人们意识到泰罗所创建的科学管理理论，对加强企业内部管理、减少浪费、降低成本、提高劳动生产率等起着不容忽视的作用。

20世纪初，在美国会计实务中开始出现了以差异分析为主要内容的"标准成本计算制度"和"预算控制"，这标志着管理会计雏形的产生。但此时的管理会计是在市场供不应求、企业的发展战略清晰的前提下，以协助企业在实际工作中如何提高生产效率和生产效果为基本出发点的。

在西方会计发展史上，美国会计学者奎因坦斯在1922年写的《管理的会计：财务管理入门》一书中第一次提出了"管理会计"这个术语，当时被称为"管理的会计"。此时的管理会计，还只是一种局部性、执行性的管理会计，"以成本控制为中心"是此阶段的基本特征。

2. 现代管理会计阶段（20世纪50年代至80年代）

这个阶段是以预测、决策为基本特征的管理会计阶段。

（1）20世纪50—70年代。

20世纪50年代，世界经济进入第二次世界大战后发展的新时期以来，技术革命的浪潮日益高涨，迅速推动社会生产力的进步。具体表现在新装备、新工艺、新技术得到广泛采用，产品更新换代周期普遍缩短，新兴产业部门层出不穷，资本集中规模越来越大，跨国公司大批涌现，生产经营的社会化程度空前提高，企业内部各部门乃至职工个人之间的联系普遍增强。

在这个阶段，管理会计适应现代经营管理的要求，不仅完善发展了规划控制会计的理论与实践，而且还产生了以"管理科学学派"为依据的预测决策会计，因而预测、决策分析成了这个时期管理会计的新研究焦点。本量利分析、成本估算、投入产出法、线性规划、存货控制、数理统计推断、控制论、系统论、信息经济学的成本效益分析技术、不确定性分析、现代心理学和行为科学以及电脑技术被广泛应用于管理会计，从而大大提高了管理会计预测和决策的水平，丰富了管理会计的内容。

在现代管理会计阶段，管理会计的实践内容及其特征发生了较大的变化，其应用范围日益扩大，作用越来越明显，越来越受到重视。一些国家还相继成立了专业的管理会计团体。这标志着现代管理会计进入了成熟期。

早在 20 世纪 50 年代，美国会计学会就设立了管理会计委员会。1969 年，全美会计师协会（NAA）成立了专门研究管理会计问题的高级委员会——管理会计实务委员会（Management Accounting Practices Committee，MAPC），陆续颁布了一系列指导管理会计实务的公告，以促进管理会计师的职业化和提高会计学的教学水平。在这些公告涉及管理会计目标、术语、概念、惯例与方法、会计活动管理等诸方面内容。这些团体大多出版专业性刊物，如《管理会计》月刊，并在全世界发行。现在已有许多国家出版发行管理会计专业杂志。

1952 年会计学术界在伦敦举行了会计师国际代表大会，在此大会上正式提出"管理会计"术语。1972 年，全美会计师联合会（NAA）下面单独设立了管理会计协会（IMA），并创办了"管理会计证书"项目，举行管理会计师资格并举行考试。与此同时英国也成立了成本和管理会计师协会并举行考试。从此，西方出现了有别于注册会计师（CPA）的注册管理会计师（CMA）。

（2）20 世纪 80 年代。

20 世纪 80 年代初期，管理会计理论发展的最大推动力是经济学的委托代理理论。这一理论为责任会计的产生和企业的内部控制奠定了基础。随着信息技术和社会经济的飞速发展，特别是会计界通过对管理会计实践经验的研究，逐步摸索出一套能够与实践相结合的理论与方法体系，从而迎来了一个以"作业"为核心的"作业管理会计"时代。

"作业管理会计"与美国管理学家波特提出的"价值链"观念相呼应，并借助"作业管理"致力于如何为企业"价值链"优化服务。

上述分析表明，此阶段的管理会计有"以预测决策会计为主、以规划控制会计和责任会计为辅"的基本特征，并紧紧围绕着如何为企业"价值链"的优化和价值的增值提供相关信息而展开。

3. 以重视人与环境为基本特征的战略管理会计阶段（20 世纪 90 年代至今）

20 世纪 90 年代，随着人文主义思潮的兴起，管理理念由物本管理向人本管理转变，引发了管理会计思想观念的创新，平衡计分卡的设计与应用正是当代管理会计理论与实践最重要的发展之一。

平衡计分卡所体现的"五个结合"即战略与战术、当前与未来、内部条件与外部环境、经营目标与业绩评价、财务衡量与非财务衡量相结合。无论从理论认识还是从实际应用上，都实现了新的突破，它完全突破了传统意义上会计的局限，而成为新的历史条件下创建新的综合性管理系统的一个重要里程碑。

近 20 年来，越来越多的国家加大了应用和推广管理会计的力度，越来越多的最新研究成果（如作业成本法、适时制等）被迅速应用到企业的管理实践之中。一些国家成立了管理会计师职业管理机构，相继颁布了管理会计工作规范和执业标准。国际会计标准委员会和国际会计师联合会等国际性组织也成立了专门的机构，尝试制定国际管理会计准则，颁布了有关管理会计师的职业道德规范等文件。近期，人们将研究的热点集中在管理会计工作系统化和规范化、管理会计职业化和社会化，以及国际管理会计和战略管理会计等课题上。可见，现代管理会计具有系统化、规范化、职业化、社会化和国际化的发展趋势。

未来的管理会计将"以人为本"为基本特征，其核心将从企业价值增值向企业核心能力培植转变，并围绕着企业综合业绩评价制度来构建其基本的框架体系。如何构建"以人为本"并适应企业组织结构或体制的激励机制与管理报酬计划将成为未来管理会计实践的重要内容。

（二）管理会计在我国的发展

我国是从 20 世纪 70 年代末 80 年代初开始向发达国家学习并引进有关管理会计知识的，至今已有 40 年左右的历史，先后经历了宣传介绍、吸收消化和改革创新三个阶段。

1. 宣传介绍阶段

这个阶段大致经过了 3~5 年。在这个阶段，我国会计理论工作者和国家有关部门组织了外文管理会计教材的翻译、编译工作和国内教材的编写工作：1979 年机械工业部组织翻译出版了第一部《管理会计》；国家有关部门委托国内著名专家教授编写的分别用于各种类型财经院校教学使用的两部《管理会计》教材于 1982 年前后与读者见面。此后，我国又大量出版了有关管理会计的普及性读物；财政部、教育部先后在厦门大学、上海财经大学和大连理工大学等院校举办全国性的管理会计师资格培训班和有关讲座，聘请外国学者来华主讲管理会计课程。

2. 吸收消化阶段

大约从 1983 年起，我国会计学界多次掀起学习管理会计、应用管理会计，建立具有中国特色的管理会计体系的热潮。在全国范围内，许多会计实务工作者积极参与"洋为中用，吸收消化管理会计"的活动。有的单位成功地运用管理会计的方法解决了一些实际问题，尝到了甜头。但是，由于当时我国经济体制改革的许多措施尚未到位，尤其是我国财务会计管理体制仍旧沿用计划经济模式的那套办法，到后期，管理会计中国化的研究难以取得重大突破，甚至出现了怀疑管理会计能否在中国行得通的思潮，管理会计的发展出现了滑坡。

3. 改革创新阶段

1993 年财务会计管理体制转轨变型，会计界开始走上与国际惯例接轨的正确道路，为管理会计在中国的发展创造了新的契机。迅速掌握能够适应市场经济发展需要的经济管理知识、借鉴发达国家管理会计的成功经验来指导新形势下的会计工作，不仅是广大会计工作者的迫切要求，而且已变成他们的自觉行动。社会主义市场经济的大环境、现代企业制度的建立健全，以及新的宏观会计管理机制，为管理会计开辟了前所未有的用武之地。

目前，已有许多有识之士不再满足于照抄照搬外国书本上现成的结论，而是从我国实际出发，通过开展调查研究管理会计在我国企业应用的案例等方式，积极探索一条在实践中行之有效的中国式管理会计之路，以便切实加强企业内部管理机制、提高经济效益。从此，我国进入了管理会计改革创新和良性循环的新的发展阶段。

二、管理会计形成与发展的原因

通过回顾管理会计产生与发展的历史，我们不难得出以下结论：

(一) 社会生产力的进步、市场经济的繁荣及其对经营管理的客观要求，是管理会计形成与发展的内在原因

管理会计作为企业会计的一个组成部分或一个子系统，属于会计本身的进化和发展的结果。因此管理会计产生和发展必然与会计发展相联系。

会计和管理都不是从来就有的，它们都是社会生产力发展到一定阶段的产物，并随着社会生产力的进步而不断发展。由于社会生产力的进步对经济管理不断提出新的要求，会计作为经济管理的组成部分，必然要适应这种要求，不断完善与进步。因此，从本质上看，生产力的进步是管理会计产生与发展的根本原因。

同时，管理会计的产生与发展又必然与一定时期的社会历史条件密切相关。进入20世纪以来，世界经济形势的变化，尤其是信息社会条件下的现代化大生产，为现代会计发挥预测、决策、规划、控制、责任考核评价职能创造了物质基础；高度繁荣的商品经济，特别是全球范围内市场经济的迅速发展为管理会计开辟了用武之地。但是社会制度并不是管理会计产生和发展的决定性因素。虽然管理会计最初诞生于西方资本主义社会，但它本身绝非西方资本主义制度或资本主义经济的必然产物。

(二) 计算机技术的进步加速了管理会计的完善与发展

在现代经济条件下，通过管理会计进行企业内部价值管理，不借助电子计算机手段是根本无法想象的。正是现代科学技术的发展，尤其是现代电子计算机技术的进步加速了管理会计的完善与发展。

(三) 管理科学理论对管理会计形成与发展起到了促进作用

作为管理会计实践的理论总结和知识体系，管理会计学的形成与现代管理科学的完善过程密切相关。现代管理科学不仅奠定了管理会计学的理论基础，而且不断为充实其内容提供了理论依据，从而使管理会计学逐步成为一门较为科学的学问，能够更好地用于指导管理会计实践。因此，管理科学的发展为管理会计形成与发展创造了有利的外部条件。但是，正如不能将管理会计同管理会计学混为一谈一样，我们也不能说管理会计是管理理论的产物。

第三节　管理会计与财务会计的关系

按照西方会计学的一般解释，管理会计从传统会计中分离出去之后，企业会计中相当于组织日常会计核算和期末对外报告的那部分内容就被称为财务会计（financial accounting），成为与管理会计相对立的概念。通过研究新兴的管理会计与传统的财务会计之间的联系及区别，可以帮助我们深刻理解管理会计特点的关键所在。

一、管理会计与财务会计的联系

管理会计与财务会计存在天然的联系，具体主要表现在以下四个方面：

（一）管理会计源自财务会计

从逻辑上看，在管理会计产生之前，也无从谈起财务会计，甚至连这个概念都没有。从结构关系看，管理会计与财务会计两者源于同一母体，都属于现代企业会计，共同构成了现代企业会计系统的有机整体。两者相互依存，相互制约，相互补充。

（二）最终目标相同

从总的方面看，管理会计和财务会计所处的工作环境相同，都是现代经济条件下的现代企业；两者都以企业经营活动及其价值表现为对象；它们都必须服从现代企业会计的总体要求，共同为实现企业和企业管理目标服务。因此，管理会计与财务会计的最终奋斗目标是一致的。

（三）互为信息提供者

在实践中，管理会计所需要的许多资料来源于财务会计系统，它的主要工作内容是对财务会计信息进行深加工和再利用，因而受到财务会计工作质量的约束；同时，部分管理会计信息有时也列作对外公开发表的范围。如现金流量表，最初只是管理会计长期投资决策使用的一种内部报表，后来陆续被一些国家（包括我国）列作财务会计对外报告的内容。

（四）财务会计的改革有助于管理会计的发展

目前我国开展的会计改革，其意义绝不仅仅限于在财务会计领域实现与国际惯例趋同，而且还在于这一改革能够将广大财会人员从过去那种单纯反映过去的、算"死账"的会计模式下解放出来，开阔他们的眼界，使之能腾出更多的时间和精力去考虑如何适应不断变化的经济条件下企业经营管理的新环境，解决面临的新问题，从而建立面向未来决策的、算"活账"的会计模式，开创管理会计工作的新局面。

二、管理会计与财务会计的主要区别

(一) 会计主体 (空间范围) 的层次不同

管理会计的工作主体可分为多个层次，它既可以整个企业 (如投资中心、利润中心) 为主体，又可将企业内部的局部区域或个别部门甚至某一管理环节 (如成本中心、费用中心) 作为其工作的主体。事实上在多数情况下，管理会计主要以企业内部责任单位为主体。这样可以更为突出以人为中心的行为管理。

而财务会计的工作主体往往只有一个层次，即主要以整个企业为工作主体，从而能够适应财务会计所特别强调的完整反映监督整个经济过程的要求。

(二) 服务对象 (具体目标) 不同

管理会计工作的侧重点在于针对企业经营管理遇到的特定问题进行分析研究，以便向企业内部各级管理人员提供有关价值管理方面的预测决策和控制考核信息资料，其具体目标主要为企业内部管理服务，从这个意义上讲，管理会计又称为"内部会计"。

而财务会计工作的侧重点在于根据日常的业务记录，登记账簿，定期编制有关的财务报表，向企业外界有经济利害关系的团体和个人报告企业的财务状况与经营成果，其具体目标主要为企业外界服务，因此，财务会计又称"外部会计"。

(三) 作用时效 (时间范围) 不同

管理会计的作用时效不仅限于分析过去，而且还在于能动地利用已知的财务会计资料进行预测和规划未来，同时控制现在，从而横跨过去、现在和未来三个时态。管理会计面向未来的作用时效是摆在第一位的，而分析过去是为了更好地指导未来和控制现在。因此，管理会计实质上属于算"活账"的"经营型会计"。

财务会计的作用时效主要在于反映过去，对此，无论从它强调客观性原则，还是坚持历史成本原则，都可以证明其反映的只能是过去实际已经发生的经济业务。因此，财务会计实际上属于算"呆账"的"报账型会计"。

(四) 遵循的原则、标准和依据的基本概念框架结构不同

财务会计工作必须严格遵守"公认的会计原则"，从凭证、账簿到报表，对有关资料逐步进行综合，要严格按照公认的会计程序进行，具有比较严密而稳定的基本结构，以保证其所提供的财务信息报表在时间上的前后期一致性和空间上的可比性，其基本概念的框架结构相对稳定。

尽管管理会计也要在一定程度上考虑到"公认的会计原则"或企业会计准则的要求，利用一些传统的会计观念，但并不受它们的完全限制和严格约束，在工作中还可灵活应用预测学、控制论、信息理论、决策原理、目标管理原则和行为科学等现代管理理论作为指导。它所使用的许多概念都超出了传统会计要素等的基本概念框架。例如，在管理会计的长期投资决策中，可以不受权责发生制原则的限制而采用收付实现

制；在短期经营决策中，可以不执行历史成本原则和客观性原则而充分考虑机会成本等因素；责任会计更是以人及其所承担的经济责任为管理对象，这大大突破了传统会计核算只注重物不考虑人的狭隘观念的限制。

（五）职能和报告期不同

财务会计的主要职能是核算和监督，其报告期为规定的期间，如月度、季度、年度；而管理会计的职能则侧重于预测、决策、规划、控制等，其报告期没有统一的要求，完全根据实际的需要决定报告的期间。

（六）信息特征不同

管理会计所提供的信息往往是为满足内部管理的特定要求而成的有选择性的、部分的和不定期的管理信息。它们既包括定量资料，也包括定性资料；凡涉及未来的信息不要求过于精确，只要求满足及时性和相关性。由于它们往往不向社会公开发布，故不具有法律效能，只有参考价值。管理会计的信息载体大多为没有统一格式的各种内部报告，对这些报告的种类也没有统一的规定。

财务会计能定期地向与企业有利害关系的集团或个人提供较为全面的、系统的、连续的和综合的财务信息。这些信息主要是以价值尺度反映的定量资料，对精确度和真实性的要求较高，至少在形式上要绝对平衡。由于它们往往要向社会公开发布，故具有一定的法律效能。

本章小结

管理会计是以提高经济效益为最终目的的对内报告会计。它运用一系列专门的方式方法，对整个企业及各个责任单位的经济活动进行预测、决策、规划、控制和评价，为管理和决策提供信息，并参与企业经营管理，是会计的一个分支。管理会计的主要职能主要包括预测经济前景、参与经济决策、规划经营目标、控制经济过程和考核评价经营业绩五个方面。管理会计原则是指在明确管理会计基本假设基础上，为保证管理会计信息符合一定质量标准而确定的一系列主要工作规范的统称。管理会计基本原则的内容包括最优化原则、效益性原则、决策有用性原则、及时性原则、重要性原则、灵活性原则等。管理会计产生于财务会计，与其既有联系又有区别。其主要联系是：最终目标相同、二者互为信息提供者、财务会计的改革有助于管理会计的发展；其主要区别是：会计主体（空间范围）的层次不同、服务对象（具体目标）不同、作用时效（时间范围）不同、基本概念框架结构不同，职能和报告期间不同、信息特征不同等。

综合练习

一、单项选择题

1. 以下对管理会计的理解不准确的是（　　　）。
   - A. 管理会计的奋斗目标是确保企业实现最佳的经济效益
   - B. 管理会计的职能必须充分体现企业监督的要求
   - C. 管理会计的对象是企业的经营活动及其价值表现
   - D. 管理会计的手段是对财务信息等进行深加工和再利用

2. 以下不属于管理会计基本假设内容的是（　　　）。
   - A. 多层主体假设
   - B. 合理预期假设
   - C. 实质重于形式假设
   - D. 充分占有信息假设

3. 管理会计信息在质量上必须符合相关性和可信性的要求是管理会计的（　　　）原则。
   - A. 最优化
   - B. 效益性
   - C. 及时性
   - D. 决策有用性

4. 以预测、决策为基本特征的管理会计阶段属于（　　　）阶段。
   - A. 现代管理会计
   - B. 传统管理会计
   - C. 管理会计的萌芽
   - D. 战略管理

二、多项选择题

1. 以下属于管理会计职能的有（　　　）。
   - A. 预测
   - B. 决策
   - C. 控制
   - D. 评价

2. 以下属于管理会计基本原则的有（　　　）。
   - A. 决策有用性原则
   - B. 及时性原则
   - C. 重要性原则
   - D. 灵活性原则

3. 管理会计产生和发展的原因包括（　　　）。
   - A. 社会生产力的进步
   - B. 市场经济的繁荣
   - C. 计算机技术的进步
   - D. 管理科学理论的发展

4. 管理会计与财务会计的联系主要体现在（　　　）。
   - A. 管理会计源自财务会计
   - B. 二者最终目标相同
   - C. 二者互为信息提供者
   - D. 编制的会计报告要求相同

5. 管理会计与财务会计的区别主要体现在（　　　）。
   - A. 服务对象不同
   - B. 遵循的原则、标准和依据的基本概念框架结构不同
   - C. 计量的尺度及核算要求不同
   - D. 信息特征不同

三、判断题

1. 管理会计是与财务会计并列的一门新兴的综合性的边缘科学。 （ ）
2. 管理会计的规划职能是通过编制各种计划和预算实现的。 （ ）
3. 相对而言，管理会计对会计人员素质的要求起点比财务会计要低。 （ ）
4. 管理会计不仅以货币进行计量，还要进行非货币计量。 （ ）

四、思考题

1. 什么是管理会计？它有哪些职能？
2. 管理会计应遵循的原则是什么？
3. 管理会计与财务会计存在哪些主要联系和区别？

第二章
成本性态与变动成本法

【学习目标】

掌握：成本性态的分类、混合成本分解的方法、变动成本法和完全成本法原理、变动成本法和完全成本法下的成本及损益确定。

熟悉：变动成本法和完全成本法的区别与联系；变动成本法及完全成本法的优缺点、使用条件。

了解：变动成本法的应用。

【关键术语】

成本性态；固定成本；变动成本；混合成本；完全成本法；变动成本法；固定制造费用；变动制造费用；单轨制；双轨制；结合制

管理会计中的成本分类与财务会计是不同的。管理会计是为企业内部所有管理职能服务的，其方法主要是满足于企业预测、决策、规划和控制的需要。

成本按性态分类是研究管理会计方法的起点，在这个起点上，再将利润联系起来，就可进行业务量、成本和利润三者之间的变量关系分析，从而为企业预测、决策分析以及规划和控制奠定坚实的基础。

第一节　成本性态概述

任何组织的管理人员都希望知道成本是如何受该组织业务活动影响的。解决这类问题的第一步是分析成本性态。成本性态是指成本总额与业务活动之间的数量依存关系，而影响成本的业务活动称为成本动因。引起成本发生的动因有很多，最常见的是与数量有关的成本动因，一般称为业务量。业务量是指企业在一定的生产经营期内投入或完成的经营工作量的统称。

根据具体业务性质的不同，业务量可以表现为实物量、价值量和时间量，如产品生产量或销售量、产品销售额、工人工作小时、机器工作小时、维修小时等。

成本按其性态可分为固定成本、变动成本和混合成本三大类。

一、固定成本

固定成本是指在一定条件下，当业务量发生变动时总额保持不变的成本。固定成本具有以下特点：①成本总额在相关范围内不随业务量而变，表现为固定不变的金额；②单位业务量负担的固定成本（即单位固定成本）随业务量的增加而降低。

这里的成本总额是个相对概念，可以是某一项成本的总额，也可以是若干个项目成本的合计。

【例 2-1】假设某厂生产过程中所用的某种机器是向外租用的，其月租金为 6 000元，该机器设备每月的最大生产能力为 400 件。所以，当该厂每月的产量在 400 件以内时，其租金总成本一般不随产量的增减而变动。现假定该厂每月的产量分别为 100 件、200 件、300 件、400 件，则单位产品分摊的固定成本（租金）如表 2-1 所示。

表 2-1　产品分摊的固定成本（租金）

产量/件	固定成本总额/元	单位固定成本/元
100	6 000	60
200	6 000	30
300	6 000	20
400	6 000	15

为了便于建立数学模型进行定量分析，我们用 y 代表成本，用 x 代表业务量，用 a 代表固定成本总额，则固定成本模型为 $y=a$，单位固定成本模型为 $y=a/x$。

固定成本大多体现在制造费用、管理费用和销售费用中。固定成本还可根据其支出数是否受管理层短期决策行为的影响，进一步分为约束性固定成本和酌量性固定成本。约束性固定成本——是指不受企业管理层短期决策行为影响，在短期内不能改变其数额的固定成本。如提供和维持企业生产经营能力所需设施、机器等的最基本的生产能力支出。约束性固定成本通常由企业最高管理层根据企业战略规划和长远目标来确定，一旦形成在短期内很难改变，即使生产中断，该种固定成本也仍然要发生，如果削减该种支出，势必影响企业的生产能力和长远目标，因此，这种成本具有很大的约束性。

酌量性固定成本——是指受企业管理层短期决策行为影响，能改变其数额的固定成本，如广告和促销费、研究开发费、职工培训费等。这些成本在某一个预算执行期内固定不变，因而在编制下期预算时，可由管理层根据未来的需要和财务负担能力进行调整。因此，要想降低酌量性固定成本，只有精打细算、厉行节约，在保证不影响生产经营的前提下尽量减少它们的支出总额。此外，当企业财务陷入困难时期，管理层通常可以将酌量性固定成本进行适当缩减，但却不能减少约束性固定成本的发生。

二、变动成本

变动成本是指在一定条件下，总额随着业务量的增减呈正比例变动的成本。变动成本具有以下特点：①成本总额随着业务量的增减变动呈正比例变动；②单位业务量所对应的变动成本（即单位变动成本）在耗费水平不变的情况下不受业务量增减变动的影响而保持不变。

【例 2-2】假设某厂生产一种产品，单位产品的变动成本为 10 元，假设各项耗费水平不变，产量在一定范围内变动对于成本的影响如表 2-2 所示。

表 2-2　产品变动成本

产量/件	变动成本总额/元	单位变动成本/元
100	1 000	10
200	2 000	10
300	3 000	10
400	4 000	10

可见，当产量从 100 件增加到 400 件，变动成本总额也从 1 000 元增加到 4 000 元，但单位产品变动成本仍保持 10 元。

用 b 代表单位变动成本，则变动成本模型为 $y=bx$，单位变动成本模型为 $y=b$。

制造企业常见的变动成本一般包括产品成本中的直接材料成本和直接人工成本，制造费用中随着业务量呈正比例变动的物料用品费、燃料费、动力费，按销售量支付的销售佣金、包装费、装运费、销售税金等。

变动成本可以进一步分为技术变动成本和酌量性变动成本。技术变动成本是由产品的工艺设计所决定的，只要工艺技术及产品设计不改变，成本就不会变动，所以不受企业管理层决策的影响。

酌量性变动成本通常受管理层决策影响，有很大的选择性，如在不影响产品质量和单耗不变的前提下，企业可以在不同地区或不同供货单位采购到不同价格的某种原材料，其成本消耗就属于酌量性变动成本。

三、混合成本

在实际工作中，有许多成本往往介于固定成本和变动成本之间，它们既非完全固定不变，又不随着业务量呈正比例变动，因而称为混合成本。比较常见的混合成本有阶梯成本和半变动成本。

阶梯成本的发生额在一定的业务量范围内是固定的，当业务量超过这一范围，其发生额就会跳跃上升到一个新的水平，并在新的业务量范围内固定不变，直到出现另一个新的跳跃为止，如此重复下去。其成本随着业务量的增长呈现出阶梯状增长趋势。如企业的运货员、质检员等人员的工资，以及受一定业务量影响的固定资产租赁费等。

半变动成本是由明显的固定成本和变动成本两部分组成。这种成本通常有一个基数，不受业务量的影响，相当于固定成本；在此基数之上，随着业务量的增长，成本也呈正比例增加，这部分成本相当于变动成本。如公用事业费的煤气费、电话费，以及机器设备的维修保养费等可能属于这类成本。这些成本一般由供应单位每月固定一个收费基数，不管企业使用量为多少都必须支付，为固定成本性质。在此基础上，再根据耗用量的大小乘以单价计算，为变动成本性质。

【例 2-3】设某厂租用一台数控机床，合同规定除每年支付租金 8 000 元外，机床每开机一天，还得支付营运费 2 元。该机床某年累计开机的天数为 360 天，则当年支付的租金总额为 8 720 元（8 000+360×2＝8 720）。

可见，这台机床的租金总额 8 720 元属于半变动成本，其中固定成本部分为 8 000 元，变动成本部分将随各个年度机床的开机天数的变动而增减。

四、相关范围

前面在解释固定成本和变动成本的含义时，总要加上"在一定条件下"这句话，这就意味着固定成本和变动成本的区分不是绝对的，而是有条件的。这个条件在管理会计中称为相关范围。

对于固定成本来说，相关范围有两方面的含义：一是指特定的期间。从较长时期看，所有的成本都是可变的，即使是约束性固定成本。随着时间的推移，企业的生产经营能力将会发生变化，其总额也必然会发生调整。因此，只有在一定期间内，固定成本才能保持不变的特征。二是指特定的业务量水平。如果业务量超出这一水平，企业势必要增加厂房、机器设备和人员的投入，导致固定成本的增加。由此可见，即使在某一特定期间内具有固定特征的成本，其固定性也是针对某一特定业务量范围而言的。如果超出这个业务量范围，固定成本总额就可能发生变动。

变动成本同固定成本一样，也存在着一定的相关范围。超过相关范围，变动成本也不再表现为完全的线性关系，而是非线性关系。

五、总成本的函数模型

为了便于进行预测和决策分析，在明确各种成本性态的基础上，最终要将企业的全部成本区分为固定成本和变动成本两大类，并建立相应的成本函数模型。由于成本与业务量之间存在一定的数量依存关系，所以总成本可以表示为业务量的函数，即假定总成本可以近似地用一元线性方程来描述。

在相关范围内，总成本函数可用公式表述如下：

$$y=a+bx$$

其中，y 代表总成本，x 代表业务量，a 代表固定成本总额（包括真正意义上的固定成本与混合成本中的固定部分），b 代表单位变动成本（包括真正意义上的单位变动成本与混合成本中的单位变动部分），bx 代表变动成本总额。

第二节 成本性态分析方法

成本性态分析是将成本表述为业务量的函数，分析它们之间的数量依存关系，然后按照成本对业务量的依存性，最终把全部成本区分为固定成本与变动成本两大类。联系成本与业务量的增减动态进行差量分析，是基础性管理会计的一项重要内容。

进行成本性态分析，首先需要将成本按其与业务量之间的数量依存关系，划分为固定成本、变动成本和混合成本三大类。在管理会计中，总成本与混合成本有着相同的性态，即二者同时都包含着固定成本与变动成本这两种因素。将混合成本分解为固定成本和变动成本两部分，才能满足经营管理多方面的需要。

一、成本性态分析的意义

（一）成本性态分析是采用变动成本法的前提条件

变动成本法在计算企业各期间的损益时必须首先将企业在一定时期内发生的所有成本划分为固定成本和变动成本两大类，再将与产量变动呈正比例变化的生产成本作为产品成本，并确定已销产品的单位成本，以及将其作为期末存货的基础；而将与产量变动无关的所有固定成本作为期间费用处理，全额从当期的销售收入中扣除。由此可见，进行成本性态分析、正确区分变动成本与固定成本，是采用变动成本法的基础。

（二）成本性态分析为进行本量利分析提供方便

将对业务量—成本—利润依存关系的分析作为管理会计的基础分析方法，在分析中需要使用反映成本性态的成本函数（即反映成本性态的方程式），对过去的数据进行分析、研究，从而相对准确地将成本分解为固定成本和变动成本。

（三）成本性态分析是正确制定经营决策的基础

要做出正确的短期经营决策必须区分相关成本和不相关成本。在相关范围内，固定成本不随业务量的变动而变动，在短期经营决策中大多属于不相关成本；而变动成本在大多数情况下是属于决策的相关成本。所以，正确进行短期经营决策的关键是将成本按其性态划分为固定成本与变动成本。

（四）成本性态分析是正确评价企业各部门工作业绩的基础

变动成本与固定成本具有不同的成本性态。在一般情况下，变动成本的高低，可反映出生产部门和供应部门的工作业绩，完成得好或坏应由它们负责。例如在直接材料费、直接人工费和变动性制造费用方面，如有所节约/超支，就可视为其业绩好/坏的反映，这样就便于分清各部门的经济责任。而固定成本的高低一般不是基层生产单位所能控制的，通常应由管理部门负责，可以通过制定费用预算加以控制。因此采用科学的成本分析方法和正确的成本控制方法，也有利于正确评价各部门的工作业绩。

二、成本性态分析存在的问题

（一）没有全面考虑影响成本变动的主要因素

成本的变动不仅仅受到业务量变动的影响，它还要受到其他来自内部和外部各种因素变动的影响，如企业领导的各种决策活动、竞争者的策略以及原材料价格等各方面因素的影响。即使只考虑业务量变动，影响成本各要素的业务量也不尽相同。如影响制造成本的业务量是产量，影响销售费用的业务量是销售量，影响管理费用的是管理工作量，而影响财务费用的则是融资量的大小等。这些业务量在成本性态分析中往往无法统一，只考虑一种因素而忽略其他因素，结果往往存在较大的误差。

（二）不能完全满足决策者的要求

成本分析是为企业管理者的决策服务的，所以其分析结果一定要满足企业管理者的要求。而管理者往往希望知道的是其每一种决策对总成本造成的影响，成本性态分析只提供了企业业务量的变动对总成本的影响，而这种业务量是否为企业管理者所能控制，或是其决策是否会导致其他影响总成本的因素的变动等均无法予以反映。

（三）"成本与业务量之间完全线性联系"的假定不尽切合实际

成本性态分析的假设前提是成本的变动率是线性的，但在许多情况下，成本与业务量之间的联系是非线性的。

（四）混合成本的分解方法含有估计的成分

分解混合成本，一般有历史成本分析方法、工程研究法、账户分类法和合同认定法等。但不管是哪一种分解方法都带有一定程度的假定性，都是借助某一种相关要素来估计成本。所以，其分解的结果均不可能完全准确。

三、成本性态分析的程序

成本性态分析的程序是指完成成本性态分析任务所经过的步骤。共有两种分析程序：多步骤分析程序和单步骤分析程序。

（一）多步骤分析程序

多步骤分析程序又称分步分析程序，是先定性分析后定量分析的程序。

首先将总成本按其性态分为变动成本、固定成本和混合成本三部分；其次再采用一定的技术方法分解混合成本为变动成本和固定成本；然后在此基础上，分别将它们与固定成本和变动成本合并；最后建立相关的总成本性态分析模型。

（二）单步骤分析程序

单步骤分析程序又称同步分析程序，是定性分析与定量分析同步进行的程序。该程序将总成本直接一次性地区分为变动成本和固定成本两部分，并建立有关的总成本性态分析模型。

这种程序不考虑混合成本的依据是：①按照一元线性假定，无论是总成本还是混合成本都是一个业务量 x 的函数，因此，按分步分析程序与同步分析程序进行成本性态分析的结果应当是相同的；②在混合成本本身的数额较少，前后期变动幅度较小，对企业影响十分有限的情况下，可以将其视为固定成本，以简化分析过程。

四、混合成本的分解方法

在管理会计中，研究成本对业务量的依存性，亦即从数量上具体掌握成本与业务量之间的有规律性的联系，具有重要意义。根据成本性态将企业的全部成本分为固定成本和变动成本两大类，是管理会计规划与控制企业经济活动的基本前提。但在实际工作中，许多成本项目同时兼有固定性质和变动性质，并不能直接区分固定成本或变动成本，而是表现为混合成本模式。因此，需要采用不同的专门方法将其中的固定和变动因素分解出来，分别纳入固定成本和变动成本两大类中，这就是混合成本的分解。

常用的混合成本分解方法通常有工程分析法、账户分析法、合同确认法和历史成本分析法等。其中历史成本分析法较具代表性，将重点加以介绍。

（一）工程分析法

工程分析法又称技术测定法，它是由工程技术人员根据生产过程中投入与产出之间的关系，对各种物质消耗逐项进行技术测定，在此基础上来估算单位变动成本和固定成本的一种方法。

工程分析法的基本要点是，在一定的生产技术和管理水平条件下，根据投入的成本与产出数量之间的联系，将生产过程中的各种原材料、燃料、动力、工时的投入量与产出量进行对比分析，以确定各种耗用量标准，再将这些耗用量标准乘以相应的单位价格，即可得到各项标准成本。把与业务量相关的各项标准成本汇集则为单位变动成本，把与业务量无关的各种成本汇集则为固定成本总额。采用工程分析法可获得较为精确的结果，但应用起来比较复杂，工作量很大。因此，该方法通常适用于缺乏历史数据可供参考的新产品。

（二）账户分析法

账户分析法是指分析人员根据各有关成本明细账的发生额，结合其与业务量的依存关系，对每项成本的具体内容进行直接分析，使其分别归入固定成本或变动成本的一种方法。

此法属于定性分析，即根据各个成本明细账户的成本性态，通过经验判断，把那些与固定成本较为接近的成本，归入固定成本；而把那些与变动成本较为接近的成本，归入变动成本。至于不能简单地归入固定成本或变动成本的项目，则可通过一定比例将它们分解为固定部分和变动部分。账户分析法具有简便易行的优点，适用于会计基础工作较好的企业。但由于此法要求分析人员根据自己的主观判断来决定每项成本是固定成本还是变动成本，因而分类结果比较主观。

（三）合同确认法

合同确认法是根据企业与供应单位所订立的经济合同中的费用支付规定和收费标准，分别确认哪些费用属于固定成本，哪些费用属于变动成本的方法。合同确认法一般适用于水电费、煤气费、电话费等公用事业费的成本性态分析。

（四）历史成本分析法

历史成本分析法是根据混合成本在过去一定期间内的成本与业务量的历史资料，采用适当的数学方法对其进行数据处理，从而分解出固定成本和单位变动成本的一种定量分析法。

该方法要求企业历史资料齐全，成本数据与业务量的资料要同期配套，具备相关性。因此，此法适用于生产条件比较稳定、成本水平波动不大以及有关历史资料比较完备的企业。历史成本法的精确程度，取决于用以分析的历史数据的恰当程度。历史成本法又可具体分为高低点法、散布图法和最小平方法三种。其中前两种得到的都是近似值，只有最小平方法所得到的结果较为精确。

1. 高低点法

高低点法是从过去一定时期内相关范围的资料中，选出最高业务量和最低业务量及相应的成本这两组数据，来推算出固定成本和单位变动成本的一种方法。

基本原理：任何一项混合成本都是由固定成本和变动成本两种因素构成，因而混合成本的函数也可用 $y=a+bx$ 来表示。由于固定成本在相关范围内是固定不变的，若单位变动成本在相关范围内是个常数，则变动成本总额就随着高低点业务量的变动而变动。

最高业务量的成本函数为

$$y_1 = a + bx_1 \qquad (2-1)$$

最低业务量的成本函数为

$$y_2 = a + bx_2 \qquad (2-2)$$

式（2-1）-式（2-2），结果得：$y_1-y_2=b(x_1-x_2)$，可求出单位变动成本 b：

$$b = \frac{y_1-y_2 \quad （高低点混合成本之差）}{x_1-x_2 \quad （高低点业务量之差）}$$

将 b 代入式（2-1）式或式（2-2），可求出固定成本 a，$a=y_1-bx_1$ 或 y_2-bx_2。

高低点法在使用中简便易行，但由于它只选择了诸多历史资料中的两期数据作为计算依据，因而代表性较差，结果不太准确。这种方法一般适用于成本变化趋势比较稳定的企业。

【例2-4】某企业只生产一种产品，某年1—6月的实际产销量和总成本资料如表2-3所示。

表2-3　某企业1—6月的实际产销量和总成本资料

月份	1	2	3	4	5	6
总成本/元	2 000	2 900	2 500	3 000	2 200	2 100
产销量/件	100	190	180	200	120	110

要求：（1）用高低点法进行成本性态分析；

（2）写出该企业总成本性态函数模型表达式。

解：

（1）高点坐标为（200，3 000）；低点坐标为（100，2 000）

$$b = (3\ 000 - 2\ 000) / (200 - 100) = 10$$

$$a = 2\ 000 - 10 \times 100 = 1\ 000 \text{ 或 } a = 3\ 000 - 10 \times 200 = 1\ 000$$

（2）$y = 1\ 000 + 10x$

2. 散布图法

散布图法又称目测法，是指将收集到的一系列业务量和混合成本的历史数据，在直角坐标图上逐一标出，以纵轴表示成本，以横轴表示业务量，这样历史数据就形成若干个点散布在直角坐标图上。然后通过目测，画出一条反映成本变动趋势的直线，该直线应较合理地接近大多数点。将这条直线延长并与纵轴相交，则该直线在纵轴上的截距就是固定成本，该直线的斜率就是单位变动成本。

散布图法考虑了所获得的全部历史数据，因而比高低点法更为准确、可靠，并且该法形象直观、易于理解。但由于直线位置主要靠目测确定，往往因人而异，且固定成本和变动成本的计量仍是主观的，从而影响了计算的客观性。

3. 最小平方法（回归直线法）

最小平方法是一种数理统计法，它根据过去若干期业务量与成本的资料，应用数学上的最小平方法原理精确计算混合成本中的固定成本和单位变动成本。其原理是从散布图中找到一条直线，使该直线与由全部历史数据形成的散布点之间的误差平方和最小，这条直线在数理统计中称为"回归直线"或"回归方程"，因而这种方法又称回归直线法。

与前述其他混合成本分解方法相比，最小平方法的计算结果更为科学准确，而且通过回归分析可得到关于成本预测可靠性的重要统计信息，使得分析人员可以评价成本计量的可信度。但由于该法计算工作量较大，因而适合于用计算机回归软件来解决。

利用回归直线法时，首先要确定自变量（业务量）x 与因变量（混合成本）y 之间是否线性相关及其相关程度，判别的方法主要有"散布图法"与"相关系数法"。所谓散布图法，就是将有关的数据绘制成散布图，然后依据散布图的分布情况判断 x 与 y 之间是否存在线性关系；所谓相关系数法，就是通过计算相关系数 r 判别 x 与 y 之间的关系。相关系数可按下列公式进行计算：

$$r = \frac{\sum x_i y_i - n\bar{x}\bar{y}}{\sqrt{\left[\sum x_i^2 - n(\bar{x})^2\right]\left[\sum y_i^2 - n(\bar{y})^2\right]}}$$

相关系数相关性判断标准如表2-4所示。

表2-4 相关系数相关性判断标准

相关系数的数值	$|r| > 0.7$	$0.3 < |r| < 0.7$	$|r| < 0.3$	$|r| = 0$
因变量与自变量的关系	强相关	显著相关	弱相关	不相关

在确认因变量与自变量之间存在线性关系之后，便可建立回归直线方程，y 为因变量，x 为自变量，a、b 为回归系数。

根据最小平方法原理，根据离差平方和 $D = \sum \left[y_i - (a + bx_i) \right]^2$ 公式，D 分别对 a、b 求一阶偏导数，得出如下求 a、b 的公式：

$$a = \frac{\left(\sum x_i^2 \right) \bar{y} - \bar{x} \sum x_i y_i}{\sum x_i^2 - n \left(\bar{x} \right)^2}$$

$$b = \frac{\sum x_i y_i - n \bar{x} \bar{y}}{\sum x_i^2 - n \left(\bar{x} \right)^2}$$

【例 2-5】设某公司模具车间 20×8 年各月份实际发生的机器工作小时和机器维修成本如表 2-5 所示。

要求：用最小平方法（回归直线法）进行成本性态分析，写出该车间机器维修成本的性态函数模型表达式。

表 2-5　某公司模具车间生产数据资料汇总

月份	机器工作时间 x/机器小时	机器运行成本 y/元
1	500	364
2	460	358
3	380	330
4	420	340
5	360	320
6	480	356
7	390	354
8	394	362
9	430	352
10	460	344
11	396	360
12	504	370

解：第一步，设 y 代表机器维修成本，x 代表机器工作小时，根据表 2-5 提供的资料计算列表，如表 2-6 所示。

表 2-6　计算列表

月份	x_i	y_i	$x_i y_i$	y_i^2	x_i^2
1	500	364	182 000	132 496	250 000
2	460	358	164 680	128 164	211 600
3	380	330	125 400	108 900	144 400
4	420	340	142 800	115 600	176 400
5	360	320	115 200	102 400	129 600

表2-6(续)

月份	x_i	y_i	x_iy_i	y_i^2	x_i^2
6	480	356	170 880	126 736	230 400
7	390	354	138 060	125 316	152 100
8	394	362	142 628	131 044	155 236
9	430	352	151 360	123 904	184 900
10	460	344	158 240	118 336	211 600
11	396	360	142 560	129 600	156 816
12	504	370	186 480	136 900	254 016
合计	5 174	4 210	1 820 288	1 479 396	2 257 068

第二步，为判断 x 与 y 之间是否存在着线性关系，应计算相关系数 r：

$$r = \frac{1\ 820\ 288 - 12 \times 431.17 \times 350.83}{\sqrt{(2\ 257\ 068 \times 12 \times 431.17^2)(1\ 479\ 398 - 12 \times 350.83^2)}}$$

$$= \frac{5\ 079.55}{7\ 952.17} = 0.638\ 87$$

根据前述的判断标准，可以判定 x 与 y 之间呈显著相关状态。

第三步，利用公式计算该车间固定成本及单位变动成本，建立回归直线方程：

$$a = \frac{1\ 257\ 068 \times 350.83 - 431.17 \times 1\ 820\ 288}{2\ 257\ 068 - 12 \times 431.17^2}$$

$$= \frac{6\ 993\ 589.5}{26\ 177.17} = 267.16$$

$$b = \frac{1\ 820\ 288 - 12 \times 43\ 117 \times 35\ 083}{2\ 257\ 068 - 12 \times 431.17^2}$$

$$= \frac{5\ 079.55}{26\ 177.17} = 0.19$$

$\therefore y = 267.16 + 0.19x$

该车间固定成本为 267.16 元，单位机器工时对应的变动成本为 0.19 元，其总成本性态函数模型为 $y = 267.16 + 0.19x$。

第三节　变动成本法与完全成本法

一、变动成本法

（一）变动成本法的概念

变动成本法，又称变动成本计算法，是一种成本计算的方法，在这种成本计算法下，产品成本实际上就是其变动生产成本，即在某种产品制造（生产）过程中直接发生的、同产量保持正比例关系的各种费用，包括直接材料费、直接人工费和变动制造费用。当期发生的固定制造费用，全部以"期间费用"的名义计入当期损益，作为边际贡献的扣减项目。变动成本法的理论依据如下：

1. 产品成本只应包括变动生产成本

在管理会计中，产品成本是指那些随产品实体的流动而流动，只有当产品实现销售时才能与相关收入实现配比、得以补偿的成本。这里的"随产品实体的流动而流动"的"成本流动"，是指构成产品成本的价值要素，最终要在广义产品的各种实物形态（包括本期销货和期末产成品存货）上得以体现，即物化于广义产品，表现为本期销售成本与期末存货成本。由于产品成本只有在产品实现销售时才能转化为与相关收入相配比的费用，因此，本期发生的产品成本得以补偿的归属期有两种可能：一种是以销售成本的形式计入当期损益，成为与当期收入相配比的费用；一种是以当期完工但尚未售出的产成品和当期尚未完工的在产品等存货成本的形式计入期末资产负债表递延下期，与在以后期间实现的销售收入相配比。

按照变动成本法的解释，产品成本必然与产品产量密切相关，在生产工艺没有发生实质变化、成本水平不变的条件下，所产生的产品成本总额应当与完成的产品产量呈正比例变动。若不存在产品这个物质承担者，就不应当有产品成本存在。显然，在变动成本法下，只有变动成本才能构成产品成本的内容。

2. 固定成本应当作为期间成本处理

在管理会计中，期间成本是指那些不随产品实体的流动而流动，而是随企业生产经营持续期间长短而增减，其效益随期间的推移而消逝，不能递延到下期，只能于发生的当期计入损益且由当期收入补偿的成本。这类成本的归属期只有一个，即于发生的当期直接转作本期费用，因而与产品实体流动的情况无关，不能计入期末存货成本。按照变动成本法的解释，并非在生产领域内发生的所有成本都是产品成本。如生产成本中的固定制造费用，在相关范围内，它的发生与各期的实际产量的多少无关，它只是定期地创造了可利用的生产能力，因而与期间的关系更为密切。在这一点上它与销售费用、管理费用和财务费用等非生产成本一样只是定期地创造了维持企业经营的必要条件，具有时效性。不管这些能力和条件是否在当期被利用或被利用得是否有效，这种成本发生额都不会受到丝毫影响，其效益随着时间的推移而逐渐丧失，不能递延到下期。因此，固定制造费用（即固定生产成本）应当与非生产成本同样作为期间成本处理。

（二）变动成本法的特点

变动成本法的特点是和完全成本法相比较而言的。与完全成本法相比较，变动成本法的特点如下：

1. 成本的划分

就成本划分的标准与类别，以及产品所包含的内容来看，变动成本法是根据成本性态将企业全部成本划分为变动成本和固定成本两大类；其产品成本的内容只包括变动的直接材料、直接人工与变动制造费用三大成本项目。而完全成本法则根据成本的经济用途把企业全部成本划分为制造成本和非制造成本两大类；其产品成本的内容则是指整个制造成本，包括直接材料、直接人工与全部制造费用（包括变动性与固定制造费用）三大成本项目。详见表2-7。

表2-7 变动成本法与完全成本法在成本划分标准和成本构成内容方面的比较

区分标志		变动成本法			完全成本法	
成本划分标准		按成本习性			按经济用途	
成本划分类别	变动成本	变动制造成本	直接材料	制造成本	直接材料	
			直接人工		直接人工	
			变动制造费用		制造费用	
		变动销售费用				
		变动管理费用				
	固定成本	固定制造费用		非制造成本	销售费用	
		固定销售费用			管理费用	
		固定管理费用			财务费用	
产品成本包含内容	变动制造成本	直接材料		全部制造成本	直接材料	
		直接人工			直接人工	
		变动制造费用			全部制造费用	

2. 期末产成品和在产品的存货计价方面

采用变动成本法，只包括变动制造费用，而不包括固定制造费用；若采用完全成本法，则由于在已销售的产成品、库存的产成品和在产品之间都分配了全部制造成本。因此，它的期末产成品和在产品的存货计价也应以全部制造成本为准，其数额必然大于采用变动成本法的计价。

3. 利润的计算结果

由于两种方法对存货的估价不同，故在产销不平衡时，计算出的利润也就不一样。变动成本法与完全成本法在利润计算结果方面的不同，可概括如下：

（1）在变动成本法下：

生产边际贡献＝销售收入－产品变动生产成本

产品边际贡献＝生产边际贡献－变动性销售及管理费用

营业利润＝产品边际贡献－固定制造费用－固定性销售及管理费用

其中：产品变动生产成本＝直接材料费+直接人工费+变动制造费用

（2）在完全成本法下：

销售毛利＝销售收入－已售产品成本

营业利润＝销售毛利－期间费用

其中：已售产品成本＝直接材料费+直接人工费+全部制造费用

当期末存货成本＝期初存货成本（或本期产量＝销售量）时，两者计算出的营业利润相等；

当期末存货成本＞期初存货成本（或本期产量＞销售量）时，完全成本法计算的营业利润>变动成本法计算的营业利润；

当期末存货成本<期初存货成本（或本期产量<销售量）时，完全成本法计算的营业利润<变动成本法计算的营业利润；

两者差异＝期末存货中的固定制造费用－期初存货中的固定制造费用

＝（期末单位固定制造费用×期末存货量）－（期初单位固定制造费用×期初存货量）

【例2-6】假设某厂只生产单一产品，有关资料如下：全年生产5 000件，销售4 000件，无期初产成品库存；生产成本为每件变动成本（包括直接材料费、直接人工费和变动制造费）4元，每件变动性销售和管理及财务费用1元，固定制造费用共10 000元，固定性销售及管理费用共2 000元。每单位产品的售价为10元。根据上述资料，采用变动成本计算法，据以确定产品的单位成本和全年的营业利润如下：

$$单位产品变动生产成本=4（元）$$

$$生产边际贡献总额=10×4\ 000-4×4\ 000=24\ 000（元）$$

$$产品边际贡献=24\ 000-1×4\ 000=20\ 000（元）$$

$$营业利润=20\ 000-10\ 000-2\ 000=8\ 000（元）$$

（三）变动成本法的优缺点

1. 变动成本法的优点

变动成本法突破了完全成本法传统、狭隘的成本观念，为正确计算企业利润、强化企业的内部经营管理、提高经济效益开拓了新途径。具体表现为以下几个方面：

（1）更符合费用和收益相配比这一公认会计原则的要求。

（2）能提供更有用的管理信息，便于进行预测和短期经营决策。

有了固定成本和变动成本的资料，就能以边际贡献分析为基础，进行盈亏平衡点和本量利分析，进而揭示出产量与成本变动的内在规律，使预测、决策和控制建立在科学可靠的基础之上，达到预期的目标。

（3）便于分清各部门、各单位的经济责任，有利于进行成本控制与业绩考核和评价。

一般来讲，变动成本的高低，反映出生产部门和供应部门的业绩，而固定成本的高低通常应由管理部门负责，所以应采取不同的方法分别进行控制。对于变动成本，可采用制定标准成本和建立弹性预算的方法进行日常控制；对于固定成本，则应通过制造费用预算加以控制。变动成本法分清了变动成本与固定成本，为实施以上方法提供了良好的基础。

（4）能够提醒管理当局重视销售环节，防止盲目生产。

在完全成本法下，只要大量生产，单位产品中的固定成本就会降低，因而营业利润也会增加，这样就把销售抛在一边，导致有些企业为了追求短期效益而盲目增加产量、轻销售而造成产品积压的弊端。而在变动成本法下，产量变动对产品单位成本的影响不大，企业的生产只会以销售为基础，从而避免了产品的积压。

（5）避免间接费用的分摊，简化了核算工作。

变动成本法有利于会计人员集中精力对经济活动进行日常控制。采用变动成本法由于将固定成本直接计入当期损益，免去了每期期末固定成本在各产成品及在产品之间进行分配的繁重工作，因而使成本核算工作变得简便、高效且减少了成本计算中的主观随意性，相应地提高了产品成本信息的准确性和可信度。

2. 变动成本法的缺点

（1）不符合传统的成本概念以及对外报告的要求；

（2）只适用于短期决策、不适用于长期决策。

二、完全成本法

（一）完全成本法的概念

所谓完全成本法，是指构成产品成本的内容包括直接材料费、直接人工费和全部制造费用（包括固定制造费用和变动制造费用）的成本计算方法。也就是说，每生产一单位产品，其成本不仅包括产品生产过程中直接消耗的直接材料费、直接人工费和变动制造费用，而且还包括一定份额的固定制造费用，本期已售产品中的固定制造费用转作本期已售产品成本，本期未售产品的固定制造费用则递延到以后期间。

（二）完全成本法的特点

1. 完全成本法下的产品成本的构成

如前所述，完全成本法根据成本的经济用途把全部成本划分为制造成本和非制造成本两大类；其产品成本的内容是指整个制造成本，包括直接材料、直接人工与全部制造费用（包括变动性与固定制造费用）三大成本项目。从而，在完全成本法下，产品成本的计算公式如下：

$$产品成本 = 直接材料费 + 直接人工费 + 全部制造费用$$
$$= 直接材料费 + 直接人工费 + （变动制造费用 + 固定制造费用）$$

2. 完全成本法下的利润计算

通过前面对变动成本法的介绍，我们知道两种计算方法最大的差别是对固定制造费用的处理不同，变动成本法把固定制造费用当作期间成本直接计入当期损益；而完全成本法则把固定制造费用计入产品成本。因此，在完全成本法下，不管是已售产品还是期末未售的产品或在产品的成本都包含一定的固定制造费用，导致在产销不平衡的情况下，计算出的利润也不一样。

【例2-7】承前【例2-6】的资料，采用完全成本法计算的单位产品成本和营业利润如下：

$$产品的单位生产成本 = 4 + 10\,000 \div 5\,000 = 4 + 2 = 6（元）$$
$$销售毛利 = 10 \times 4\,000 - 6 \times 4\,000 = 16\,000（元）$$
$$营业利润 = 16\,000 - （4\,000 \times 1 + 2\,000） = 10\,000（元）$$

从计算结果得知，当产量大于销量时，采用完全成本法计算的营业利润大于变动成本计算法计算的营业利润（10 000>8 000），差额可以计算如下：

$$差异额 = 2 \times （5\,000 - 4\,000） - 0 = 2\,000（元），即为年末存货的固定制造费用。$$

（三）完全成本法的优缺点

1. 完全成本法的优点
（1）比较符合公认会计准则成本概念的要求；
（2）产品成本和存货的计价比较完整，便于直接编制对外财务报告。
2. 完全成本法的缺点
（1）单位产品成本不能反映生产部门的真实成绩，甚至掩盖或夸大生产业绩；
（2）促使企业片面追求产量、盲目生产，造成产品积压，造成社会资源的浪费；
（3）无法据以进行预测分析和决策分析，或编制弹性预算；
（4）固定费用需要经过人为分配后才能计入产品成本。

（四）采用完全成本法的必要性

完全成本法目前之所以仍然得到公认会计准则的认可并在实务工作中广泛应用，是因为既然变动成本与固定成本都是产品生产时所必须发生的耗费，两种成本就应计入产品成本中。除此之外，在企业的经营管理中采用完全成本法，还有以下两个方面的原因：

1. 有助于增强企业生产的积极性
这是因为按照完全成本法，产量越大，则单位固定成本就越低，从而整个单位产品成本也越低，超额利润也越大。正是这一原因，在客观上有助于刺激生产。
2. 有利于企业编制对外报表
正因为完全成本法得到公认会计准则的认可和支持，所以企业只能以完全成本法为基础编制对外公布的报表。

三、两种方法对损益计算的影响

通过前面的内容我们知道，完全成本法和变动成本法都有自身的优点，同时也存在各自的不足之处，主要是侧重的方面不同。具体归纳如下：
（1）两种计算法下，产品总成本和单位成本有区别。
（2）变动成本法的数据有利于管理，便于理解；而完全成本法的资料不便于管理，易引起盲目生产，积压资金。
（3）变动成本法的利润与销量相联系，销量越大，利润也越大；反之，销量越小，利润也越小。完全成本法的利润与产量相联系，在销量不变的情况下，产量越大，利润也越大；反之，产量越小，利润也越小。
总之，变动成本法是为了满足面向未来决策、强化内部管理的要求而产生的。由于它能够提供反映成本与业务量之间、利润与销售量之间有关的变化规律的信息，因而有助于加强成本管理，强化预测、决策、计划、控制和业绩考核等职能，促进以销定产，减少或避免因盲目生产而带来的损失。为充分发挥变动成本法的优点，必须兼顾现行统一会计准则所规定的完全成本法，使二者结合起来，不能搞两套平行的成本计算资料，以免造成人力、物力、财力和时间的浪费。合理的做法应该是：将日常核算工作建立在变动成本法的基础上，同时把日常所发生的固定制造费用先计入"存货中的固定制造费用"账户内，每期期末，把属于本期已售产品的固定成本从该账户转入"主营业务成本"账户，并列入损益表内作为本期销售收入的扣减项目；余下的固定成本，仍留在原账户内，并将其余额按实际比例分摊给产成品和在产品项目，使它们仍按完全成本列示。

【例 2-8】某厂生产甲产品，产品售价为 10 元/件，单位产品变动生产成本为 4 元，固定制造费用总额为 24 000 元，销售及管理费用为 6 000 元，全部是固定性的。存货按先进先出法计价，最近三年的产销量如表 2-8 所示。

表 2-8　三年产销量　　　　　　　　　　　　单位：件

资料	第一年	第二年	第三年
期初存货量	0	0	2 000
本期生产量	6 000	8 000	4 000
本期销货量	6 000	6 000	6 000
期末存货量	0	2 000	0

要求：（1）分别按变动成本法和完全成本法计算单位产品成本；

（2）分别按变动成本法和完全成本法计算三年的营业利润。

解：（1）单位产品成本如表 2-9 所示：

表 2-9　单位产品成本　　　　　　　　　　　　单位：元

单位产品成本	第一年	第二年	第三年
变动成本法	4	4	4
完全成本法	4+24 000÷6 000=8	4+24 000÷8 000=7	4+24 000÷4 000=10

（2）营业利润计算如表 2-10 和表 2-11 所示：

表 2-10　贡献式利润表（变动成本法）　　　　　　　单位：元

项目	第一年	第二年	第三年
销售收入	60 000	60 000	60 000
减：变动成本	24 000	24 000	24 000
其中：生产性	24 000	24 000	24 000
非生产性	0	0	0
边际贡献	36 000	36 000	36 000
减：固定成本	30 000	30 000	30 000
其中：生产性	24 000	24 000	24 000
非生产性	6 000	6 000	6 000
营业利润	6 000	6 000	6 000

表 2-11　传统式利润表（完全成本法）　　　　　　　单位：元

项目	第一年	第二年	第三年
销售收入	60 000	60 000	60 000
减：销售成本	48 000	42 000	54 000 （2 000×7+4 000×10）
销售毛利	12 000	18 000	6 000
减：期间费用	6 000	6 000	6 000
营业利润	6 000	12 000	0

从【例 2-8】的计算比较可以看出，变动成本法下营业利润的高低取决于销量，显得更为合理；完全成本法下营业利润的高低还取决于产量。

在各期单位变动成本、固定制造费用相同的情况下：当生产量等于销售量时，两种成本法所确定营业利润相等（如第一年的情况）；当生产量小于销售量时，采用完全成本法所确定营业利润小于采用变动成本法所确定营业利润（如第三年的情况）；当生产量大于销售量时，采用完全成本法所确定营业利润大于采用变动成本法所确定营业利润（如第二年的情况）。这是因为，在变动成本法下，计入当期损益表的是当期发生的全部固定制造费用。而采用完全成本法时，产成品成本中包括固定制造费用，当存在期初、期末库存产成品存货时，这些存货会释放或吸收固定制造费用，即计入当期损益表的固定制造费用数额，不仅受到当期发生的全部固定性制造费用水平的影响，而且还要受到期初、期末存货水平的影响。

在其他条件不变的情况下，只要某期完全成本法下期末存货的固定制造费用与期初存货的固定制造费用的水平相同，就意味着两种成本法计入当期损益表的固定制造费用的数额相同，两种成本法的当期营业利润必然相等；如果某期完全成本法下期末存货的固定制造费用与期初存货的固定制造费用的水平不同，就意味着两种成本法计入当期损益表的固定制造费用的数额不等，此时两种成本法确定的当期营业利润不相等。

第四节　变动成本法的应用

随着我国改革开放的进一步深入，企业的市场竞争日趋激烈，市场机会瞬息万变。在企业外部环境优化、产品差异化程度不大的前提下，谁拥有成本优势，谁就拥有主动权，就能在市场中站稳脚跟，并得到进一步发展。在这种情况下，企业财务部门的成本信息就成为企业加强对经济活动的事前规划和日常控制的重要依据。而随着生产技术的不断进步，资本有机构成的提高，使得固定成本的比重呈逐渐上升的趋势。这样，按传统的完全成本法提供的会计资料就越来越不能满足企业预测、决策、考核、分析和控制的需要了，于是变动成本法的应用就有了广阔的空间。

变动成本法与完全成本法的主要区别在于对固定制造费用的处理不同：变动成本法将其作为期间成本直接计入当期损益，而完全成本法则将其与变动制造费用一起在产品中进行分配，当产品实现销售时计入损益。由此可见，固定制造费用是两种方法的焦点，完全成本法对固定制造费用不单独做处理，而变动成本法则需将其单独列出。随着我国市场经济体制不断完善、科学技术日趋发达，固定制造费用所占的比例越来越高，采用变动成本法提供成本资料将对企业的经营管理起到巨大的作用。

一、变动成本法的应用条件

变动成本法的应用应具备以下条件：

（1）国家财政有较强的承受能力。在开始普遍推行变动成本法的较长一段时间，由于全部固定成本直接计入损益，将导致国家财政收入陡然减少，因此，它要求国家财政有较强的承受能力，能够承受住财政收入暂时减少带来的影响。这是实行变动成本法的坚实基础。

（2）企业会计核算基础工作较好，会计人员素质较高。实行变动成本法所需的资料较多，并且要求资料的规范性较好，这就需要企业会计核算基础工作必须扎实，以便随时提供所需的资料。变动成本法是一种新的成本核算方法，要求参与的会计人员既精通旧方法，能很快掌握新方法，特别是对固定成本和变动成本的划分，一定要做到科学和准确，这就要求会计人员应具备较高的素质。

（3）企业固定成本的比重较大且产品更新换代的速度较快。当企业中的固定资产价值较大或管理成本较高时，分摊计入产品成本中的固定成本比重大，这时如不将其单独列出，就不能正确反映产品的盈利状况。当产品更新换代的速度较快时，需经常对是否投产新产品、新产品的价格以及新产品的生产量等一系列问题做出短期决策，而这些决策的做出就依赖于完整准确的变动成本资料。

第（1）条是实行变动成本法的宏观条件，即国家和社会应具备的条件；第（2）条、第（3）条是实行变动成本法的微观条件，即企业应具备的条件，只有当这些条件同时得到满足，变动成本法才能普遍推行。

二、变动成本法的应用方法

（一）单轨制

单轨制即用变动成本法彻底替代完全成本法进行成本核算。这种方法既满足了企业内部管理的需要，又使得用变动成本法提供对外报表的合法化。这当然是最理想的一种应用方法。然而由于种种原因，现阶段企业外部的信息使用者仍然要求企业按完全成本法计算提供报表，再加上变动成本法自身也存在一定缺陷，在相当长时间内还不能从会计法规上使其合法化。

（二）双轨制

双轨制即企业在按完全成本法提供对外报表的同时，在企业内部另设一套按变动成本法计算的内部账。这种方法的工作量非常大，要增加专门的人员按变动成本法做账，从经济上讲没有多大必要。

（三）结合制

结合制即将变动成本法与完全成本法结合使用，日常核算建立在变动成本法的基础之上，对产品成本、存货成本、边际贡献和税前利润都按变动成本法计算，以满足企业内部经营管理的需要；定期将按变动成本法确定的成本与利润等会计资料调整为按完全成本法反映的会计资料，以满足企业外部投资者等各方面的需要。

对以上三种观点进行分析，并权衡利弊，认为"结合制"较为合理。原因是：在变动成本法的应用上，既可充分发挥变动成本法的优点，又不与现行会计法规、制度等冲突，同时也能够兼顾内部管理者和外部投资者两方面的需要，而且不会破坏国家财政收入数据资料的准确性。可见，它是一种切实可行的有效方法。

"结合制"具体操作步骤如下：

第一，认真进行成本性态分析，将制造费用正确划分为固定性和变动制造费用。这一步是采用变动成本法的基础和前提，其关键是做到两种费用划分的科学性与正确性。如果划分不准确，预测就不会准确，由此所进行的决策必然失误。纯粹的固定性和变动制造费用的区分较为容易，主要看该项费用是否同产品产量呈正比例变化。如呈正比例变化，则计入变动成本；如与产品产量没有比例关系，则划入固定成本。这时关键是要做好混合成本的分解。

第二，在"制造费用"科目下增设"变动制造费用"与"固定制造费用"两个二级科目，同时还在这两个科目下设具体的费用明细科目，这样就做到了在平常记账过程中就分清了变动性和固定制造费用的界限。

第三，设计计算表格，进行变动成本的计算。

第四，提供产品成本信息用于预测、决策与控制。

三、变动成本法的应用实例

某公司从 20×2 年起采用变动成本法进行成本核算。两年多来，变动成本法为公司管理层进行正确预测、决策和控制活动提供了大量更为科学的产品成本信息，起到了很好的效果。

20×1 年下半年，由于公司所处的电子信息行业市场份额萎缩，市场竞争加剧，产品大幅降价，公司出现了亏损。从财务部门提供的成本资料来看，产品的制造成本普遍很高，有的甚至超过售价。在这种情况下，一系列关于产品的决策问题深深困扰着公司领导层：是拱手让出那些得之不易，但却成本过高的产品，还是继续组织生产？以怎样的方式组织生产？以怎样的份额和价格占有市场？公司领导召集各部门召开紧急会议研究对策，经认真分析，大家都觉得产品成本信息有问题。公司在财务成本核算中，一直采用完全成本法，对内提供成本信息用于决策时也是运用该方法。但由于公司属高科技企业，主要设备均为进口高精尖设备，其价值很高，淘汰年限又非常短，因而固定制造费用很高，导致产品成本普遍偏高。在这种情况下，原来采用的完全成本法已不能从数量上揭示产品与产销量之间的内在联系，不能为企业的经营预测和决策提供科学正确的成本信息。因此，公司最后决定采用变动成本法提供的成本资料重新对产品的生产和销售进行预测。

首先对产品生产成本进行测算，其具体做法是：一是正确划分变动成本和固定成本。如何将构成产品的生产成本划分为变动成本和固定成本，这是运用此法的关键。将与生产量有关并且生产车间可控的成本确定为变动成本，如产品的直接材料费、直接人工费、水电费等，而把与生产量无关且生产车间不能控制的成本确定为固定成本，如厂房、设备折旧、车间管理人员的工资等。目的是使车间能有的放矢地控制产品的生产成本；二是确定单位变动成本。根据现有生产情况，按生产工艺流程及质量标准，逐步测算产品单位变动成本，并与市场销售价进行对比，以确定产品的盈利能力；三是确定保本生产量和销售量。据市场价格和测算的单位变动成本，计算收支平衡时的生产量和销售量。

其次对产品市场进行认真分析，通过分析清楚看到，公司现有市场情况已完全能够实现保本销售量。

公司制定了以下措施：一是确定目标成本，加强成本监督和控制。把测算的单位变动成本作为目标成本，按生产过程层层分解到班组、机台、个人，公司与生产车间、生产车间与班组、班组与机台或个人层层签订岗位任务书，使生产过程的每个环节职责清楚，任务明确；二是确定目标销售量，扩大市场占有率。在变动成本法下，利润的高低是与销售量的增减相一致的。因此，必须在确保完成保本销售量的同时，加大市场开发力度，争取最大经济效益。通过运用变动成本法对产品成本和市场销售进行预测和分析，使生产经营者明确了工作目标，使产品生产从下半年开始稳步增长，取得了较好的经济效益。

通过公司的实际应用，充分说明应用变动成本法对加强企业内部经营管理具有积极作用，有力支持了企业的预测和决策，提高了企业的经济效益。

但变动成本法也有一些固有的缺点，它更加适用于在变幻莫测的市场中作短期决策，而完全成本法则更有助于企业长期决策。因为就企业长期决策而言，生产能力会发生增减变动，固定成本也会相应变动，所以长期决策应建立在补偿所有成本的基础上，即采用完全成本法更为恰当。

本章小结

本章在介绍成本性态及成本按性态分类的基础上，提出成本性态的分析方法，解决混合成本的分解问题；成本按性态的分类促使新的成本计算方法——变动成本法的产生，探讨变动成本法的计算原理、作用及局限性，并将变动成本法与完全成本法加以比较，两者在计算成本上的差异体现在对固定制造费用的处理上。完全成本法包括产品制造或劳务提供过程发生的全部生产要素的耗费；而变动成本法将产品制造或劳务提供过程发生的固定费用列作当期损益，不计入产品或劳务的成本。变动成本法在企业经营管理中的应用方法包括单轨制、双轨制及结合制。

综合练习

1. 将全部成本分为固定成本、变动成本和混合成本所采用的分类标志是（　　）。

    A. 成本的目标   B. 成本的可辨认性

    C. 成本的经济用途   D. 成本的性态

2. 在历史资料分析法的具体应用中，计算结果最为精确的方法是（　　）。

    A. 高低点法   B. 散布图法

    C. 回归直线法   D. 直接分析法

3. 在管理会计中，狭义相关范围是指（　　）。

    A. 成本的变动范围   B. 业务量的变动范围

    C. 时间的变动范围   D. 市场容量的变动范围

4. 在应用高低点法进行成本性态分析时，选择高点坐标的依据是（　　）。

    A. 最高的业务量   B. 最高的成本

    C. 最高的业务量和最高的成本   D. 最高的业务量或最高的成本

5. 在变动成本法中，产品成本是指（　　）。

    A. 制造费用   B. 生产成本

    C. 变动生产成本   D. 变动成本

6. 在变动成本法下，销售收入减去变动成本等于（　　）。

    A. 销售毛利   B. 税后利润

    C. 税前利润   D. 边际贡献

7. 如果完全成本法期末存货吸收的固定制造费用大于期初存货释放的固定制造费用，则完全成本法与变动成本法计算的营业利润比较的结果是（　　）。

    A. 相等

    B. 完全成本法计算的营业利润较大

    C. 变动成本法计算的营业利润较大

    D. 不确定

8. 下列项目中，不能列入变动成本法下产品成本的是（　　）。

    A. 直接材料费   B. 直接人工费

    C. 变动制造费用   D. 固定制造费用

9. 下列各项中，能反映变动成本法局限性的说法是（　　）。

    A. 导致企业盲目生产   B. 不利于成本控制

    C. 不利于短期决策   D. 不符合传统的成本观念

10. 用变动成本法计算产品成本时，对固定制造费用的处理时（　　）。

    A. 不将其作为费用

    B. 将其作为期间费用，全额列入利润表

C. 将其作为期间费用，部分列入利润表

D. 在各单位产品间分摊

二、多项选择题

1. 固定成本具有的特征是（　　）。

    A. 固定成本总额的不变性

    B. 单位固定成本的反方向变动性

    C. 固定成本总额的正比例变动性

    D. 单位固定成本的不变性

2. 下列成本项目中，属于酌量性固定成本的是（　　）。

    A. 新产品开发费　　　　　　　　B. 房屋租金

    C. 管理人员工资　　　　　　　　D. 广告费

3. 成本性态分析最终将全部成本区分为（　　）。

    A. 固定成本　　　　　　　　　　B. 变动成本

    C. 混合成本　　　　　　　　　　D. 半变动成本

4. 以下可能属于半变动成本的有（　　）。

    A. 电话费　　　　　　　　　　　B. 煤气费

    C. 水电费　　　　　　　　　　　D. 折旧费

5. 历史资料分析法具体包括的方法有（　　）。

    A. 高低点法　　　　　　　　　　B. 散布图法

    C. 回归直线法　　　　　　　　　D. 阶梯法

6. 在完全成本法下，期间费用包括（　　）。

    A. 制造费用　　　　　　　　　　B. 财务费用

    C. 销售费用　　　　　　　　　　D. 管理费用

7. 变动成本法下属于产品成本构成项目的有（　　）。

    A. 变动制造费用　　　　　　　　B. 直接材料费

    C. 固定制造费用　　　　　　　　D. 直接人工费

8. 变动成本法与完全成本法的区别表现在（　　）。

    A. 产品成本的构成内容不同　　　B. 存货成本水平不同

    C. 损益确定程序不同　　　　　　D. 编制的损益表格式不同

9. 如果完全成本法与变动成本法计算的营业利润差额不等于零，则完全成本法期末存货吸收的固定制造费用与期初存货释放的固定制造费用的数量关系可能是（　　）。

    A. 前者等于后者　　　　　　　　B. 前者大于后者

    C. 前者小于后者　　　　　　　　D. 两者为零

10. 完全成本法计入当期利润表的期间成本包括（　　）。

    A. 固定制造费用　　　　　　　　B. 变动制造费用

    C. 固定销售和管理费用　　　　　D. 变动销售和管理费用

三、判断题

1. 单位固定成本在一定相关范围内不随业务量发生任何数额变化。　（　）

2. 约束性固定成本是指受管理当局短期决策行为影响，可以在不同时期改变其数额的那部分固定成本。　（　）

3. 成本性态分析是指在明确各种成本性态的基础上，按照一定的程序和方法，最终将全部成本分为固定成本和变动成本两大类，建立相应成本函数模型的过程。　（　）

4. 成本性态分析的最终结果是将企业的全部成本分为变动成本、固定成本和混合成本三大类。　（　）

5. 在变动成本法下，本期利润不受期初、期末存货变动的影响；而在完全成本法下，本期利润受期初、期末存货变动的影响。　（　）

6. 变动成本法是指在组织常规的成本计算过程中，以成本性态分析为前提条件，只将变动生产成本作为产品成本的构成内容，而将固定生产成本及非生产成本作为期间成本，并按贡献式损益确定程序计量损益的一种成本计算模式。　（　）

7. 采用变动成本法易导致盲目增产，造成社会资源浪费。　（　）

8. 在目前的现实情况下，变动成本法应用中的"双轨制"是一种较为合理、切实可行的有效方法。　（　）

四、实践练习题

1. 某企业生产一种机床，最近五年的产量和产品成本资料如下表所示：

五年产量和产品成本

年份	产量/万台	产品成本/万元
20×5	6	500
20×6	5.5	470
20×7	5	460
20×8	6.5	510
20×9	7	550

要求：（1）采用高低点法进行成本性态分析；

（2）采用回归直线法进行成本性态分析。

2. 某企业本期有关成本资料如下：单位直接材料成本为 10 元，单位直接人工成本为 5 元，单位变动制造费用为 7 元，固定制造费用总额为 4 000 元，单位变动销售及管理费用为 4 元，固定销售及管理费用为 1 000 元。期初存货量为零，本期产量为 1 000件，销量为 600 件，单位售价为 40 元。

要求：分别按变动成本法和完全成本法的有关公式计算下列指标：

（1）单位产品成本；（2）期间成本；（3）销货成本；（4）营业利润。

3. 已知：某厂只生产一种产品，第一、二年的产量分别为 30 000 件和 24 000 件，销售量分别为 20 000 件和 30 000 件；存货计价采用先进先出法。产品单价为 15 元/件，单位变动生产成本为 5 元/件；每年固定制造费用的发生额为 180 000 元。销售及管理费用都是固定性的，每年发生额为 25 000 元。

要求：假设第一年年初该产品无库存，分别采用变动成本法和完全成本法两种成本计算方法确定第一、第二年的营业利润。

4. 已知：某厂生产甲产品，产品售价为 10 元/件，单位产品变动生产成本为 4 元，固定制造费用总额为 20 000 元，变动销售及管理费用为 1 元/件，固定性销售及管理费用为 4 000 元，存货按先进先出法计价，最近三年的产销量资料如下表所示：

产销量资料　　　　　　　　　　单位：件

项目	第一年	第二年	第三年
期初存货量	0	0	2 000
本期生产量	5 000	8 000	4 000
本期销售量	5 000	6 000	5 000
期末存货量	0	2 000	1 000

要求：（1）分别按变动成本法和完全成本法计算单位产品成本；

（2）分别按两种方法计算期末存货成本；

（3）分别按两种方法计算期初存货成本；

（4）分别按两种方法计算各年营业利润（编制利润表）。

变动成本法：贡献式利润表　　　　　　　　　　单位：元

项目	第一年	第二年	第三年
销售收入			
减：变动成本 其中：生产性 非生产性			
边际贡献			
减：固定成本 其中：生产性 非生产性			
营业利润			

完全成本法：传统式利润表　　　　　　　　　　单位：元

项目	第一年	第二年	第三年
销售收入			
减：销售成本			
销售毛利			
减：期间费用			
营业利润			

5. 某公司生产一种产品，20×7 年和 20×8 年的有关资料如下表所示。

项目	20×7 年	20×8 年
销售收入/元	1 000	1 500
产量/吨	300	200
年初产成品存货数量/吨	0	100
年末产成品存货数量/吨	100	0
固定生产成本/元	600	600
销售和管理费用/全部固定	150	150
单位变动生产成本/元	1.8	1.8

要求：

（1）用完全成本法为该公司编制这两年的比较利润表，并说明为什么销售增加 50%，营业净利反而大为减少。

（2）用变动成本法根据相同的资料编制比较利润表，并将它同（1）中的比较利润表进行对比，指出哪一种成本法比较重视生产，哪一种比较重视销售。

6. 上海某化工厂是一家大型企业。该厂在从生产型转向生产经营型的过程中，从厂长到车间领导和生产工人都非常关心生产业绩。过去，往往要到月底才能知道月度的生产情况，这显然不能让领导及时掌握生产信息，特别是成本和利润两大指标。如果心中无数，便不能及时地在生产过程的各阶段进行控制和调整。该厂根据实际情况，决定采用本量利分析的方法来预测产品的成本和利润。

首先以主要生产环氧丙锭和丙乙醇产品的五车间为试点。按成本与产量变动的依存关系，把工资费用、附加费、折旧费和大修理费等列作固定成本（约占总成本的10%），把原材料、辅助材料、燃料等其他要素作为变动成本（约占成本的65%），同时把水电费、蒸汽费、制造费用、管理费用（除折旧以外）列作半变动成本。因为这些费用与产量无直接比例关系，但也不是固定不变的（约占总成本的25%）。

按照1—5月的资料，总成本、变动成本、固定成本、半变动成本和产量如下表所示。

成本与产量

月份	总成本/万元	变动成本/万元	固定成本/万元	半变动成本/万元	产量/吨
1	58.633	36.363	5.94	16.33	430.48
2	57.764	36.454	5.97	15.34	428.49
3	55.744	36.454	5.98	13.43	411.20
4	63.319	40.189	6.21	16.92	474.33
5	61.656	40.016	6.54	15.19	462.17
合计	297.116	189.476	30.52	77.21	2 206.67

1—5月半变动成本组成如下表所示。

半变动成本组成表

月份	修理/元	扣下脚废料/元	动力/元	水费/元	管理费用/元	制造费用/元	合计/万元
1	33 179.51	−15 926.75	85 560.82	19 837.16	35 680	4 995.28	16.33
2	26 286.10	−15 502.55	86 292.62	25 879.73	24 937	8 571.95	15.34
3	8 169.31	−2 682.75	80 600.71	16 221.10	26 599	5 394.63	13.43
4	12 540.31	−5 803.45	81 802.80	26 936.17	47 815	5 943.39	16.92
5	33 782.25	−26 372.5	83 869.45	24 962.00	30 234	5 423.88	15.19

会计人员用高低点法对半变动成本进行分解，结果是：单位变动成本为0.055 3万元，固定成本为−9.31万元。

固定成本是负数，显然是不对的。用回归分析法求解，单位变动成本为0.032 1万元，固定成本为1.28万元。

经验算发现，1—5月固定成本与预计数1.28万元相差很远（1月：1万元；2月：1.585万元；3月：0.230万元；4月：1.694万元；5月：0.354元）。

会计人员感到很困惑，不知道问题在哪里。你认为应该采用什么方法来划分变动成本和固定成本呢？

第三章

本量利分析

【学习目标】

掌握：保本点、保利点的计算，有关因素的变动对保本点、保利点的影响。
熟悉：本量利分析的基本关系式、企业经营安全程度的评价指标。
了解：本量利分析的概念和前提假设。

【关键术语】

本量利分析；保本点；保利点；敏感性分析；边际贡献；安全边际

第一节　本量利分析概述

本量利分析，也称为 CVP 分析（cost volume profit analysis），是产量（或销售量）-成本-利润依存关系分析的简称，是在成本性态分析和变动成本计算法的基础上进一步展开的一种分析方法。本量利分析是以数学化的会计模型与图文来揭示固定成本、变动成本、销售量、单价、销售额、利润等变量之间的内在规律性的联系，为会计预测、决策和规划提供必要的财务信息的一种定量分析方法。

本量利分析着重研究产销量、价格、成本和利润之间的数量关系，它所提供的原理、方法在管理会计中有着广泛的用途，可用于保本预测、销售预测、生产决策、全面预算、成本控制、不确定分析、经营风险分析、责任会计等方面。

一、本量利分析基本模型的假设条件

任何科学的理论体系都要依靠公理和假设才能建立。同样，本量利分析的理论也是建立在若干个基本假设之上的。

（一）销售收入与销售量呈完全线性关系的假设

在本量利分析中，通常都假设销售单价是常数，销售收入与销售量成正比，二者存在一种线性关系。即：销售收入=销售量×单价。但这个假设只有在满足以下条件时才能成立：产品基本上处于成熟期，其售价比较稳定；通货膨胀率很低。

（二）变动成本与产量呈完全线性联系的假设

在本量利分析中，变动成本与产量（业务量）为正比例关系。这个假设只有在一定的产量范围内才能成立，若产量过低或超负荷生产，变动成本会增加。

（三）固定成本保持不变的假设

本量利分析的线性关系假设，首先是指固定成本与产量无关，能够保持稳定。这个假设也是在一定的相关范围内成立。一般来说，在生产能力利用的一定范围内，固定成本是稳定的，但超出这个范围后，由于新增设备等原因，固定成本会突然增加。

（四）品种结构不变的假设

这一假设假定一个销售多种产品的企业，在销售中各种产品的比例关系不会发生变化。但实际上很难做到始终按一个固定的品种结构模式均匀地销售各种产品。一旦品种结构变动较大，而各种产品盈利水平又不一致时，计划利润与实际利润就必然会有较大的出入。

（五）产销平衡的假设

产量的变动会影响到成本的高低，而销量的变动则影响到收入的多少。基于产销平衡的假设，在本量利分析模型中，通常不考虑"产量"而只考虑"销量"这一数量因素。但在实际上，产销常常是不平衡的，一旦二者有较大的差别，就需要考虑产量因素对本期利润的影响。

（六）会计数据可靠性的假设

这个假设认为，在进行本-量-利分析时，所使用的会计数据都是真实可靠的，不但会计提供的历史成本数据是真实可靠的，而且根据这些历史成本数据所确定的固定成本和变动成本也是真实可靠的。而这一切，又都是建立在会计人员可以把所有成本合理地分解成固定成本和变动成本，并且能确知它们与业务量的数量关系这个假设之上的。但在实际中，情况并非完全如此。首先，会计提供的历史成本数据不一定真实可靠。其次，会计主管人员由于受到认识水平的限制和其他方面的制约，他们对成本性态的判定和混合成本的分解，也难免带有或多或少的主观随意性。既然会计数据本身就可能不够真实，那么，根据它们所确定的固定成本和变动成本的数额自然也不可能是完全真实的。但是，指出会计数据并非完全可靠的这一事实，并不是要使人们感到无所适从，而是要让人们充分认识到有关假设的条件性与相对性。

二、本量利分析的基本公式

本量利分析是以成本性态分析和变动成本法为基础的，其基本公式是变动成本法下技术利润的公式。本量利分析的基本公式反映了固定成本（用 a 表示）、单位变动成本（用 b 表示）、产量或销售量（用 x 表示）、单价（用 p 表示）、销售收入（用 px 表示）和营业利润（用 P 表示）等各因素之间的相互关系。即：

$$营业利润（P）= 销售收入 - 总成本 = px - (a+bx)$$
$$= 销售收入 - 变动成本 - 固定成本$$
$$= 单价 \times 销售量 - 单位变动成本 \times 销售量 - 固定成本 = px - bx - a$$
$$= （单价 - 单位变动成本）\times 销售量 - 固定成本 = (p-b)x - a$$

本量利分析方法的数学模型是在上述公式的基础上建立起来的，上式被称为本量利分析基本公式。

三、边际贡献和边际贡献率计算公式

本量利是成本管理会计的重要方法，其基本内容包括：将总成本划分为变动成本和固定成本；计算产品的边际贡献；确定产品生产销售的保本点；分析产品销售的安全边际等。边际贡献和边际贡献率是本量利分析中的核心指标。计算产品的边际贡献和边际贡献率是本量利分析的前提条件。

（一）边际贡献

边际贡献，是指产品的销售收入与相应变动成本的差额，也称贡献毛益、贡献边际。边际贡献首先应该用于补偿固定成本，补偿固定成本之后的余额，即为企业的利润。边际贡献有单位产品边际贡献和边际贡献总额两种表现形式，计算公式如下：

$$单位边际贡献 = 销售单价 - 单位变动成本$$
$$= \frac{边际贡献总额}{销售量}$$
$$= 销售单价 \times 边际贡献率$$
$$边际贡献总额 = 销售收入总额 - 变动成本总额$$
$$= 单位边际贡献 \times 销售量$$
$$= 销售收入 \times 边际贡献率$$

根据本量利基本公式，边际贡献、固定成本和营业利润三者之间的关系可用下式表示：

$$营业利润 = 边际贡献 - 固定成本$$

产品提供的边际贡献首先用于补偿企业的固定成本，只有当边际贡献大于固定成本时才能为企业提供利润，否则企业将会出现亏损。边际贡献是反映企业盈利能力的一个重要指标，当企业进行短期经营决策时，一般都以提供边际贡献总额最大的备选方案为最优。

【例3-1】盈创公司生产的内存卡每件售价100元，每件变动成本70元，固定成本总额75 000元，全年业务量（产销一致）为3 000件。内存卡的单位边际贡献与边际

第三章 本量利分析

贡献总额为

$$单位边际贡献=100-70=30（元）$$
$$边际贡献总额=30×3\ 000=90\ 000（元）$$

（二）边际贡献率

边际贡献率，是指单位边际贡献与销售价格之间的比率，或边际贡献总额与销售总额之间的比率，它表示每百元销售收入能提供的边际贡献。其计算公式如下：

1. 针对单一产品：

$$个别边际贡献率=单位边际贡献÷单价$$
$$或=边际贡献÷收入$$

2. 针对多品种：

$$综合边际贡献率=\sum 边际贡献÷\sum 收入$$
$$或=\sum 个别边际贡献率×销售比重$$

【例3-2】承【例3-1】，内存卡的边际贡献率$=\dfrac{30}{100}×100\%=30\%$，即每产销100元的产品，可以产生30元的边际贡献。

根据边际贡献指标，还可以测算出销售额的变动对利润的影响。假定该公司预测计算期增加销售收入60 000元，固定成本总额不变，则根据边际贡献率可以预计利润将增加18 000（元）=60 000×30%。

与边际贡献率密切关联的指标是变动成本率。所谓变动成本率，是指变动成本占销售收入的百分比，或指单位变动成本占单价的百分比。其计算公式为

（1）针对单一产品：

$$个别变动成本率=单位变动成本÷单价$$
$$或=变动成本÷收入$$

（2）针对多品种产品：

$$综合变动成本率=\sum 变动成本÷\sum 收入$$
$$或=\sum 个别变动成本率×销售比重$$

边际贡献率与变动成本率指标的关系如下：

$$变动成本率+边际贡献率=1$$
$$个别变动成本率+个别边际贡献率=1$$
$$综合变动成本率+综合边际贡献率=1$$

变动成本率与边际贡献率属于互补性质，凡是变动成本率低的企业，边际贡献率高，创利能力也高；反之，凡是变动成本率高的企业，边际贡献率低，创利能力低。所以，边际贡献率的高低，在企业的经营决策中具有举足轻重的作用。

【例3-3】某企业只生产甲产品，单价为1 000元，单位变动成本为550元，固定成本为400 000元。20×8年生产经营能力为25 000件。

要求：计算单位边际贡献、边际贡献总额、边际贡献率、变动成本率。

解：单位边际贡献=1 000-550=450（元）

边际贡献总额=450×25 000=11 250 000（元）

边际贡献率 = 11 250 000 ÷（25 000×1 000）×100% = 45%

或 = 450 ÷ 1 000×100% = 45%

变动成本率 = 550 ÷ 1 000×100% = 55%

第二节　保本点、保利点分析

保本点分析是本量利分析的核心内容，其计算方法由美国著名学者诺伊贝尔在 20 世纪 30 年代提出，它推动会计学的分析研究方法由事后向事前迈进了一大步。

一、保本点分析

所谓保本，是指企业在一定时期内的收支相等、盈亏平衡、不盈不亏、利润为零。保本分析，是研究当企业恰好处于保本状态时本量利关系的一种定量分析方法，是确定企业经营安全程度和进行保利分析的基础，也叫作盈亏临界分析、损益平衡分析。

保本点是企业管理中一项很重要的管理信息，它能帮助企业管理人员正确地把握产品销售量（额）与企业盈利之间的关系。通常情况下，企业要盈利，其实际销售量（额）一定要超过其保本点，而且，超过保本点后销售越多，企业利润增长就越快，这也是刺激企业生产经营不断向规模经济发展的一个重要的内在要素。

（一）保本点的含义

保本点，也称为盈亏临界点、盈亏平衡点、损益平衡点等，是指企业经营达到不盈不亏的状态的业务量的总称。企业的销售收入扣减变动成本后得到边际贡献，它首先要用于补偿固定成本，只有补偿固定成本后还有剩余，才能为企业提供最终的利润；否则，就会发生亏损。如果边际贡献刚好等于固定成本，那就是不盈不亏的状态。此时的销售量就是保本点。

（二）单一品种的保本点的分析

单一品种的保本点确定可以根据本量利基本公式、保本图等方法确定。

1. 根据本量利基本公式计算保本点

单一品种的保本点计算有两种形式，可根据保本点的定义，利用本量利基本公式，求出保本量及保本额。

（1）按实物单位计算，即保本点销售量（简称"保本量"）。

$$保本点的销售量（实物单位）= \frac{固定成本}{单价 - 单位变动成本} = \frac{固定成本}{单位产品贡献边际}$$

（2）按金额综合计算，即保本点销售额（简称"保本额"）。

$$保本点的销售额（货币单位）= \frac{固定成本}{边际贡献率} = 保本量 × 单价$$

多品种条件下，由于不同产品的销售量不能直接相加，因而只能确定总的保本额，不能确定总保本量。

【例3-4】 承【例3-1】的资料。

要求：计算该企业的保本点指标。

解：保本量 = $\dfrac{75\,000}{100 - 70}$ = 2 500（件）

保本额 = 2 500×100 = 250 000（元）

这表明盈创公司至少需生产 2 500 件内存卡，销售收入达 250 000 元，才能保证企业不盈不亏。

2. 根据保本图确定保本点

图解法，是指通过绘制保本图来确定保本点位置的方法，该方法是基于总收入等于总成本时企业恰好保本的原理。保本图将保本点反映在坐标系中。

保本点的位置，取决于固定成本、单位变动成本和销售单价这几个因素，图3-1形象直观地描述了这种关系：

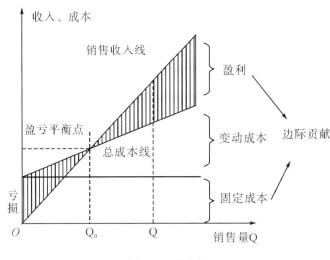

图 3-1　保本图

保本图的具体表现：

（1）在固定成本、单位变动成本、销售单价不变的情况下，保本点是固定的。销售量越大，当销售量超过保本点时，实现的目标利润就越多；当销售量不足保本点，则亏损越少。反之则是亏损越多或利润越少。

（2）在总成本不变的情况下，临界点的位置随销售单价的升高而降低，随销售单价的降低而升高。

（3）在销售单价、单位变动成本不变的情况下，固定成本越大，临界点的位置越高，反之临界点的位置就越低。

（4）在销售单价和固定成本不变的情况下，单位变动成本越高，盈亏临界点越高。反之亦然。

此法的优点是形象、直观，容易理解。但由于绘图比较麻烦，而且保本量和保本额数值的确定都需要在数轴上读取，容易造成结果的不准确。

（三）多品种的保本点分析

对于只生产销售一种产品的企业而言，其保本点的预测是比较简单的，实际上大部分企业不可能只生产销售一种产品，往往有几种、几十种乃至几百种产品。多品种保本点分析是现代企业内部经营管理实现定量化和科学化的主要内容。

多品种保本点计算的主要方法有：加权平均边际贡献率法、加权平均单位贡献率法、分别计算法、主要品种法、联合单位法、顺序法等。在产销多种产品的情况下，由于产品的盈利能力不同，产品销售的品种结构的变化会导致企业利润水平出现相应变动，也会有不同的保本点。下面主要介绍两种常用方法。

1. 加权平均边际贡献率法

在企业同时产销多种产品的情况下，如果固定成本合理分配较难，且难以区分主次产品时，一般多采用加权平均边际贡献率法。该方法是先确定整个企业的综合保本额，然后按销售比重确定各产品的保本点。其计算公式如下：

$$综合保本销售额 = \frac{固定成本总额}{综合边际贡献率}$$

该方法计算的关键在于计算各种产品综合边际贡献率，即以各种产品销售比重为权数对其个别边际贡献率的加权平均。其计算步骤如下：

（1）计算各种产品的销售比重：

$$某种产品销售比重 = \frac{该产品预计销售额}{\sum 各种产品预计销售额}$$

（2）计算各种产品的加权平均边际贡献率：

$$加权平均边际贡献率 = \sum （某种产品销售比重 \times 该产品边际贡献率）$$

（3）计算企业综合的保本点：

$$综合保本销售额 = \frac{固定成本总额}{综合边际贡献率}$$

（4）计算各种产品的保本点：

$$某种产品保本销售额 = 综合保本销售额 \times 该产品销售比重$$

【例3-5】某企业计划期内拟产销甲、乙、丙三种产品，固定成本为60 000元，预计销售量及单位变动成本、单价资料如表3-1所示。

表3-1　三种产品销售单位、单位变动成本及销售量

产品	销售单价/元	单位变动成本/元	销售量/件
甲产品	20	17	10 000
乙产品	40	32	2 500
丙产品	100	50	1 000

要求：计算该企业各产品保本点销量及销售额。

解：（1）计算三种产品的销售比重，见表3-2。

表 3-2　三种产品销售比重

产品	销售量/件	销售单价/元	销售收入/元	销售比重/%
甲产品	10 000	20	200 000	50
乙产品	2 500	40	100 000	25
丙产品	1 000	100	100 000	25
合计			400 000	100

（2）计算三种产品的加权平均边际贡献率，见表 3-3。

表 3-3　三种产品的加权平均边际贡献率

产品	销售单价/元	单位变动成本/元	单位边际贡献	个别边际贡献率
甲产品	20	17	3	3÷20×100%＝15%
乙产品	40	32	8	8÷40×100%＝20%
丙产品	100	50	50	50÷100×100%＝50%

加权平均边际贡献率＝15%×50%＋20%×25%＋50%×25%＝25%

（3）计算企业综合的保本点：

综合保本销售额＝60 000÷25%＝240 000（元）

（4）计算三种产品的保本点，见表 3-4。

表 3-4　三种产品的保本点

产品	保本销售额/元	保本销售量/件
甲产品	240 000×50%＝120 000	120 000÷20＝6 000
乙产品	240 000×25%＝60 000	60 000÷40＝1 500
丙产品	240 000×25%＝60 000	60 000÷100＝600

2. 联合单位法

联合单位法是指在事先掌握多品种之间客观存在的相对稳定产销实物量比例的基础上，确定每一联合单位的单价和单位变动成本，进行多品种条件下本量利分析的一种方法。这种方法一般适用于利用同一种原料生产性质相近的联产品且产品结构较稳定的企业，如化工企业等，其预测结构一般与加权平均边际贡献率法相同。

联合单位，是指由各产品按其销售比重构成的一组产品，可用它来统一计量多品种生产企业的业务量，相应地可借助单一产品的方法进行保本点预测。

如果企业生产的多个品种的实物产出量之间存在较稳定的数量关系，而且所有产品的销路都很好，就可以用联合单位代表按时间实物量比例构成的一组产品。联合单位法的计算步骤如下：

（1）确定用销售量表示的销售组合。如企业生产的甲、乙、丙三种产品的销量比例为 3∶2∶1，则一个联合单位就相当于三个甲、两个乙和一个丙的集合。

（2）计算联合单位的边际贡献。

联合单位的边际贡献 = 联合单位的销售单价 - 联合单位变动成本

$$= \sum（某种产品的构成数量×该产品单价）-\sum（某种产品的$$
$$构成数量×该产品单位变动成本）$$
$$= \sum（每联合单位包含某产品数量×该产品单位边际贡献）$$

（3）计算保本点联合单位数量：

$$保本点联合单位数量 = \frac{固定成本总额}{联合单位的边际贡献}$$

（4）计算各种产品在保本点的销售量：

某产品保本点的销售量 = 保本点联合单位数量×联合单位包含该产品数量

【例3-6】沿用【例3-5】资料采用联合单位法预测保本点。

（1）确定用销售量表示的销售组合：

每一联合单位销售量构成比例 = 10 000∶2 500∶1 000 = 10∶2.5∶1

即每联合单位由10件甲产品、2.5件乙产品和1件丙产品构成。

（2）计算联合单位的边际贡献：

联合单位边际贡献 = 10×（20-17）+2.5×（40-32）+1×（100-50）= 100（元）

（3）计算保本点联合单位数量：

保本点联合单位数量 = 60 000÷100 = 600

（4）计算各种产品在保本点的销量：

甲产品的保本点销量 = 600×10 = 6 000（件）

乙产品的保本点销量 = 600×2.5 = 1 500（件）

丙产品的保本点销量 = 600×1 = 600（件）

（四）企业经营安全程度的评价指标

1. 安全边际指标

与保本点相关的还有一个概念，即安全边际。安全边际（margin of safety）是根据实际或预计的销售业务量与保本业务量的差量确定的定量指标。它表明销售量下降多少企业仍不致亏损。它标志着从现有销售量或预计可达到的销售量到盈亏临界点，还有多大的差距。此差距说明现有或预计可达到的销售量再降低多少，企业才会发生损失。差距越大，则企业发生亏损的可能性就越小，企业的经营就越安全。

安全边际可以用绝对数和相对数两种形式来表现，其计算公式为

安全边际量 = 现有（实际）或预计（计划）的销售量 - 保本量

安全边际额 = 现有（实际）或预计（计划）的销售额 - 保本额

= 安全边际量×单价

$$安全边际率 = \frac{安全边际量}{现有或预计销售量}×100\%（仅适用单一产品）$$

$$或\quad 安全边际率 = \frac{安全边际额}{现有或预计销售额}×100\%$$

【例3-7】按【例3-1】、【例3-4】的资料。

要求：计算企业的安全边际各项指标。

解：安全边际量 = 3 000－2 500 = 500（件）

安全边际额 = 500×100 = 50 000（元）

安全边际率 = 500÷3 000×100% = 16.67%。

安全边际量和安全边际率都是正指标，越大越好。一般用安全边际率来评价企业经营的安全程度，西方企业评价安全程度的经验标准，如表 3-5 所示。

表 3-5　企业安全性经验标准

安全边际率	<10%	10%～<20%	20%～<30%	30%～<40%	≥40%
安全程度	危险	值得注意	比较安全	安全	很安全

安全边际能够为企业带来利润。我们知道，盈亏临界点的销售额除了弥补产品自身的变动成本外，刚好能够弥补企业的固定成本，不能给企业带来利润。只有超过盈亏临界点的销售额，才能在扣除变动成本后，不必再弥补固定成本，而是直接形成企业的税前利润。用公式表示如下：

税前利润 = 销售单价×销售量－单位变动成本×销售量－固定成本

　　　　 =（安全边际销售量＋盈亏临界点销售量）×单位边际贡献－固定成本

　　　　 = 安全边际销售量×单位边际贡献

　　　　 = 安全边际销售额×边际贡献率

将上式两边同时除以销售额可以得出：

税前利润率 = 安全边际率×边际贡献率

2. 达到保本点的作业率

达到保本点的作业率（breakeven capacity），是指保本点销售量或销售额占企业正常销售量的比重，它表明在保本的情况下，企业生产经营能力的利用程度。正常销售量是指在正常市场下和正常开工下企业的产销量。计算公式如下：

$$达到保本点的作业率 = \frac{保本点销售量}{现有或预计销售量}×100\%（仅适用于单一产品）$$

$$或\quad 达到保本点的作业率 = \frac{保本点销售额}{现有或预计销售额}×100\%$$

【例 3-8】按【例 3-1】、【例 3-4】的资料。

要求：计算企业达到保本点的作业率。

解：达到保本点的作业率 = 2 500÷3 000×100% = 83.33%。

即企业作业率至少要达到正常销售量的 83.33% 才能盈利，否则将发生亏损。

从上面的计算还可以看出：达到保本点的作业率＋安全边际率 = 1。

达到保本点的作业率对安排企业生产具有一定的指导意义。

二、保利点分析

当企业的销售量超过保本点时，可以实现利润。企业的目标是尽可能多地超过保本点来实现利润目标，所以保利点分析是保本点分析的延伸和拓展。保利点分析即盈利条件下的本量利分析，其实质是逐一描述业务量、成本、单价、利润等因素相对于其他因素存在的定量关系的过程。

（一）保利点及其计算

保利点，也叫作实现目标利润的业务量，是指在单价和成本水平确定的情况下，为确保预先确定的目标利润能够实现而应达到的销售量和销售额的统称，包括保利量和保利额两项指标。

根据本量利的基本公式，可推导出单一产品下保利点的计算公式：

$$保利（销售）量 = \frac{固定成本 + 目标利润}{单价 - 单位变动成本}$$

$$= \frac{固定成本 + 目标利润}{单位边际贡献}$$

$$保利（销售）额 = 单价 \times 保利量$$

$$= \frac{固定成本 + 目标利润}{边际贡献率} = \frac{固定成本 + 目标利润}{1 - 变动成本率}$$

【例 3-9】某公司产品单价为 800 元，单位变动成本为 650 元，固定成本为 90 000元。

要求：假设公司要实现的目标利润为 120 000 元，求保利（销售）量和保利（销售）额。

保利（销售）量 = （90 000+120 000）÷（800-650）= 1 400（件）

保利（销售）额 = 800×1 400 = 1 120 000（元）

（二）保净利点及其计算

当进行保本点分析时，不必考虑所得税的影响。但是如果要计算特定净利润的销售量，就要考虑所得税的影响。如果目标利润用税后利润表示，需要加上所得税后才能得出营业收益。保净利点，又称为实现目标净利润的业务量，是企业在一定时期缴纳所得税后实现的利润目标，是利润规划的一个重要指标。

保净利点也包括保净利量和保净利额两种形式。在计算保净利点过程中，需要考虑目标净利润及所得税等因素。

在保利点公式的基础上，可推导出单一产品下保净利点的以下公式：

$$保净利（销售）量 = \frac{固定成本 + \dfrac{目标净利润}{1 - 所得税税率}}{单价 - 单位变动成本}$$

$$保净利（销售）额 = 单价 \times 保净利量$$

$$= \frac{固定成本 + \dfrac{目标净利润}{1 - 所得税税率}}{边际贡献率}$$

【例 3-10】承【例 3-9】，假定企业的目标净利润为 157 500 元，所得税税率为 25%，价格和成本水平维持不变。

要求：计算保净利（销售）量和保净利（销售）额。

解：

$$保净利（销售）量 = \frac{90\,000 + \dfrac{157\,500}{1-25\%}}{800-650} = 2\,000（件）$$

$$保净利（销售）额 = 800 \times 2\,000 = 1\,600\,000（元）$$

（三）相关因素变动对目标利润的影响

在本量利分析中，某个变量的变动通常会影响到其他变量值，由于企业是在动态环境中从事经营，所以必须要了解价格、变动成本和固定成本所发生的变动。下面讨论价格、单位变动成本和固定成本这三者变动对盈亏临界点的影响。

1. 固定成本变动对实现目标利润的影响

从实现目标利润的模型中可以看出，若其他条件不变，固定成本与目标利润之间是此消彼长的关系，固定成本降低，则目标利润增大，使得实现目标利润的销售量降低，盈亏临界点降低。

2. 单位变动成本变动对实现目标利润的影响

若其他条件既定，单位变动成本与目标利润之间也是此消彼长的关系，单位变动成本降低，则目标利润增大，使得实现目标利润的销售量降低，盈亏临界点降低。

3. 单位售价对实现目标利润的影响

单位售价的变动对盈亏临界点的影响是最直接的，对实现目标利润的影响也一样。若其他条件既定，售价降低，则目标利润减少，使得实现目标利润的销售量增大，盈亏临界点增高。反之，售价增加，目标利润增加，实现目标利润的销售量降低，盈亏临界点降低。

4. 多种因素同时变动对实现目标利润的影响

在现实经济生活中，上述影响利润的各个因素之间是有关联性的。例如，为了提高产量，可能需要增加生产设备，导致固定成本的上升；为了销售产品，可能会增加广告费用，等等。企业往往采取降低固定成本、单位变动成本或者提高单价等综合措施来增加利润，在增加利润的前提下，需要对所采取的措施进行权衡和测算。

第三节 保本点的敏感分析

在进行敏感性分析时，敏感性指的是所研究方案的影响因素发生改变时对原方案的经济效果发生影响和变化的程度。如果引起的变化幅度很大，说明这个变动的因素对方案经济效果的影响是敏感的；如果引起变动的幅度很小，则说明这个因素是不敏感的。

敏感性分析是一种"如果……会怎么样"的分析技术。它要研究的是，当模型中的自变量发生变动时，因变量将会发生怎样的变化。即在一定条件下，求得模型的满意（可行）解之后，模型中的一个或几个参数允许发生多大的变化，仍能使原来的满意（可行）解不变；或当某个参数的变化已经超出允许的范围，原来的满意（可行）

解已经不是满意（可行）解时如何用最简便的方法，求得新的满意（可行）解。

一、保本点敏感分析的含义

保本点敏感性分析，指在现有或预计销售量的基础上测算影响保本点的各个因素单独处于什么水平时仍能确保企业不亏损的一种敏感性分析方法。

从本量利基本公式可知，影响利润的主要因素有：产品单位售价、产品单位变动成本、销售量和固定成本总额。追求利润是企业的根本目标，因此，当企业处于不盈不亏的保本状态时，其单位售价和销售量达到了最小的临界值，而其单位成本和固定成本总额达到了最大临界值。当其他条件不变时，若某一条件超越了临界值，企业就会出现亏损。计算确定这些因素的临界值对于企业管理者做出何种决策是具有指导性作用的。

保本点敏感性分析的实质是在销售量水平不变和其他两个因素不变的前提下，分别计算保本单价、保本单位变动成本和保本固定成本，从而确定影响企业保本点的单价、单位变动成本和固定成本等因素在现有水平的基础上还有多大的变动余地，以便企业及时采取对策。

二、保本点敏感性分析的假设

在进行保本点敏感性分析时，通常是以下列几个假设条件为前提的：

（1）企业正常盈利的假设，假定已知的销售量大于按照原有的单价、单位变动成本和固定成本确定的保本点，企业的安全边际指标大于零，能够实现盈利；

（2）产品的销售量为已知常数的假设；

（3）各因素单独变动的假设，利用保本点计算公式，按照已知的销售量分别计算新的保本单价、保本变动成本和固定成本时，假设其他两个影响因素是不变的。

三、保本点敏感性分析的公式

保本固定成本总额＝（现有单价−现有单位变动成本）×现有销售量

$$保本单位变动成本＝现有单位售价−\frac{现有固定成本}{现有销售数量}$$

$$保本单位售价＝现有单位变动成本＋\frac{现有固定成本}{现有销售数量}$$

【例3-11】某企业只生产一种产品，20×8年销售量为30 000件，单位售价为100元，单位变动成本为70元，全年固定成本总额为600 000元，实现利润600 000元。

要求：假定20×8年各种条件不变。（1）计算保本销量；（2）进行20×9年的保本点敏感性分析。

解：　　　（1）保本销量＝600 000÷（100−70）＝20 000（件）

（2）保本固定成本总额＝（100−70）×30 000＝900 000（元）

这意味着在其他条件不变的情况下，企业的固定成本总额的最大允许值为900 000元，超过900 000元企业将发生亏损。

保本单位变动成本＝100−（600 000÷30 000）＝80（元）

这意味着在其他条件不变的情况下，企业产品的单位变动成本的最大允许值为80元，即当企业的单位变动成本从20×8年的60元升高到80元时，利润从600 000元降低为0，当企业的单位变动成本超过80元时，企业将发生亏损。

$$保本销售单价 = 70 + （600\,000 \div 30\,000）= 90（元）$$

这意味着在其他条件不变的情况下，产品的销售单价的最小允许值为90元，单价低于90元企业将发生亏损。

本章小结

本章介绍了本量利分析的相关知识。其要点包括：

1. 本量利分析的假设条件及基本公式

（1）假设条件包括：①销售收入与销售量呈完全线性关系的假设；②变动成本与产量呈完全线性联系的假设；③固定成本保持不变的假设；④品种结构不变的假设；⑤产销平衡的假设；⑥会计数据可靠性的假设。

（2）基本公式：营业利润（P）= 销售收入－总成本 = $px - (a + bx)$。

2. 边际贡献和边际贡献率公式

（1）边际贡献，是指产品的销售收入与相应变动成本的差额，也称贡献毛益、贡献边际。边际贡献首先应该用于补偿固定成本，补偿固定成本之后的余额，即为企业的利润。边际贡献有单位产品边际贡献和边际贡献总额两种表现形式，计算公式如下：①单位边际贡献 = 销售单价－单位变动成本；②边际贡献总额 = 销售收入总额－变动成本总额。

（2）边际贡献率，包括个别边际贡献率及综合边际贡献率。

3. 保本点分析

保本点也称为盈亏临界点、盈亏平衡点、损益平衡点等，是指企业经营达到不盈不亏的状态的业务量的总称。可以根据本量利基本公式计算保本点，也可以根据保本图确定保本点。

4. 保利点分析

保利点也叫作实现目标利润的业务量，是指在单价和成本水平确定的情况下，为确保预先确定的目标利润能够实现而应达到的销售量和销售额的统称。包括保利量和保利额两项指标。

5. 保本点的敏感性分析

此分析是指在现有或预计销售量的基础上测算影响保本点的各个因素单独达到什么水平时，仍能确保企业不亏损的一种敏感性分析方法。注意其假设前提及计算分析公式。

综合练习

一、单项选择题

1. 在本量利分析中，必须假定产品成本的计算基础是（　　）。

    A. 完全成本法　　　　　　　　　　B. 制造成本法

    C. 吸收成本法　　　　　　　　　　D. 变动成本法

2. 进行本量利分析，必须把企业全部成本区分为固定成本和（　　）。

    A. 税金成本　　　　　　　　　　　B. 材料成本

    C. 人工成本　　　　　　　　　　　D. 变动成本

3. 下列指标中，可据以判定企业经营安全程度的指标是（　　）。

    A. 保本量　　　　　　　　　　　　B. 边际贡献

    C. 保本作业率　　　　　　　　　　D. 保本额

4. 当单价单独变动时，安全边际（　　）。

    A. 不会随之变动　　　　　　　　　B. 不一定随之变动

    C. 将随之发生同方向变动　　　　　D. 将随之发生反方向变动

5. 已知企业只生产一种产品，单位变动成本为每件45元，固定成本总额60 000元，产品单价为120元，为使安全边际率达到60%，该企业当期至少应销售的产品为（　　）。

    A. 2 000件　　　　　　　　　　　B. 1 333件

    C. 800件　　　　　　　　　　　　D. 1 280件

6. 已知企业只生产一种产品，单价5元，单位变动成本3元，固定成本总额600元，则保本销售量为（　　）。

    A. 200件　　　　　　　　　　　　B. 300件

    C. 120件　　　　　　　　　　　　D. 400件

7. 根据本量利分析原理，只提高安全边际而不会降低保本点的措施是（　　）。

    A. 提高单价　　　　　　　　　　　B. 增加产量

    C. 降低单位变动成本　　　　　　　D. 降低固定成本

8. 已知某企业本年目标利润为2 000万元，产品单价为600元，变动成本率为30%，固定成本总额为600万元，则企业的保利量为（　　）。

    A. 61 905　　　　　　　　　　　B. 14 286

    C. 50 000　　　　　　　　　　　D. 54 000

9. 下列因素单独变动时，不对保利点产生影响的是（　　）。

    A. 成本　　　　　　　　　　　　　B. 单价

    C. 销售量　　　　　　　　　　　　D. 目标利润

10. 在销售量不变的情况下，保本点越高，能实现的利润（　　）。

    A. 越多　　　　　　　　　　　　　B. 越少

C. 不变   D. 越不确定

二、多项选择题

1. 本量利分析的基本假设包括 (   )。
    A. 相关范围假设   B. 线性假设
    C. 产销平衡假设   D. 品种结构不变假设

2. 下列项目中, 属于本量利分析研究内容的有 (   )。
    A. 销售量与利润的关系   B. 销售量、成本与利润的关系
    C. 成本与利润的关系   D. 产品质量与成本的关系

3. 安全边际指标包括的内容有 (   )。
    A. 安全边际量   B. 安全边际额
    C. 安全边际率   D. 保本作业率

4. 保本点的表现形式包括 (   )。
    A. 保本额   B. 保本量
    C. 保本作业率   D. 边际贡献率

5. 下列各项中, 可据以判定企业是否处于保本状态的标志有 (   )。
    A. 安全边际率为零   B. 边际贡献等于固定成本
    C. 保本作业率为零   D. 边际贡献率等于变动成本率

6. 关于安全边际及安全边际率的说法中, 正确的有 (   )。
    A. 安全边际是正常销售额超过盈亏临界点销售额的部分
    B. 安全边际率是安全边际量与正常销售量之比
    C. 安全边际率和保本作业率之和为 1
    D. 安全边际率数值越大, 企业发生亏损的可能性越大

7. 下列各式计算结果等于贡献边际率的有 (   )。
    A. 单位边际贡献/单价   B. 1−变动成本率
    C. 边际贡献/销售收入   D. 固定成本/保本销售量

8. 贡献边际除了以总额的形式表现外, 还包括以下表现形式 (   )。
    A. 单位边际贡献   B. 税前利润
    C. 营业收入   D. 边际贡献率

9. 下列因素中, 其水平提高会导致保利点升高的有 (   )。
    A. 单位变动成本   B. 固定成本总额
    C. 目标利润   D. 销售量

10. 下列项目中, 其变动可以改变保本点位置的因素包括 (   )。
    A. 单价   B. 单位变动成本
    C. 销售量   D. 目标利润

三、判断题

1. 本量利分析的各种模型既然是建立在多种假设的前提条件下, 因而我们在实际应用时, 不能忽视它们的局限性。   (   )

2. 若单位产品售价与单位变动成本发生同方向、同比例变动，则盈亏平衡点的业务量不变。					（　　）

3. 安全边际率和保本作业率是互补的，安全边际率高则保本作业率低，其和为1。					（　　）

4. 销售利润率可通过边际贡献率乘以安全边际率求得。					（　　）

5. 单价、单位变动成本及固定成本总额变动均会引起保本点、保利点同方向变动。					（　　）

6. 在标准本量利关系图中，当销售量变化时，盈利三角区和亏损三角区都会变动。					（　　）

7. 在贡献式本量利关系图中，销售收入线与固定成本线之间的垂直距离是边际贡献。					（　　）

8. 安全边际和销售利润指标均可在保本点的基础上直接套公式计算出来。（　　）

9. 保本图的横轴表示销售收入和成本，纵轴表示销售量。（　　）

10. 企业的边际贡献应当等于企业的营业毛利。（　　）

四、实践练习题

1. 已知：甲产品单位售价为30元，单位变动成本为21元，固定成本为450元。

要求：

（1）计算保本点销售量；

（2）若要实现目标利润180元，销售量是多少？

（3）若销售净利润为销售额的20%，计算销售量；

（4）若每单位产品变动成本增加2元，固定成本减少170元，计算此时的保本点销售量；

（5）若销售量为200件，计算单价应调整到多少才能实现利润350元。假定单位变动成本和固定成本不变。

2. 已知某企业组织多产品品种经营，某年有关资料见下表：

产品	单价/元	销量/件	单位变动成本/元
A	600	100	360
B	100	1 000	50
C	80	3 000	56

假定该年度整个企业固定成本为109 500元。

要求：计算该企业当年以下指标：（1）综合边际贡献率；（2）综合保本额；（3）每种产品的保本额；（4）每种产品的保本量。

3. 假定企业只生产和销售一种产品，产品计划年度内预计售价为每件20元，单位变动成本为8元，固定成本总额为24 000元。预计销售量为10 000件，全年利润为96 000元。假定单价、单位变动成本、固定成本和销量分别增长40%。

要求：计算利润对各因素变动的敏感系数。

4. 已知：某公司只产销一种产品，销售单价 10 元，单位变动成本 6 元，全月固定成本 20 000 元，本月销售 8 000 件。

要求：（1）计算保本销量及销售额；

（2）计算保本点作业率、安全边际、安全边际率；

（3）计算营业利润。

第四章

预测分析

【学习目标】

掌握：销售预测的定量分析方法、可比产品和非可比产品的成本预测、利润预测方法、资金需求预测的销售百分比法。

熟悉：预测分析的定义及特征、成本分析的程序、资金需求预测的方法。

了解：预测分析的意义及程序。

【关键术语】

预测分析；销售预测；成本预测；利润预测；资金需求预测 定性分析法；定量分析法

第一节　预测分析概述

一、预测分析的含义

所谓预测，是指根据过去或现在的资料和信息，运用已有的知识、经验和科学的方法，对事物的未来发展趋势进行预计和推测的过程。由此可见，预测是对未来不确定的或不知道的事件做出预计和推测，它不仅可以提高决策的科学性，而且可以使企业的经营目标同整个社会经济的发展和消费者的需求相适应。预测分析是在企业经营预测过程中，根据过去和现在预计未来，以及根据已知推测未知的各种科学的专门分析方法。管理会计重点研究的是企业生产经营活动中的经营预测。

经营预测，是指根据历史资料和现在的信息，运用一定的科学预测方法，对未来经济活动可能产生的经济效益和发展趋势做出科学的预计和推测的过程。管理会计中的预测分析，是指运用专门的方法进行经营预测的过程。

二、预测分析的意义

预测分析在提高企业经营管理水平和改善经济效益等方面有着十分重要的意义。

（一）预测分析是进行经营决策的主要依据

企业的经营活动必须建立在正确的决策基础上，而科学的预测是进行正确决策的前提和依据。通过预测分析，可以科学地确定商品的品种结构、最佳库存结构等，合理安排和使用现有的人、财、物，全面协调整个企业的经营活动。

（二）预测分析是编制全面预算的前提

为了减少生产经营活动的盲目性，企业要定期编制全面预算。而预算的前提，就是预测工作所提供的信息资料。科学的预测，能够避免主观预计或任意推测，使企业计划与全面预算合理、科学且切实可行。

（三）预测分析是提高企业经济效益的手段

以最少的投入取得最大的收益是企业的基本经营原则。通过预测分析，及时掌握国内外市场信息、市场销售变动趋势和科学技术发展动态，合理组织和使用各种资源，可以使企业降低消耗，增加销售收入，提高经济效益。

三、预测分析的常用方法

预测分析的准确性与所选择的预测分析方法有很大关系，根据预测对象、目标、内容和期限不同，企业用于预测分析的方法有很多，常用的基本方法可归纳为两类：定性分析法和定量分析法。

（一）定性分析法

定性分析法也称非数量分析法，是指由熟悉业务情况的专业人员根据历史与现实的观察资料，依靠个人或集体的经验和知识同时结合预测对象的特点，进行综合分析，从而预测事物的未来发展趋势的分析方法。它是一种直观性的预测方法。这种方法不需要进行复杂的定量分析，一般适用于企业缺乏完备、准确的历史资料或者相关变量没有明显的数量关系等情况。但是，这种方法容易受主观判断的影响，预测结果不精确。

（二）定量分析法

定量分析法又称数量分析法，是指应用现代数学方法和各种现代化计算工具加工、处理预测对象的各种经济信息，建立预测分析的数学模型，近似地揭示各有关变量之间的规律性联系，据此对预测对象做出定量测算的预测方法。使用定量分析法的前提是企业能够完整掌握与预测对象相关的各种要素的定量资料。定量分析法又可分为以下两种类型：

1. 趋势预测分析法

趋势预测分析法是以连续性预测原理为指导，应用一定的数学方法对预测对象过去的按时间顺序排列的一系列数据进行加工、计算，据以预测其未来发展趋势的分析方法。实质是遵循事物发展的"延续性原则"，根据预测对象过去的变化趋势来预测事物发展的趋势。算术平均法、移动加权平均法、平滑指数法等属于这种类型的方法。

2. 因果预测分析法

因果预测分析法是以因果性预测原理为指导，根据预测对象与其他相关指标之间相互依存、相互制约的规律性联系，建立相应的因果数学模型进行预测分析的方法。其实质就是遵循事物发展的相关性原则，根据预测对象与其他指标的相互联系来推测事物发展的趋势。本量利分析法、投入产出法、回归分析法和经济计量法等属于这种类型的方法。

趋势预测分析法将时间变量看作影响研究对象的因素，其预测的精确度一般低于因果预测分析法；而因果预测分析方法需要更多的历史资料和信息，计算也较复杂。

在实际应用中，定性分析法和定量分析法并非相互排斥，而是相互补充、相辅相成的。定量分析法虽然较精确，但无法考虑许多非数量因素的影响，这时便可以采用定性分析法将非数量因素考虑进去。定性分析法受主观因素的影响较大。在实际工作中，企业常常将两种方法结合起来，取长补短，以提高预测的精确度。

四、预测分析的特征

在市场经济体制下，企业的生产经营因受多方面的因素影响，所以必须深刻认识预测分析的特征，遵循科学的原则，不断改善预测方法，使其发挥应有的重要作用。

（一）预测具有一定的科学性

因为预测是根据实地调查和历史统计资料，通过一定的程序和计算方法，推算未来的经营状况，所以基本上能反映经营活动的发展趋势。从这一角度来看，预测具有一定的科学性。

（二）预测具有一定的误差性

预测是事先对未来经营状况的预计和推测，而企业经营活动受各种因素的影响，未来的经营活动又不是过去的简单重复，所以预测值与实际值之间难免存在一定的误差，不可能完全一致。从这一角度来看，预测具有一定的误差性。

（三）预测具有一定的局限性

因为人们对未来经营活动的认识和预见，总带有一定的主观性和局限性，而且预测所掌握的资料有时不全、不太准确或者在计算过程中省略了一些因素，所以使得预测的结果不可能完整地、全面地表述未来的经营状况，因而具有一定的局限性。

五、预测分析的程序

预测是一项复杂又细致的工作，必须有计划有步骤地进行。预测分析一般包括以下步骤。

（一）确定预测目标

首先要弄清楚预测目的，然后才能根据预测的具体对象和内容，确定预测的范围，并规定预测的时间期限和数量、单位等。确定预测目标是经营预测的前提，应根据企业经营的总体目标来选择，不能随意确定，也不能要求面面俱到。

（二）收集、整理资料信息

经营预测有赖于系统、准确和全面的资料和信息，所以，收集全面、可靠的信息是开展经营预测的前提条件之一。预测目标确定后，应开始收集相关经济、技术、市场等的各种信息资料，收集资料过程中应尽量保证资料的全面性，对收集的资料信息进行加工整理，鉴别信息资料的有效性。

（三）选择预测方法

预测方法多种多样，既有定性预测方法，又有定量预测方法。我们应该结合预测对象的特点及收集到的信息，选择恰当的、切实可行的预测方法。对于资料较为齐全、可以建立数学模型的预测对象，企业可以使用适合的定量预测方法进行预测分析；而对于那些缺少定量分析资料的预测对象，企业可以选择定性预测的方法进行预测分析。

（四）进行实际预测

运用所收集的信息和选定的预测方法，进行定性、定量的预测分析和判断，对预测对象提出实事求是的预测结果。

（五）检查验证、修正预测结果

随着时间的推移，实际情况会发生各种各样的变化，我们还应该根据情况的变化采取对策，对初步的预测结果与实际情况进行对比验证。检查预测的结果是否符合实际情况，找出误差的原因，对原来选择的预测方法进行修正，以保证预测结果尽可能符合变化的实际情况。

第二节　销售预测

一、销售预测的定义

广义的销售预测包括市场调查和销售量预测，狭义的销售预测仅指后者。市场调查是销售量预测的基础，是指通过了解与特定产品有关的供销环境和各类市场的情况，做出该产品有无现实市场或潜在市场以及市场大小的结论的过程。销售量预测，也称为产品需求量预测，是指根据市场调查所得的有关资料，通过对有关因素的分析研究，预计和测算特定产品在未来一定时期内的市场销售量水平及其变化趋势，进而预测企业产品未来销售量的过程。

二、销售预测的影响因素

尽管销售预测十分重要，但进行高质量的销售预测却并非易事。在进行预测和选择最合适的预测方法之前，了解对销售预测产生影响的各种因素是非常重要的。

一般来讲，在进行销售预测时考虑两大类因素：

（一）外部因素

1. 需求动向

需求是外部因素之中最重要的一项，如流行趋势、爱好变化、生活形态变化、人口流动等，均可成为产品（或服务）需求的质与量方面的影响因素，因此，必须加以分析与预测。企业应尽量收集有关对象的市场资料、市场调查机构资料，购买动机调查等统计资料，以掌握市场的需求动向。

2. 经济变动

销售收入深受经济变动的影响，经济因素是影响商品销售的重要因素，为了提高销售预测的准确性，应特别关注商品市场中的供应和需求情况。尤其近几年来科技、信息技术快速发展，更带来无法预测的影响因素，导致企业销售收入波动。因此，为了正确预测，需特别注意资源问题的未来发展、政府及财经界对经济政策的见解以及基础工业、加工业生产、经济增长率等指标变动情况。尤其要关注突发事件对经济的影响。

3. 同业竞争动向

销售额的高低深受同业竞争者的影响，古人云"知己知彼，百战不殆"。为了生存，必须掌握对手在市场的所有活动。例如，竞争对手的目标市场在哪里、产品价格高低、促销与服务措施等等。

4. 政府、消费者团体的动向等

考虑政府的各种经济政策、方案措施以及消费者团体所提出的各种要求等。

（二）内部因素

1. 营销策略

市场定位、产品政策、价格政策、渠道政策、广告及促销政策等变更对销售额所产生的影响。

2. 销售政策

考虑变更管理内容、交易条件或付款条件、销售方法等对销售额所产生的影响。

3. 销售人员

销售活动是一种以人为核心的活动，所以人为因素对于销售额的实现具有相当深远的影响，这是我们不能忽略的。

4. 生产状况等

货源是否充足，能否保证销售需要等。

三、销售预测的方法

销售预测的方法一般包括定性分析和定量分析两大类，企业可以根据企业的实际情况采用适宜的方法进行销售预测。

（一）销售预测的定性分析法

定性分析法是在预测人员具备丰富的实践经验和广泛的专业知识的基础上，根据其对事物的分析和主观判断能力对预测对象的性质和发展趋势做出推断的预测方法，如市场调研法和判断分析法。这类方法主要是在企业所掌握的数据资料不完备、不准确的情况下使用，以通过对经济形势、国内外科学技术发展水平、市场动态、产品特点和竞争对手情况等情况资料的分析研究，对本企业产品的未来销售情况做出判断。

1. 市场调查法

市场调查法是指通过实地面谈、提问调查等方式，有计划、系统地收集和了解产品在市场上的供求状况与市场占有率的详细资料数据，并进行分析，以了解变化趋势，并据此对该产品在未来一定时期内的销售量做出预测的一种方法。在这类方法下，其预测的基础是市场调查所取得的各种资料，然后根据产品销售的具体特点和调查所得资料情况，采用具体的预测方法进行预测。

市场调查法又分为全面调查法、重点调查法和随机抽样调查法。全面调查法是指对涉及同一产品的所有销售单位逐个进行了解，综合整理所取得的资料，推测该产品销售量在未来一定时期内的变化趋势。重点调查法是指对有关产品的重点销售单位进行调查，综合整理取得的相关资料，从而预测该产品销售量在未来一定时期内的变化趋势。随机抽样调查法是指按照随机原则从产品的所有销售单位抽取部分销售单位进行调查，综合分析取得的相关资料，预测产品在未来一定时期内的变化趋势。

市场调查法一般可以从四个方面进行：调查产品所处的寿命周期阶段；调查消费者的情况；调查市场竞争情况；调查国内外和本地区经济发展的趋势。

【例4-1】某市有居民100万户，通过市场调查，把四种耐用消费品所处的市场阶段与已拥有户数的资料列表，如表4-1和表4-2所示。

表4-1　耐用消费品的市场阶段划分

寿命周期	投入期	成长期		成熟期	衰退期
		前期	后期		
年数	1~5	1~5	1~5	1~5	1~5
商品普及率/%	0.1~5	6~50	51~80	81~90	逐步减少

表4-2　某市四种商品所处市场阶段情况

产品名称	冰箱	彩电	洗衣机	空调
所处生命周期/年	成长前期（3）	成长前期（3）	成长后期（3）	成长后期（3）
已拥有户数比重/%	29	32	56	53

又根据市场调查，该市空调厂在本市的市场占有率为45%，对外地的供应约为2万台。

要求：做出该市对四种耐用消费品平均每年需要量的预测；做出该市空调厂在计划期的空调销售预测。

（1）四种耐用消费品的平均年需要量计算如表4-3所示。

表4-3　某市四种耐用消费品的年平均需要量预测

商品名称	所处市场阶段	已拥有户数比重/%	各阶段的购买潜力/万台（以每户1台计算）	该市场平均每年需求量/万台
冰箱	成长前期（3年）	29	100×（50%-29%）=21	21÷3=7
彩电	成长前期（3年）	32	100×（50%-32%）=18	18÷3=6
洗衣机	成长后期（3年）	56	100×（80%-56%）=24	24÷3=8
空调	成长后期（3年）	53	100×（80%-53%）=27	27÷3=9

（2）计算该市空调厂计划期预计销售量。

空调预计销售量＝该市年平均需要量×本企业市场占有率＋本企业对外地区供应量

$$=9×45\%+2=6.05（万辆）$$

由于统计方法提供的数据存在一定程度的误差，计算结果只能作为预测分析的主要依据，还应考虑各种非数量因素的变化对销售量或销售额的影响，才能得出接近客观实际的预测结论。

2. 判断分析法

判断分析法主要是根据熟悉市场未来变化的专家的丰富实践经验和综合判断能力，在对预测期销售情况进行综合分析研究以后所做出的产品销售趋势的判断。参与判断预测的专家既可以是企业内部人员，如销售部门经理和销售人员，也可以是企业外界的人员，如有关推销商和经济分析专家等。

判断分析法的具体方式一般可分为下列三种：

（1）意见汇集法。

意见汇集法也称主观判断法，它是由本企业熟悉销售业务、对于市场的未来发展变化的趋势比较敏感的领导人、主管人员和业务人员，根据其多年的实践经验集思广益，分析各种不同意见并对之进行综合分析评价后所进行的判断预测。这一方法产生的依据是，企业内部的各有关人员由于工作岗位和业务范围及分工有所不同，尽管他们对各自的业务都比较熟悉，对市场状况及企业在竞争中的地位也比较清楚，但其对问题理解的广度和深度却受到一定的限制。在这种情况下就需要各有关人员既能对总的社会经济发展趋势和企业的发展战略有充分的认识，又能全面了解企业当前的销售情况，进行信息交流和互补，在此基础上经过意见汇集和分析，就能做出比较全面客观的销售判断。

①高级经理意见法。

高级经理意见法是依据销售经理（经营者与销售管理者为中心）或其他高级经理的经验与直觉，通过一个人或所有参与者的平均意见求出销售预测值的方法。

②销售人员意见法。

销售人员意见法是利用销售人员对未来销售进行预测。有时是由每个销售人员单独做出这些预测，有时则与销售经理共同讨论而做出这些预测。预测结果以地区或行政区划汇总，一级一级汇总，最后得出企业的销售预测结果。

③购买者期望法。

许多企业经常关注新顾客、老顾客和潜在顾客未来的购买意向情况。如果存在少数重要的顾客占据企业大部分销售量这种情况，那么购买者期望法是很实用的。

这种预测方法是通过征询顾客或客户的潜在需求或未来购买商品计划的情况，了解顾客购买商品的活动、变化及特征等，然后在收集消费者意见的基础上分析市场变化，预测未来市场需求。

（2）专家小组法。

专家小组法也属于一种客观判断法，它是由企业组织各有关方面的专家组成预测小组，通过召开各种形式座谈会的方式，进行充分广泛的调查研究和讨论，然后运用专家小组的集体科研成果做出最后的预测判断。采用这一方法，要求各专家从企业的整体利益出发，充分表达各自的观点。

（3）德尔菲法。

德尔菲法又称专家调查法，它是一种客观判断法，由美国兰德公司在20世纪40年代首先倡导使用。它主要是采用通信的方式，通过向见识广、学有专长的各有关专家发出预测问题调查表的方式来征询专家们的意见，然后回收、汇总全部专家的意见，并整理出综合意见；随后将该综合意见和预测问题再分别反馈给专家，再次征询意见，各专家依据综合意见修改自己原有的意见，然后再汇总；经过多次反复，逐步取得比较一致的预测结果的决策方法。

采用德尔菲法时，要求各专家采用匿名发表意见的方式，即专家之间不得互相讨论、不发生横向联系，避免专家之间因为观点、地位不同等原因而产生干扰。

【例4-2】某公司准备推出一种新产品，由于该新产品没有销售记录，公司准备聘请专家共7人，采用德尔菲法进行预测，连续三次预测结果如表4-4所示。

表4-4　产品销售量预测

专家编号	第一次判断			第二次判断			第三次判断		
	最高	最可能	最低	最高	最可能	最低	最高	最可能	最低
1	2 300	2 000	1 500	2 300	2 000	1 700	2 300	2 000	1 600
2	1 500	1 400	900	1 800	1 500	1 100	1 800	1 600	1 300
3	2 100	1 700	1 300	2 100	1 900	1 500	2 100	1 700	1 500
4	3 500	2 300	2 000	3 500	2 000	1 700	3 000	1 700	1 500
5	1 200	900	700	1 500	1 300	900	1 700	1 600	1 100
6	2 000	1 500	1 100	2 000	2 000	1 100	2 000	1 600	1 100
7	1 300	1 100	1 000	1 500	1 500	1 000	1 700	1 600	1 300
平均值	1 986	1 557	1 214	2 100	1 743	1 286	2 086	1 686	1 343

（1）平均值预测。

在预测时，最终一次判断是综合前几次的反馈做出的，因此在预测时一般以最后一次判断为主。按照第三次判断的平均值进行计算：

预计销售量＝（2 086+1 686+1 343）÷3＝1 705（件）

（2）加权平均预测。

将最可能、最低和最高销售量分别按 0.5、0.2 和 0.3 的概率加权平均计算：

预计销售量＝2 086×0.3+1 686×0.5+1 343×0.2≈1 737（件）

（3）中位数预测。

用中位数计算，首先，可将第三次判断结果按预测值高低排列如表 4-5 所示。

表 4-5　中位数计算

	预测值从高到低顺序	中位数
最高销售量	3 000、2 300、2 100、2 000、1 800、1 700	（2 100+2 000）÷2＝2 050
最可能销售量	2 000、1 700、1 600	1 700
最低销售量	1 600、1 500、1 300、1 100	（1 500+1 300）÷2＝1 400

其次，计算中位数及其加权平均值。

预计销售量＝2 050×0.3+1 700×0.5+1 400×0.2≈1 745（件）

（二）销售预测的定量分析法

定量分析法主要是根据有关的历史资料，运用现代数学方法对历史资料进行分析加工处理，并通过建立预测模型来对产品的市场变动趋势进行研究并做出推测的预测方法。如趋势预测分析法和因果预测分析法。这类方法是在拥有尽可能多的数据资料的前提下运用，以便能通过对数据类型的分析，确定具体适用的预测方法对产品的市场需求做出量的估计。

1. 趋势预测分析法

趋势预测分析法是应用事物发展的延续性原理来预测事物发展的趋势。首先把本企业的历年销售资料按时间的顺序排列下来，然后运用数理统计的方法来预计、推测计划期间的销售数量或销售金额，故亦称"时间序列预测分析法"。这类方法的优点是收集信息方便、迅速，缺点是对市场供需情况的变动因素未加考虑。

趋势预测分析法根据采用的具体数学方法的不同，又可分为算术平均法、移动平均法、加权平均法、指数平滑法、回归分析法、二次曲线法等。

（1）算术平均法。

算术平均法是以过去若干期的销售量或销售额的算术平均数作为计划期的销售预测数。其计算公式如下：

$$计划期销售预测值＝\frac{各期销售量（额）之和}{期数}$$

【例 4-3】某企业 20×9 年上半年销售 A 产品的情况如表 4-6 所示。

表 4-6　某企业 A 产品销售情况

月份	1	2	3	4	5	6
销售量/件	3 300	3 400	3 100	3 500	3 800	3 600

要求：采用算术平均法确定 20×9 年 7 月份的销售量。

解：7 月份的销售量预测值 =（3 300+3 400+3 100+3 500+3 800+3 600）÷6

= 3 450（件）

算术平均法优点是计算简单，但该方法没有考虑近期销售量的变化趋势对预测值的影响，可能造成一定的预测误差，所以适用于各期销售量或销售额基本稳定的产品预测。对于某些没有季节性的商品，如食品、文具、日常用品等是一种十分有效的预测方法。

（2）移动平均法。

移动平均法是指根据过去期间内的销售量（额），按时间先后顺序计算移动平均数以作为未来期间销售预测值的一种方法。例如，若以 3 期为一个移动期，则预测 6 月的销售量以 3 月、4 月、5 月的历史资料为依据；若预测 7 月份的销售量，则以 4 月、5 月、6 月的资料为准。

计算移动平均数时一般采用简单算术平均法。

【例 4-4】沿用例 4-3 的资料。要求采用移动平均法对销售量进行预测（见表 4-7）。

表 4-7　产品销售量资料及预测

月份	产品实际销售量/件	产品销售量预测值/件	
		移动期为 3	移动期为 5
1	3 300	—	—
2	3 400	—	—
3	3 100	—	—
4	3 500	3 267	—
5	3 800	3 333	—
6	3 600	3 467	3 420
7	—	3 633	3 480

移动期为 3 期时 7 月份的销售量预测值 =（3 500+3 800+3 600）÷3 = 3 633（件）

移动期为 5 期时 7 月份的销售量预测值 =（3 400+3 100+3 500+3 800+3 600）÷5 = 3 480（件）

在计算移动平均数时，移动期数的长短要视具体情况而定。一般来说，若各期销售量（额）波动不大，则宜采用较长的移动期进行平均；若各期销售量波动较大，则宜采用较短的移动期进行平均。

（3）加权平均法。

加权平均法是指对过去若干期间内的销售量（额）按照近大远小的原则分别确定

出不同的权数，并计算销售量（额）加权算术平均数以作为未来期间销售预测值的一种方法。

$$计划期销售预测值 = \frac{\sum 某期销售量（额）\times 该期权数}{各期权数之和}$$

加权平均法对权数的确定可采用以下两种方法：

取绝对数权数。即按自然数序列 1，2，3，…，n 为时间序列各期销售量（额）确定的权数，如第一期取权数为 1，第二期取权数为 2，…，第 n 期取权数为 n。

取相对数权数。即为时间序列各期销售量（额）确定递增的相对权数，但必须使权数之和等于 1 。

【例4-5】沿用【例4-3】的资料，要求分别采用绝对数期数和相对数期数预测 20×9 年7 月份的销售量。

解：①设绝对数权数分别为：w=1，w=2，w=3，w=4，w=5，w=6

7 月份的销售量预测值

= （3 300×1+3 400×2+3 100×3+3 500×4+3 800×5+3 600×6）÷（1+2+3+4+5+6）

≈3 524（件）

②若设相对数权数：w=0.07，w=0.1，w=0.14，w=0.19，w=0.23，w=0.27

7 月份的销售量预测值

=3 300×0.07+3 400×0.1+3 100×0.14+3 500×0.19+3 800×0.23+3 600×0.27

=3 516（件）

加权平均法与算术平均相比，弥补了算术平均法的缺陷，使企业的预测更加接近实际，加大了预测期与近期的联系。但由于确定权数存在主观性，因而可能出现人为预测差异。

（4）指数平滑法。

指数平滑法就是遵循"重近轻远"的原则，对全部历史数据采用逐步衰减的不等加权办法进行数据处理的一种预测方法。指数平滑法通过对历史时间序列进行逐层平滑计算，从而消除随机因素的影响，识别经济现象基本变化趋势，并以此预测未来。它是短期预测中最有效的方法。使用指数平滑系数来进行预测，对近期的数据观察值赋予较大的权重，而对以前各个时期的数据观察值则按顺序赋予递减的权重。

其计算公式为：

计划期（$t+1$）预测销售值=a×第 t 期实际值+（1-a）×第 t 期预测值

平滑指数 a 是一个经验数据，它具有修正实际数据包含的偶然因素对预测值影响的作用。一般取值在 0.3～0.7，在进行近期预测或者销售量（额）变动较大的预测时，平滑指数应取得适当大些；在进行远期预测或者销售量（额）变动较小的预测时，平滑指数应取得适当小些。

【例4-6】沿用【例4-3】的资料。某企业 20×9 年6月实际销售量为 3 600 件，预测销售量为 3 750 件，考虑近期实际销售量对预测销售量影响较大，取平滑指数为 0.7。

要求：采用平滑指数法确定 20×9 年7 月份的销售量。

解：

7 月份的销售预测量=3 600×0.7+（1-0.7）×3 750=3 645（件）

2. 因果预测分析法

因果预测分析法，是利用事物发展的因果关系来推测事物发展趋势的方法。它一般是根据过去掌握的历史资料，找出预测对象的变量与其相关变量之间的依存关系，来建立相应的因果预测的数学模型。然后通过对数学模型的求解来确定对象在计划期的销售量或销售额。因果预测分析法包括直线回归法、指数曲线法、多元回归法等，最常用而且最简单的是回归分析法。

回归分析主要是研究事物变化中的两个或两个以上因素之间的因果关系，并找出其变化的规律，应用回归数学模型，预测事物未来的发展趋势。由于在现实的市场条件下，企业产品的销售量往往与某些变量因素（例如，国内生产总值、个人可支配的收入、人口、相关工业的销售量、需要的价格弹性或收入弹性，等等）之间存在着一定的函数关系，因此我们可以利用这种关系，选择最恰当的相关因素建立起预测销售量或销售额的数学模型，这往往会比采用趋势预测分析法获得更为理想的预测结果。例如轮胎与汽车，面料、辅料与服装，水泥与建筑之间存在着依存关系，而且都是前者的销售量取决于后者的销售量。所以，可以利用后者现成的销售预测的信息，采用回归分析的方法来推测前者的预计销售量（额）。这种方法的优点是简便易行，成本低廉。

第三节 成本预测

一、成本预测的定义及意义

成本预测是指依据掌握的经济信息和历史成本资料，在认真分析当前各种技术经济条件、外界环境变化及可能采取的管理措施基础上，对未来成本水平及其发展趋势所做的定量描述和逻辑推断。成本预测是成本管理的重要环节，实际工作中必须予以高度重视。

搞好成本预测的现实意义在于：

（1）成本预测是进行成本决策和编制成本计划的依据；

（2）成本预测是降低产品成本的重要措施；

（3）成本预测是增强企业竞争力和提高企业经济效益的主要手段。

二、成本预测的程序

为了减少预测的主观性，使预测目标与实际更为接近，企业应事先确定成本预测的程序，并严格按照规定的程序进行预测。成本预测的步骤包括以下几点：

1. 根据企业总体目标确定成本预测目标

进行成本预测，首先要有一个明确的目标。成本预测的目标又取决于企业对未来的生产经营活动所欲达成的总目标。成本预测目标确定之后，便可明确成本预测的具体内容。

2. 收集预测资料

成本指标是一项综合性指标，涉及企业的生产技术、生产组织和经营管理等各个方面。在进行成本预测前，必须尽可能全面地占有相关的资料，并应注意去粗取精、去伪存真。

3. 提出假设，建立预测模型

在进行预测时，必须对已收集到的有关资料，运用一定的数学方法进行科学的加工处理，建立科学的预测模型，借以揭示有关变量之间的规律性联系。

4. 选择预测方法

这里应当注意预测方法的选择与配合问题。不应把某个预测方法当作对某一个预测问题的最终解决，因为每一种预测方法可能适用于某几种预测问题，同时某一个预测问题又可能适用几种预测方法。

5. 分析预测误差，检验假设

每项预测结果有必要与实际结果进行比较，以发现和确定误差大小。所有预测报告都应当定期地不断地用最新的数据资料去复核，检验所作假设是否可靠。

6. 修正预测结果

由于假设的存在，数学模型往往舍去了一些影响因素或事件，因此要运用定性预测方法对定量预测结果进行修正，以保证预测目标顺利实现。

三、成本预测方法

（一）可比产品成本预测

可比产品是指以往年度正常生产过的产品，其过去的成本资料比较健全和稳定。可比产品成本预测法，是根据有关的历史资料，按照成本习性的原理，建立总成本模型 $y=a+bx$。其中，a 表示固定成本总额，b 表示单位变动成本，然后利用销售量的预测值预测出总成本的一种方法。常用的方法有高低点法、加权平均法和回归分析法等。

1. 高低点法

高低点法是以成本性态分析为基础，以过去一定时期内的最高业务量和最低业务量的成本之差除以最高业务量和最低业务量之差，计算出单位变动成本（b），然后据以计算出固定成本（a），并据此推算出在计划期内一定产量条件下的总成本和单位成本。

高低点法通常按以下步骤进行：

（1）确定业务量的最高点和最低点。

（2）根据总成本模型 $y=a+bx$ 列出一个二元一次方程组。

$$Y_{高}=a+b \, x_{高}$$
$$Y_{低}=a+b \, x_{低}$$

（3）根据方程组求得 a 和 b。

$$b=\frac{y_{高}-y_{低}}{x_{高}-x_{低}}$$

$$a=y_{高}-bx_{高} \quad 或 \quad a=y_{低}-bx_{低}$$

【例4-7】某企业20×9年1—5月份甲产品的产量与总成本的资料如表4-8所示。预计20×9年6月份的产量为290件。

要求：采用高低点法预测6月份的成本总额和单位成本。

表4-8　产量与总成本

月份	1	2	3	4	5
生产量（X_i）/件	200	240	260	280	300
总成本（Y_i）/元	110 000	130 000	140 000	150 000	160 000

解：根据以上资料，采用高低点法求 a 和 b 的值。

$$b=（160\,000-110\,000）÷（300-200）=500$$

将 $b=500$ 代入，$y=a+bx$，得：$a=160\,000-500×300=10\,000$（元）

$$y=a+bx=10\,000+500x$$

$$6月份的预计成本总额=10\,000+290×500=155\,000（元）$$

$$6月份的预计单位成本=155\,000÷290=534.48（元）$$

高低点法是一种非常简便的预测方法。但是由于该方法仅使用个别成本资料，故难以精确反映成本变动的趋势，仅适用于产品成本变动趋势较稳定的情况。

2. 加权平均法

加权平均法是指通过对不同时期的成本资料给予不同的权数，然后直接对各期的成本资料加权平均求得 a、b 值，以期实现对总成本预测的一种方法。其计算公式为

$$y=\frac{\sum wa}{\sum w}+\frac{\sum wb}{\sum w}x$$

加权平均法适用于企业的历史成本资料具有详细的固定成本总额和单位变动成本数据的情况。

【例4-8】某企业近3年来乙产品成本资料如表4-9所示。

表4-9　成本资料

年份	20×6	20×7	20×8
固定成本总额 a/元	600 000	660 000	700 000
单位变动成本 b/元	40	34	30

若设20×6年权数为1，20×7年权数为2，20×8年权数为3。

要求：采用加权平均法预测20×9年生产900 000件的成本总额。

解：20×9年预测成本总额 $=\dfrac{600\,000×1+660\,000×2+700\,000×3}{1+2+3}+\dfrac{40×1+34×2+30×3}{1+2+3}×$

$$900\,000$$

$$=30\,370\,000$$

3. 回归分析法

回归分析法是根据计算方程式 $y=a+bx$，按照最小平方法的原理来确定一条最能反

映自变量 x（即销售量）与因变量 y（即成本总额）之间的关系的直线，并以此来预测成本总额的一种方法。其 a、b 的计算公式为

$$b = \frac{n \sum xy - \sum x \sum y}{n \sum x^2 - (\sum x)^2}$$

$$a = \frac{\sum y - b \sum x}{n}$$

当企业的历史资料中，产品单位产品成本忽高忽低时，适合采用此方法。

【例 4-9】某企业 20×8 年生产的丙产品 7—12 月份的产量及成本资料如表 4-10 所示，预计 20×9 年 1 月份丙产品产量为 52 件。

表 4-10　丙产品 7—12 月份产量及成本资料

月份	7	8	9	10	11	12
产量/件	40	42	45	43	46	50
总成本/元	8 800	9 100	9 600	9 300	9 800	10 500

要求：采用回归分析法预测 20×9 年 1 月份丙的成本总额。

解：用回归分析法计算丙的成本总额如表 4-11 所示。

表 4-11　回归直线法计算成本总额

月份	x	y	xy	x^2
7	40	8 800	352 000	1 600
8	42	9 100	382 000	1 964
9	45	9 600	432 000	2 025
10	43	9 300	399 900	1 849
11	46	9 800	450 800	2 116
12	50	10 500	525 000	2 500
$n = 6$	$\sum x = 266$	$\sum y = 57\ 100$	$\sum xy = 2\ 541\ 900$	$\sum x^2 = 11\ 854$

代入公式求得：$b = 170.65$；$a = 1\ 951.19$。

则总成本性态模型为：$y = 1\ 951.19 + 170.65x$。

20×9 年 1 月份成本的预测值 $= 1\ 951.19 + 170.65 \times 52 = 10\ 825$（元）

4. 因素变动预测法

因素变动预测法通过分析影响成本的料、工、费等各项因素，预测企业未来一定时期内成本水平。

【例 4-10】某企业 20×8 年生产甲产品 6 万件，其成本资料如表 4-12 所示：

表 4-12 20×8 年甲产品成本资料

项目	材料	燃料及动力	工资和福利	制造费用	合计
单位成本/元	5	0.3	1.5	3	9.8
总成本/万元	30	1.8	9	18	58.8

设材料、燃料及动力、工资和福利为变动成本，制造费用为固定成本。经企业测算，20×9 年影响甲产品的因素及程度为：产量增加 20%，材料成本上升 1%，材料消耗降低 2%；燃料及动力消耗量下降 5%；制造费用增加 10%。

要求：用因素变动预测法预测企业 20×9 年甲产品的成本水平。

解： 20×9 年产量增加预期材料费用 = 30×（1+20%）= 36（万元）

材料成本上升 1% 对材料费用的影响 = 36×1% = 0.36（万元）

材料耗费降低 2% 对材料费用的影响 = 36×（-2%）= 0.72（万元）

产品材料费用预测值 = 36+0.36-0.72 = 35.64（万元）

燃料及动力费用预测值 = 1.8×（1+20%）×（1-5%）= 2.052（万元）

工资及福利费用预测值 = 9×（1+20%）= 10.8（万元）

制造费用预测值 = 18×（1+10%）= 19.8（万元）

20×9 年甲产品的总成本预测值 = 35.64+2.052+10.8+19.8 = 68.292（万元）

甲产品单位成本预测值 = 68.292÷［6×（1+20%）］= 9.485（万元）

（二）不可比产品成本预测法

不可比产品是指企业过去没有正式生产过的产品，其成本无法进行比较，所以不能采用像可比产品一样的方法来控制成本支出。

常用的方法有技术测定法、目标成本法。

1. 技术测定法

技术测定法是指在充分挖掘潜力的基础上，根据产品设计结构、生产技术和工艺方法，对影响人力、物力消耗的各个因素逐个进行技术测试和分析计算，从而确定产品成本的一种方法。

该方法比较科学，预测也比较准确，但由于需要逐项测试，所以工作量比较大，一般适用于品种少、技术资料比较齐全的成本预测。

2. 目标成本法

目标成本法是为实现目标利润所应达到的成本水平或应控制的成本限额。目标成本法是在销售预测和利润预测的基础上，结合本量利分析预测目标成本的一种方法。

目标成本预测的方法很多，主要有倒扣测算法、比率测算法、直接测算法等。

（1）倒扣测算法。

倒扣测算法是在事先确定目标利润的基础上，首先预计产品的售价和销售收入，然后扣除价内税和目标利润，余额即为目标成本的一种预测方法。

此法既可以预测单一产品生产条件下的产品目标成本，还可以预测多产品生产条件下的全部产品的目标成本；当企业生产新产品时，也可以采用这种方法预测，此时新产品目标成本的预测与单一产品目标成本的预测相同。相关的计算公式如下：

单一产品生产条件下产品目标成本=预计销售收入-应缴税金-目标利润

多产品生产条件下全部产品目标成本=Σ预计销售收入-Σ应缴税金-总体目标利润

公式中的销售收入必须结合市场销售预测及客户的订单等予以确定。

应缴税金指应缴流转税金,它必须按照国家的有关规定予以缴纳,由于增值税是价外税,因此这里的应缴税金不包括增值税。

目标利润通常可采用先进(指同行业或企业历史较高水平)的销售利润率乘以预计的销售收入、先进的资产利润率乘以预计的资产平均占用额,或先进的成本利润率乘以预计的成本总额确定。

这种方法以确保目标利润的实现为前提条件,坚持以销定产原则,目标成本的确定与销售收入的预计紧密结合。在西方,企业常常采用,也应逐渐推广应用。需要注意的是,以上计算公式是建立在假定产销平衡的基础上的,实际生活中多数企业产销不平衡。在这种情况下,企业应结合期初、期末产成品存货的预计成本倒推产品生产目标成本。

【例4-11】某企业生产的某产品,假定该产品产销平衡,预计明年该产品的销售量为1 500件,单价为50元。生产该产品需交纳16%的增值税,销项税与进项税的差额预计为20 000元;另外还应交纳10%的消费税、7%的城建税、3%的教育费附加。如果同行业先进的销售利润率为20%。

要求:运用倒扣测算法预测某企业该产品的目标成本。

解:

$$目标利润=1\ 500×50×20\%=15\ 000(元)$$

$$应缴税金=1\ 500×50×10\%+(20\ 000+1\ 500×50×10\%)×(7\%+3\%)$$
$$=10\ 250(元)$$

$$目标成本=1\ 500×50-10\ 250-15\ 000=49\ 750(元)$$

(2)比率测算法。

比率测算法是倒扣测算法的延伸,它是依据成本利润率或销售利润率来测算单位产品目标成本的一种预测方法。这种方法要求事先确定先进的成本利润率或销售利润率,并以此推算目标成本。其计算公式如下:

$$目标成本=预计销售收入×(1-税率)÷(1+成本利润率)$$
$$目标成本=预计销售收入×(1-销售利润率)$$

【例4-12】某企业只生产一种产品,预计单价为2 000元,销售量为3 000件,税率为10%,成本利润率为20%,运用比率测算法测算该企业的目标成本。

解: 单位产品目标成本=2 000×(1-10%)÷(1+20%)=1 500元

企业目标成本=1 500×3 000=4 500 000(元)

(3)直接测算法。

直接测算法是根据上年预计成本总额和企业规划确定的成本降低目标来直接推算目标成本的一种预测方法。

通常成本计划是在上年第四季度进行编制,因此目标成本的测算只能建立在上年预计平均单位成本的基础上。计划期预计成本降低率可以根据企业的近期规划事先确定,另外还需通过市场调查预计计划期产品的生产量。

这种方法建立在上年预计成本水平的基础之上，从实际出发，实事求是，充分考虑了降低产品成本的内部潜力，仅适用于可比产品目标成本的预测。

第四节 利润预测

一、利润预测的含义

利润预测是按照企业经营目标的要求，通过综合分析影响利润变动的价格、成本、产销量等因素，测算企业在未来一定时期内可能达到的利润水平和利润变动趋势的一种方法。

二、利润预测的方法

（一）本量利分析法

本量利分析法是在成本性态分析和保本分析的基础上，根据有关产品成本、价格、业务量等因素与利润的关系确定预测期目标利润的一种方法。

其计算公式为

$$预测期目标利润$$
$$=预计销售收入-预计销售成本$$
$$=预计销售量×预计单价-预计销售量×预计单位变动成本-预计固定成本总额$$
$$=预计边际贡献-预计固定成本总额$$
$$=预计销售收入×边际贡献率-预计固定成本总额$$
$$=（预计销售量-保本点销售量）×单位边际贡献$$
$$=（预计销售额-保本点销售额）×边际贡献率$$

【例4-13】某企业20×9年销售量的预测值为8 000件，现知该产品的销售价格为每台1 000元，单位变动成本为700元，全年固定成本总额为1 100 000元。

要求：采用本量利分析法预测20×9年的目标利润。

解：

20×9年目标利润的预测值=8 000×（1 000-700）-1 100 000=1 300 000（元）

（二）比率法

1. 销售增长率法

销售增长率法是以基期实际销售利润与预计销售增长率为依据计算目标利润的一种方法。该方法假定利润与销售同步增长。

$$预测期目标利润=基期销售利润×（1+预计销售增长率）$$

【例4-14】某企业20×8年实际销售利润为140万元，实际销售收入为1 800万元。预计20×9年销售额为2 070万元。

要求：采用销售增长率法预测20×9年的目标利润。

解：

  20×9 年预计销售收入增长率=（2 070-1 800）÷1 800×100%=15%

    20×9 年度目标利润的预测值=140×（1+15%）=161（万元）

2. 资金利润率法

资金利润率法是根据企业预计资金利润率水平，结合基期实际资金的占用状况与未来计划投资额来确定目标利润的一种方法。

    预测期目标利润=（基期占用资金+计划投资额)×预计资金利润率

【例 4-15】某企业 20×8 年实际固定资产占用额为 2 400 万元，全部流动资金占用额为 800 万元。20×9 年度计划扩大生产规模，追加固定资产 520 万元，流动资金 80 万元，预计 20×9 年资金利润率为 10%。

要求：采用资金利润率法预测 20×9 年的目标利润。

解：

  20×9 年度目标利润的预测值=（2 400+800+520+80)×10%=380（万元）

3. 利润增长比率法

利润增长比率法是根据企业基期已经达到的利润水平，结合近期若干年（通常为 3 年）利润增长比率的变动趋势，以及影响利润的有关因素在未来可能发生的变动等情况，确定一个相应的预计利润增长比率，来确定目标利润的一种方法。

    预测期目标利润=基期销售利润×（1+预计利润增长比率）

第五节　资金需要量预测

一、资金需要量预测的概念

企业筹资，是指企业根据生产经营、对外投资以及调整资本结构等需要，经济有效地筹措和集中资金的活动。筹资是为了用资，企业是否筹资、筹资多少等都要视用资需求而定。企业在筹资前，必须周密地研究资金投向，确定资金需要量，使资金的筹集量与需求量达到平衡，防止因筹资不足而影响资金投放，或因筹资过剩而导致资金浪费。

资金需要量预测，是指企业根据其生产经营的需求，对未来一定时期内所需资金的估计和推测。企业在筹集资金前，必须先预测资金需要量，即估计企业未来一定时期内组织生产经营活动的资金需要量。科学的资金预测使企业能够保证资金供应，合理运用资金，提高资金利用率，它是企业制订融资计划的基础。企业既可以从内部筹集资金，增加留存收益，也可以从外部筹集资金。在一般情况下，影响资金需要量最大的就是计划期的预计销售量和销售额，销售预测是资金需要量预测的主要依据。

二、资金需要量预测的方法

企业的资金需要量是筹集资金的数量依据，因此必须科学合理地预测。资金需要量的预测有多种方法，常用的方法有营业百分比法和趋势预测法。

（一）营业百分比法

营业百分比法是根据营业收入与资产负债表和利润表之间的关系，预计各项目的金额，进而预测外部筹资需要量的方法。

根据与营业收入的关系，可将资产负债表和利润表项目分为敏感项目和非敏感项目。敏感项目，是指在短期内与营业收入的比例关系基本上保持不变的项目。非敏感项目，是指在短期内不随营业收入的变动而变动的项目。通常，在短期内与企业的主要经营业务规模密切相关的项目往往是敏感项目，而与主要经营业务规模没有直接关联的项目往往是非敏感项目。

利润表项目中，敏感项目一般包括营业成本、税金及附加、销售费用和管理费用、所得税费用，营业利润、利润总额和净利润这几个项目依据其他项目计算得来，其余为非敏感项目。资产中敏感项目一般包括货币资金、应收票据、应收账款、预付款项和存货，一些合计项目依据其他项目计算得来，其余为非敏感项目。应注意，某些非敏感资产在短期内虽然不随营业规模的变动而成比例变动，但会出现阶梯式跳跃。例如，当营业规模在一定范围内时，固定资产规模保持不变，但是当营业规模超过此范围时，就要考虑扩大固定资产规模。这种情况应单独考虑，即固定资产不再是典型的敏感项目或非敏感项目。

负债中敏感项目一般包括应付票据、应付账款、预收账款、应付职工薪酬、应交税费，一些合计项目依据其他项目计算得来，其余为非敏感项目。

所有者权益项目中，实收资本和资本公积一般是非敏感项目，盈余公积和未分配利润合称留存收益，其每年增加额等于净利润乘以利润留存比例。当然，以上敏感项目与非敏感项目的划分并不是绝对的，有时要视企业的具体情况而定。

营业百分比法可根据估计的营业收入的变动额预计资产、负债和所有者权益的变动额，然后利用会计恒等式来确定外部融资需求。基本的计算步骤如下：

（1）合理确定敏感项目和非敏感项目，以及各敏感项目与营业收入的百分比。

（2）根据估计的营业收入预计利润表各项目，进而估算出净利润。

（3）预计留存收益增加额＝预计净利润×利润留存比例。

（4）根据估计的营业收入变动额预计各资产负债表项目变动额。由于非敏感项目在短期内不发生变动，因此只需计算各敏感项目的变动额即可。敏感项目的预计变动额等于估计的营业收入变动额乘以第（1）步算出的百分比。如果存在跳跃式变动的项目，其变动额也应考虑在内。而预计留存收益的变动额在第（3）步已经得到。

（5）根据"资产＝负债+所有者权益"的会计恒等式，得

外部融资需求=预计资产增加额-预计负债增加额-预计留存收益增加额

这种思路可以用一个简单的公式表示如下：

$$外部融资需求 = \triangle S \left(\sum \frac{RA}{S} - \sum \frac{RL}{S} \right) - \triangle RE + M$$

式中，$\triangle S$ 为预计营业收入增加额；$\sum \dfrac{RA}{S}$ 为敏感资产占营业收入的百分比之和；$\sum \dfrac{RL}{S}$ 为敏感负债占营业收入的百分比之和；$\triangle RE$ 为预计留存收益增加额；M 为其他影响因

素，比如跳跃式变动资产的增加额。

【例4-16】某公司在基期（20×8年）的实际销售总额为500 000元，税后净利20 000元，发放普通股股利10 000元。假定基期固定资产利用率已达到饱和状态。该公司基期期末简略资产负债表如表4-13所示。

表4-13 资产负债表

20×8年12月31日   单位：元

资产		负债及所有者权益	
货币资金	12 000	应付账款	52 000
应收账款	85 000	应交税费	25 000
存货	115 000	非流动负债	120 000
固定资产（厂房设备）	150 000	普通股股本	200 000
无形资产	48 000	留存收益	13 000
资产合计	410 000	负债及所有者权益合计	410 000

若该公司在计划期（20×9年）销售收入总额将增至750 000元，并仍按基期股利发放率支付股利；折旧准备提取数为20 000元，其中70%用于改造现有的厂房设备；计划期零星资金需要量为15 000元。

要求：预测20×9年需要追加的资金量。

解：（1）根据基期期末资产负债表，分析研究各项资金与当年销售收入总额的依存关系，并编制基期用销售百分比形式反映的资产负债表，如表4-14所示。

表4-14 资产负债表（用销售百分比反映）

20×8年12月31日   单位：%

资产		负债及所有者权益	
货币资金	2.4	应付账款	10.4
应收账款	17	应交税费	5
存货	23	非流动负债	（不适用）
固定资产（厂房设备）	30	普通股股本	（不适用）
无形资产	（不适用）	留存收益	（不适用）
资产合计	72.4	负债及所有者权益合计	15.4

$$\sum \frac{RA}{S} - \sum \frac{RL}{S} = 72.4\% - 15.4\% = 57\%$$

表示该公司每增加100元的销售收入，需要增加资金57元。

（2）将以上各有关数据代入公式，计算计划期20×9年需要追加的资金量。

$$20×9年预计需追加资金数额 = \triangle S \left(\sum \frac{RA}{S} - \sum \frac{RL}{S} \right) - \triangle RE + M$$

$$= (750\ 000 - 500\ 000) \times 57\% - (20\ 000 - 14\ 000) - 750\ 000 \times \frac{20\ 000}{500\ 000} \times$$

$$\left(1-\frac{10\ 000}{20\ 000}\right)+15\ 000$$

$$=136\ 500\ （元）$$

（二）趋势预测法

趋势预测法是根据资金需要量和相关因素过去的发展趋势，预测未来资金需要量的一种方法。这种方法通常是建立资金需要量和相关因素之间的数学模型，根据回归分析的原理预测未来的资金需要量，因此又叫作回归分析法。其中最为常见的相关因素是营业业务量，比如商品的产销量。趋势预测法的基本步骤如下：

（1）建立反映资金需要量与相关因素之间关系的数学模型。所选择的相关因素通常是营业业务量，比如产品的产销量。

（2）利用历史数据进行回归分析，确定数学模型中的参数。

（3）根据相关因素如产销量的预测值，预测未来的资金需要量。

【例4-17】泰宁公司20×4—20×8年的商品产销量和资金需要量如表4-15所示。预计公司20×9年的产销量为32万件。试预测公司20×9年的资金需要量。

表4-15　泰宁公司商品产销量和资金需要量（1）

年份	20×4	20×5	20×6	20×7	20×8
产销量 x/万件	22	20	25	26	29
资金需要量 y/万元	1 834	1 796	1 904	1 952	2 020

（1）假设资金需要量 y 与产销量 x 存在线性关系，并建立如下线性方程：

$$y=a+bx$$

式中，a 为固定资金需要量；b 为单位产销量的变动资金需要量。

固定资金需要量是指在一定营业规模内不随产销量变动而变动的资金需要量，如固定资产占用资金、存货保险储备占用资金等。变动资金需要量是随着产销量变动而成比例变动的资金需要量，如应收账款占用资金、保险储备之外的存货占用资金等。

（2）由表4-15中的数据加工得到表4-16。

表4-16　泰宁公司商品产销量和资金需要量（2）

年份	产销量 x/万件	资金需要量 y/万元	xy	X^2
20×4	22	1 834	40 348	484
20×5	20	1 786	35 720	400
20×6	25	1 904	47 600	625
20×7	26	1 952	50 752	676
20×8	29	2 020	58 580	841
	$\sum x=122$	$\sum y=9\ 496$	$\sum xy=233\ 000$	$\sum X^2=3\ 026$

由线性方程 $y=a+bx$ 得到方程组：

$$\begin{cases} \sum y = na + b\sum x \\ \sum xy = a\sum x + b\sum X^2 \end{cases}$$

将表 4-16 中的数据代入方程组：

$$9\ 496 = 5a + 122b$$
$$233\ 000 = 122a + 3\ 026b$$

解得：$a = 1\ 255.67$；$b = 26.37$。

则资金需要量和产销量之间的数量关系为：$y = 1\ 255.67 + 26.37x$。

（3）将预测的商铺产销量 32 万件代入上述线性方程，得到

$$20×9\ 年的资金需要量 = 1\ 255.67 + 26.37×32 = 2\ 099.51\ （万元）$$

本章小结

预测分析是在企业经营预测过程中，根据过去和现在预计未来，以及根据已知推测未知的各种科学的专门分析方法。管理会计重点研究的是企业生产经营活动中的经营预测。经营预测，是指根据历史资料和现在的信息，运用一定的科学预测方法，对未来经济活动可能产生的经济效益和发展趋势做出科学的预计和推测的过程。

销售预测，也称为产品需求量预测，是指根据市场调查所得的有关资料，通过对有关因素的分析研究，预计和测算特定产品在未来一定时期内的市场销售量水平及其变化趋势，进而预测企业产品未来销售量的过程。

销售预测的方法一般包括定性分析和定量分析两大类。定性预测法是在预测人员具备丰富的实践经验和广泛的专业知识的基础上，根据其对事物的分析和主观判断能力对预测对象的性质和发展趋势做出推断的预测方法，如市场调研法和判断分析法；定量预测法主要是根据有关的历史资料，运用现代数学方法对历史资料进行分析加工处理，并通过建立预测模型来对产品的市场变动趋势进行研究并做出推测的预测方法，如趋势预测分析法和因果预测分析法。

成本预测是指依据掌握的经济信息和历史成本资料，在认真分析当前各种技术经济条件、外界环境变化及可能采取的管理措施基础上，对未来成本水平及其发展趋势所做的定量描述和逻辑推断。成本预测方法包括可比产品成本预测和不可比产品成本预测。

利润预测是按照企业经营目标的要求，通过综合分析影响利润变动的价格、成本、产销量等因素，测算企业在未来一定时期内可能达到的利润水平和利润变动趋势的一种方法。利润预测的方法包括本量利分析法和比率法。

资金需要量预测，是指企业根据其生产经营的需求，对未来一定时期内所需资金的估计和推测。企业既可以从内部筹集资金，增加留存收益，也可以从外部筹集资金。在一般情况下，影响资金需要量程度最大的就是计划期的预计销售量和销售额，销售预测是资金需要量预测的主要依据。

综合练习

一、单项选择题

1. 预测方法分为两大类，是指定量分析法和（　　）。

    A. 平均法　　　　　　　　　　　B. 定性分析法

    C. 回归分析法　　　　　　　　　D. 指数平滑法

2. 假设平滑指数=0.6，9月份实际销售量为600千克，原来预测9月份销售量为630千克，则预测10月份的销售量为（　　）。

    A. 618千克　　　　　　　　　　B. 600千克

    C. 612千克　　　　　　　　　　D. 630千克

3. 预测分析的内容不包括（　　）。

    A. 销售预测　　　　　　　　　　B. 利润预测

    C. 资金预测　　　　　　　　　　D. 所得税预测

4. 下列适用于销售业务略有波动的产品的预测方法是（　　）。

    A. 加权平均法　　　　　　　　　B. 移动平均法

    C. 趋势平均法　　　　　　　　　D. 平滑指数法

5. 通过函询方式，在互不通气的情况下向若干专家分别征求意见的方法是（　　）。

    A. 专家函询法　　　　　　　　　B. 专家小组法

    C. 专家个人意见法　　　　　　　D. 德尔菲法

6. 下列各种销售预测方法中，没有考虑近期销售业务量对未来销售状况产生的影响的方法是（　　）。

    A. 加权平均法　　　　　　　　　B. 移动平均法

    C. 算术平均法　　　　　　　　　D. 平滑指数法

7. 不可比产品是指企业以往年度（　　）生产过、其成本水平无法与过去进行比较的产品。

    A. 从来没有　　　　　　　　　　B. 没有正式

    C. 没有一定规模　　　　　　　　D. 没有计划

8. 比较科学，预测也比较准确，但由于需要逐项测试，所以工作量比较大的成本预测方法是（　　）。

    A. 专家意见法　　　　　　　　　B. 移动加权平均法

    C. 技术测定法　　　　　　　　　D. 目标成本法

9. 某企业2023年销售利润为140万元，销售收入为1 200万元。如果2024年销售额为1 560万元，则采用销售增长比率法预测2024年的目标利润为（　　）。

    A. 160万元　　　　　　　　　　B. 182万元

    C. 150万元　　　　　　　　　　D. 172万元

10. 下列各项中，常用于预测追加资金需要量的方法是（　　）。

    A. 平均法
    B. 指数平滑法

    C. 销售百分比法
    D. 回归分析法

11. 在进行销售预测时应考虑外部因素和内部因素，外部因素不包括（　　）。

    A. 信用政策
    B. 市场需求变化

    C. 经济发展趋势
    D. 企业的市场占有率

12. 不可比产品成本预测中的目标成本法是指根据（　　）构成来制定产品目标成本的一种方法。

    A. 产品价格
    B. 产品成本

    C. 产品生产成本
    D. 利润

13. 目标利润是企业在一定时期内要完成的利润指标，企业可以用来预测未来目标利润的方法是（　　）。

    A. 调查分析法
    B. 加权平均法

    C. 成本利润率法
    D. 趋势平均法

14. 按照各个观察值与预测值不同的相关程度分别规定适当的权数，是运用（　　）进行预测销售的关键。

    A. 算术平均法
    B. 对数直线法

    C. 回归直线法
    D. 加权平均法

15. 某企业预计原材料消耗定额降低3%，原材料价格平均降低2%。基期直接材料占总成本的比重为60%，则直接材料成本变动将使单位产品成本的降低百分比为（　　）。

    A. 1.8%
    B. 1.164%

    C. 0.036%
    D. 2.964%

16. 接上题，材料消耗定额降低影响的成本降低率为（　　）。

    A. 1.8%
    B. 1.164%

    C. 0.036%
    D. 2.964%

17. 接上题，材料价格变动影响的成本降低率为（　　）。

    A. 1.8%
    B. 1.164%

    C. 0.036%
    D. 2.964%

18. 采用销售百分比法预测资金需要量时，被视为不随销售收入的变动而变动的项目是（　　）。

    A. 现金
    B. 应付账款

    C. 存货
    D. 公司债券

19. 下列说法中，正确的有（　　）。

    A. 股利支付率越高，外部融资需求越大

    B. 销售净利率越大，外部融资需求越大

    C. 资产周转率越高，外部融资需求越大

    D. 销售增长率越高，外部融资需求越大

二、多项选择题

1. 预测的特征包括（   ）。

  A. 科学性   B. 精确性

  C. 误差性   D. 局限性

2. 定量分析法包括（   ）。

  A. 判断分析法   B. 集合意见法

  C. 非数量分析法   D. 直线回归分析法

3. 进行销售预测时应考虑的外部因素有（   ）。

  A. 需求动向   B. 政府、消费者团体的动向

  C. 同业竞争动向   D. 经济变动

4. 下面关于移动平均法的说法，正确的是（   ）。

  A. 若各期销售量（额）波动不大，则宜采用较长的移动期进行平均

  B. 若各期销售量波动较大，则宜采用较短的移动期进行平均

  C. 若各期销售量（额）波动不大，则宜采用较短的移动期进行平均

  D. 若各期销售量波动较大，则宜采用较长的移动期进行平均

5. 较大的平滑指数可用于（   ）情况的销量预测。

  A. 近期   B. 远期

  C. 波动较大   D. 波动较小

6. 平滑指数法实质上属于（   ）。

  A. 加权平均法   B. 算术平均法

  C. 定量预测法   D. 定性预测法

7. 不可比产品成本预测法中的目标成本法主要包括（   ）。

  A. 有倒扣测算法   B. 比率测算法

  C. 直接测算法   D. 技术测定法

8. 利润预测的比率分一般包括（   ）。

  A. 销售增长比率分   B. 资金利润率法

  C. 利润增长比率法   D. 资产增长比率法

9. 属于趋势预测分析法的是（   ）。

  A. 移动平均法   B. 平滑指数法

  C. 回归分析法   D. 本量利分析法

  E. 修正的时间序列回归分析法

10. 在使用移动平均法进行销售预测时，认为预测期的销售量只受最近的 m 期业务量影响。其特点主要有（   ）。

  A. 有助于消除远期偶然因素的不规则影响

  B. 适用于各种产品的销售情况

  C. 适用于销售业务略有波动的产品预测

  D. 只考虑最后 m 期资料，缺乏代表性

  E. 不受偶然因素的影响

11. 企业销售增长时需要补充资金，以下关于外部筹资需求的说法中，正确的有（　　）。

    A. 货币资金、应收账款、存货等项目会随销售额的变动而变动，其变动额作为增加的资金需求量

    B. 应付账款、短期借款等项目会随销售额的变动而变动，其变动额作为增加的资金供给量

    C. 如果外部筹资销售增长比为负数，说明企业有剩余资金，可用于增加股利或短期投资

    D. 当企业的实际增长率低于本年的内含增长率时，企业不需要从外部筹资

    E. 预期的折旧额扣除用于更新改造的资金后可作为增加的资金供给量

12. 下列关于定量分析法和定性分析法的论述中，正确的有（　　）。

    A. 定性分析法适用于缺乏完备的历史资料或有关变量问题间缺乏明显的数量关系等条件下的预测

    B. 按预测的依据划分，定量分析法可以分为趋势预测分析法和因果关系预测分析法

    C. 定性分析法与定量分析法在实际应用中是相互补充、相辅相成的

    D. 定量分析法要求预测环境稳定，资料齐全

    E. 定量分析法预测结果较为准确，定性预测法预测结果不准确

三、判断题

1. 因为预测具有一定的科学性，所以预测的结果都比较准确。（　　）

2. 如果指数平滑系数 a 的取值越大，则近期实际销售量对预测结果的影响越小；如果 a 的取值越小，则近期实际销售量对预测结果的影响越大。（　　）

3. 成本预测的高低点法是一种非常简便的预测方法。但由于该方法仅使用个别成本资料，故难以精确反映成本变动的趋势。（　　）

4. 常用的利润预测方法一般包括本量利法和比率法。（　　）

5. 在采用销售百分比法预测资金需要量时，一定随销售变动的资产项有货币资金、应收账款、存货和固定资产。（　　）

6. 根据统计规律性假设，经营预测可以把未来作为过去和现在的延伸进行推测。（　　）

7. 在企业的所有预测中，销售预测处于先导地位，是其他各项预测的前提。（　　）

8. 企业进行销售量预测，必须具备齐全的销售量历史资料才能进行。（　　）

9. 运用加权平均法进行销售预测的关键是按照各个观察值与预测值不同的相关程度分别规定适当的权数。（　　）

10. 销售预测中的算术平均法适用于销售量稳定，没有季节性波动的产品预测。（　　）

11. 当各历史期的销售量呈现增减趋势时，为了体现这种增减趋势，有必要将近期的观察值的权数规定得大一些，远期的观察值的权数规定得小一些，使预测值更为接

近近期的观察值。   （   ）

12. 劳动生产率的变动，与单位产品中工资费用的变动呈反比；而平均工资的增长，与单位产品中工资费用的增长呈正比。   （   ）

13. 目标成本法是指根据产品的成本构成来制定产品目标成本的一种方法。
                                                                                                  （   ）

14. 采用技术测定法对不可比产品成本进行预测，工作量较大，所以只对品种少、技术资料比较齐全的产品适用。   （   ）

15. 用销售百分比法进行资金需要量预测时，在计算随销售额变动的资产项目基期金额时一定要包括固定资产项目。   （   ）

四、实践练习题

1. 已知：某企业生产一种产品，20×8 年 1—12 月份的销售量资料如下表所示：

销售量资料

月份	1	2	3	4	5	6	7	8	9	10	11	12
销量/吨	10	12	13	11	14	16	17	15	12	16	18	19

要求：采用平滑指数法（假设 20×8 年 12 月份销售量预测数为 16 吨，平滑指数为 0.3）预测 20×9 年 1 月份销售量。

2. 已知：某企业生产一种产品，最近半年的平均总成本资料如下表所示：

平均总成本资料

月份	1	2	3	4	5	6
固定成本/元	12 000	12 500	13 000	14 000	14 500	15 000
单位变动成本/元	14	13	12	12	10	9

要求：当 7 月份产量为 500 件时，采用加权平均法（采用自然权重）预测 7 月份产品的总成本和单位成本。

3. 彩虹公司专门生产彩色电视机显像管，而决定显像管销售量的主要因素是彩色电视机的销售量。假设最近五年全国彩色电视机的实际销售量的统计资料和西发公司彩色电视机显像管的实际销售量资料如下表所示：

实际销售量资料

项目	第 1 年	第 2 年	第 3 年	第 4 年	第 5 年
显像管销量/万只	25	30	36	40	50
电视机销量/万台	120	140	150	165	180

要求：

（1）用算术平均法预测西发公司第 6 年彩色电视机显像管的销售量。

（2）假设各年的权数依次是 0.1，0.1，0.2，0.2，0.4，用加权平均法预测西发公司第 6 年彩色电视机显像管的销售量。

（3）假设预测期第 6 年全国彩色电视机的销售量预测为 200 万台，用回归直线法（最小平方法）预测西发公司第 6 年彩色电视机显像管的销售量。

4. 某企业只生产一种产品，单价 200 元，单位变动成本 160 元，固定成本 400 000 元，20×8 年销售量为 10 000 件。企业按同行业先进的资金利润率预测 20×9 年企业目标利润基数。已知：资金利润率为 20%，预计企业资金占用额为 600 000 元。

要求：

（1）测算企业的目标利润基数；

（2）测算企业为实现目标利润应该采取哪些单项措施。

5. 已知：某企业只生产一种产品，已知本企业销售量为 20 000 件，固定成本为 25 000 元，利润为 10 000 元，预计下一年销售量为 25 000 件。

要求：预计下期利润额。

6. 某企业今年的固定资产生产能力已经饱和，实现销售收入 420 万元，税前利润 56 万元，又知该企业所得税税率为 25%，今年发放股利 18.9 万元。若该企业明年预计销售收入达 504 万元，销售净利率将比今年提高 20%，仍按今年的股利支付率支付股利，并且其他因素保持不变。又知该公司今年年末的简要资产负债表如下：

简要资产负债表 单位：元

资产		负债与所有者权益	
1. 现金	550 000	1. 应付费用	250 000
2. 应收账款	960 000	2. 应付账款	500 000
3. 存货	1 380 000	3. 长期负债	1 150 000
4. 固定资产（净值）	950 000	4. 股本	1 750 000
5. 长期投资	90 000	5. 留存收益	400 000
6. 无形资产	120 000		
合计	4 050 000	合计	4 050 000

要求：采用销售百分比法计算

（1）公司明年需要增加的资金量及资金需求总量；

（2）公司明年需要从外界筹集的资金量。

第五章

短期经营决策

掌握：短期经营决策分析方法、产品生产、定价方面的各种具体决策。

熟悉：短期经营决策分析的相关概念、假设和评价标准。

了解：决策的概念、种类、程序及决策中的有关成本概念。

【关键术语】

确定型决策；定量决策；不相关成本；相关成本；机会成本；差量成本；边际贡献；差量收入；完全成本定价法；变动成本定价法；边际收入；边际成本；边际利润

第一节　决策分析概述

一、决策的概念及意义

所谓决策，就是为了达到既定的目标，决定是否要采取某种行动，或者在两个或两个以上的可行性方案中选择最优方案的评价和判断过程。决策是企业生产经营管理的一项重要内容，是企业实现管理科学化和经营活动最优化的关键。

决策贯穿于管理的各个方面和管理的全过程，没有决策，管理的其他职能也就无法实现。从企业的各项经营管理活动来说，制订各种计划的过程是决策，在多种方案中选择一种也是决策，等等。正确的决策是企业正确经营活动的前提和基础，决策是否正确，不仅关系到企业的经济效益，甚至关系到企业的盛衰成败。决策的失误，往往会造成企业人、财、物力的浪费和损失。如果决策在国民经济宏观层面上出现失误，其后果更是不堪设想。

当前，我国处于科学技术高速发展时期，加上市场竞争日趋激烈，影响决策的因素也就更多，企业的生存和发展取决于经营管理的合理性和有效性，制定出正确的决策方案，显得更为重要和迫切；同时，决策作为现代管理科学的内容，企业的经营管理应通过定量管理进行，即通过科学的计算和分析，事先做出最优抉择。这样，有助于企业决策者克服主观片面性，促进企业改善经营管理、提高经济效益。决策是企业管理现代化的核心，是企业经营活动最优化的关键。

二、决策的种类

决策可以按照以下不同的标准进行分类。

（一）按决策时间的长短可分为短期决策和长期决策

（1）短期决策是指决策方案对企业经济效益的影响在一年以内的决策，也称经营决策，又称战术性决策。如采购过程中的决策、生产过程中的决策、销售过程中的决策等。

（2）长期决策是指决策方案对企业投资效益的影响超过一年，并在较长时期内对企业的收支盈亏产生影响的决策，也称投资决策。如新建企业的决策、追加投资的决策以及对原固定资产进行更新或改造的决策，等等。

（二）按决策的基本职能可分为计划决策和控制决策

（1）计划决策是指为确定计划、规划未来的经济活动而做出的决策。这类决策主要将企业未来的带有战略性的问题进行评价、比较，从中选择最合理的方案。

（2）控制决策是指为控制日常经济活动而做出的决策。这类决策主要为了保证日常经营活动的正常进行，并为实现原定的计划目标而采取的日常性调整决策。

（三）按决策条件的肯定程度可分为确定型、风险型和不确定型决策

1. 确定型决策

确定型决策的特点是只有一种选择，决策没有风险，只要满足数学模型的前提条件，数学模型就会给出特定的结果。属于确定型决策方法的主要有盈亏平衡分析模型和经济批量模型。

2. 风险型决策

有时会遇到这样的情况，一个决策方案对应几个相互排斥的可能状态，每一种状态都以一定的可能性（概率 $0 \sim 1$）出现，并对应特定结果，这时的决策就被称为风险型决策。风险型决策的目的是如何使收益期望值最大，或者损失期望值最小。期望值是一种方案的损益值与相应概率的乘积之和。如决策树分析法就是一种风险型决策方法。

决策树分析就是用数枝分叉形态表示各种方案的期望值，剪掉期望值小的方案枝，剩下的方案即是最佳方案。决策树由决策结点、方案枝、状态结点、概率枝四个要素组成。

3. 不确定型决策

在风险型决策中，计算期望值的前提是能够判断各种状况出现的概率。如果出现的概率不清楚，就需要用不确定型决策方法，这主要有三种，即冒险法、保守法和折中法。采用何种方法取决于决策者对待风险的态度。

（四）按决策范围大小可分为微观决策和宏观决策

（1）微观决策是指在一个企业单位范围内所做出的决策。

（2）宏观决策是指在经济部门、经济区域或整个国民经济范围内所做出的决策。

三、决策的基本程序

决策一般要经过以下几个步骤：

第一，确定决策目标。决策目标是决策的出发点和归结点。确定目标必须建立在需要与可能的基础之上，并且要分清必须达到的目标和希望达到的目标，分清主要目标和次要目标。确定目标要明确、具体和可量化。

第二，资料的收集、分类、分析、计算和评价。某一个决策项目，在开始时必须收集相应的情报和资料，这是决策的基础工作，只有掌握了丰富的情报和资料，并进行去伪存真、去粗取精、由表及里的分类整理及分析研究，才能做出正确的决策。

第三，制订可行方案。在进行决策时，要提出各种可供选择的方案，以便进行比较，从中选择最优方案。各种备选方案必须是可行的，即技术上必须是先进的，经济上是合理的。没有备选方案就谈不上选择。

第四，确定最优方案。在对各个可供选择的方案进行充分论证、全面详细的计算分析和评价的基础上，进行筛选，从而确定最优方案。所谓最优方案是指在各个备选方案中优点最多、缺点最少的方案。

第五，决策的执行和反馈。在执行决策过程中进行信息反馈，及时修正决策方案。由于在实际工作中存在大量不确定的因素，在预测时难以预料，因而在决策执行过程中，往往由于客观情况发生变化，或主观判断失误，而影响决策的预期效果。为此，在执行决策过程中要及时进行信息反馈，不断对原定方案进行修正或提出新的决策目标。

四、决策中的有关成本概念

短期的生产经营决策都要考虑各备选方案的获利性，以及各备选方案之间的获利差异，因此，也就不可避免地考虑到成本。决策分析时所涉及的成本概念并非只是一般意义的成本概念，而是一些特殊的成本概念。

按成本与决策分析的关系，可划分为相关成本与无关成本。相关成本与无关成本的准确划分对决策分析至关重要。决策分析时，总是将决策备选方案的相关收入与其相关成本进行对比，来确定其获利性。若将无关成本误作相关成本考虑，或者将相关成本忽略，都会影响决策的准确性，甚至会得出与正确结论完全相反的结论。

（一）相关成本

相关成本是指与决策相关联、决策分析时必须认真加以考虑的未来成本。相关成本通常随决策产生而产生，随决策改变而改变。并且这类成本都是目前尚未发生或支付的成本，但从根本上影响着决策方案的取舍。属于相关成本的成本主要有以下七种：

1. 差量成本

广义的差量成本是指决策各备选方案两者之间预测成本的差异数。两个备选方案的成本、费用支出之间不一致，就形成了备选方案之间的成本差异。备选方案两者之间的成本差异额就是差量成本。狭义的差量成本（也称增量成本）是指不同产量水平下所形成的成本差异。这种差异是由于生产能力利用程度的不同而形成的。不同产量水平下的差量成本既包括变动成本的差异数，也包括固定成本的差异数。

2. 边际成本

边际成本是指产品成本对业务量（产量或销售量等）无限小变化的变动部分。变动成本、狭义的差量成本均是边际成本的表现形式，而且，在相关范围内，三者一致。在经营决策中经常运用到边际成本、边际收入和边际利润等概念。边际收入是指产品销售收入对业务量无限小变化的变动部分。边际利润是指产品销售利润对业务量无限小变化的变动部分。

3. 付现成本

付现成本也称现金支出成本，是指由于某项决策而引起的需要在当时或最近期间用现金支付的成本。这是一个短期的概念，在使用中必须把它同过去支付的现金或已经据其支出额入账的成本区分开来。另外，付现成本还包括能用其他流动资产支付的成本。在短期决策中，付现成本主要是指直接材料、直接人工和变动性制造费用，特别是订货支付的现金。在企业资金比较紧张，而筹措资金又比较困难或资金成本较高时，付现成本往往被作为决策时重点考虑的对象。管理当局会选择付现成本较小的方案来代替总成本较低的方案。

4. 重置成本

重置成本是指当前从市场上取得同一资产时所需支付的成本。由于通货膨胀、技术进步等因素，某项资产的重置成本与历史成本差异较大，重置成本既可能高于、也可能低于历史成本。在决策分析时必须考虑到重置成本。

5. 机会成本

机会成本是指决策时由于选择某一方案而放弃的另一方案的潜在利益，是丧失的一种潜在收益。例如：某企业生产甲产品需要 A 部件，A 部件可利用企业剩余生产能力制造，也可外购。如果外购 A 部件，剩余生产能力可以出租，每年可取得租金 1 万元，这 1 万元的租金收入就是企业如果自制 A 部件方案的机会成本。

6. 可避免成本

可避免成本是指决策者的决策行为可以改变其发生额的成本。它是同决策某一备选方案直接关联的成本。

7. 专属成本

专属成本是指可以明确归属某种（某类或某批）或某个部门的成本。例如：某种设备专门生产某一种产品，那么，这种设备的折旧就是该种产品的专属成本。

（二）无关成本

无关成本是指已经发生或虽未发生，但与决策不相关联，决策分析时也无须考虑的成本。这类成本不随决策的产生而产生，也不随决策的改变而改变，对决策方案不具有影响力。属于无关成本的主要有以下四种：

1. 沉没成本

沉没成本是指由过去的决策行为决定的并已经支付款项、不能为现在决策所改变的成本。由于此类成本已经支付完毕，不能由现在或将来的决策所改变，因而在分析未来经济活动并做出决策时无须考虑。

2. 历史成本

历史成本是指根据实际已经发生的支出而计算的成本。由于这一成本已经发生或支出，它对未来的决策不存在影响力。历史成本是财务会计中的一个重要概念。

3. 共同成本

共同成本是指应由几种（某类或某批）或几个部门共同分摊的成本。例如：某种设备生产三种产品，那么，该设备的折旧是这三种产品的共同成本。

4. 不可避免成本

不可避免成本是指决策者的决策行为不可改变其发生额，与特定决策方案没有直接联系的成本。

第二节　短期经营决策分析

短期经营决策一般是指在一个经营年度或经营周期内能够实现其目标的经营决策。短期经营决策分析是指决策结果只影响或决定企业一年或一个经营周期的经营实践的方向、方法和策略，侧重于从资金、成本、利润等方面对如何充分利用企业现有资源和经营环境，以取得尽可能多的经济效益做出分析。它的主要特点是充分利用现有资源进行战术决策，一般不涉及大量资金的投入，且见效快。从短期经营决策分析的定义中可以看出，在其他条件不变的情况下，判定某决策方案优劣的主要标志是看该方案能否使企业在一年内获得更多的利润。

一、短期经营决策分析相关概念

（1）生产经营能力：在生产经营决策分析中，生产经营能力是决定相关业务量和确认机会成本的重要参数。具体表现为最大经营能力、正常经营能力、剩余经营能力和追加经营能力等。

（2）相关业务量：与特定决策方案相联系的产量、销量或工作量等。

（3）相关收入：与特定方案相联系的、能对决策产生重大影响的、在短期经营决策中必须予以充分考虑的收入。

（4）相关成本：与特定方案相联系的、能对决策产生重大影响的、在短期经营决策中必须予以充分考虑的成本。在生产经营决策分析中较常见的相关成本有差量成本、机会成本、专属成本、重置成本、可避免成本和可延缓成本等，在定价决策分析中还需考虑边际成本。

二、短期经营决策分析的假设条件

为了简化短期经营决策分析，在设计相关的决策方案时，假定以下条件已经存在：

（1）决策方案不涉及追加长期项目的投资。

（2）所需的各种预测资料齐备。

（3）各种备选方案均具有技术可行性。

（4）凡涉及市场购销的决策，均以市场上具备提供有关材料或吸收有关产品的能力为前提。

（5）销量、价格、成本等变量均在相关范围内波动。

（6）各期产销平衡；同时只有单一方案和互斥方案两种决策形式。

三、短期经营决策分析的评价标准

短期经营决策通常不改变企业现有生产能力，涉及的时间比较短，因此，在分析时不考虑货币的时间价值和投资的风险价值。短期经营决策分析的基本依据是经济效益的高低，企业经营决策的目标是经济效益的最大化。因此，评价的标准主要有以下三种：

1. 收益最大（或利润最大）

在多个互斥可行的备选方案中，将收益最大的方案作为最优方案。在经营决策中，可以只考虑相关收入和相关成本来计算收益指标，其基本计算公式如下：

$$收益 = 相关收入 - 相关成本$$

2. 成本最低

当多个互斥可行方案均不存在相关收入或相关收入相同时，以成本最低的方案为最优方案。

3. 边际贡献最大

在多个互斥可行方案均不改变现有生产能力、固定成本不变时，以边际贡献最大的方案为最优方案。如果决策方案中有专属固定成本的发生，则应从边际贡献中减去专属固定成本，为剩余边际贡献。它既不是原来意义上的边际贡献，也不是最终利润。如果要算利润，还要减去分摊的原有固定成本。

上述三个评价标准中，本质是收益（或利润）最大，成本最低和边际贡献最大是收益（或利润）最大的特殊情况，因为在不存在相关收入或相关收入相同的情况下，成本最低的方案，收益必然最大，在固定成本不变的情况下，可将其视之为无关成本，在这种情况下边际贡献大的方案，收益（或利润）必然大。因此，成本最低和边际贡献最大是收益最大的替代价值标准。

四、短期经营决策分析方法

在经营决策中，决策的内容不同，运用的具体分析方法也不同，总的来说都是围绕利润、边际贡献和成本三个指标来进行计算和评价的。具体来说，企业常用的短期经营决策分析方法有两大类：定性决策分析法和定量决策分析法。

定性决策分析法是建立在人们的经验基础上对经营决策方案进行评价和判断的决策分析法。企业高层管理人员所面临的大多是非程序化的决策问题，无法找到适合做出决策的明确程序，这就往往需要依靠高层管理人员本身的经验、专业判断力能力等。具体方法主要有头脑风暴法、德尔菲法、方案前提分析法等。

定量决策分析法是建立一定的数学模型，通过运算得出分析结果并加以判断的决策分析法。具体方法主要有确定型决策方法（本量利分析法、差量分析法等）、风险型决策方法（决策树法、决策表法等）、不确定型决策方法（冒险法、保守法、折中法等）。

以下着重介绍定量分析法中确定型条件下的短期经营决策分析法。

1. 本量利分析法

本量利分析法通过本量利模型计算出方案的利润，比较方案利润大小从而选择最佳方案的分析方法。如企业新设备的购置与利用、医院开展新医疗业务项目等，均可借助本量利模型进行决策分析。本量利法对决策中相关成本资料要求较为详尽，不仅要求提供变动成本资料还需要提供固定成本资料。

【例 5-1】某企业用同一台机器可生产甲产品，也可以生产乙产品，预计销售单价、销售数量、单位变动成本及固定成本如表 5-1 所示。

表 5-1　甲产品和乙产品相关信息

产品名称	甲产品	乙产品
预计销量/件	100	50
预计销售单价/元·件$^{-1}$	11.5	26.8
单位变动成本/元·件$^{-1}$	8.2	22.6
固定成本/元	100	100

要求：采用本量利法做出该公司生产哪一种产品较为有利的决策。

$$甲产品利润 = 100 \times (11.5 - 8.2) - 100 = 230（元）$$
$$乙产品利润 = 50 \times (26.8 - 22.6) - 100 = 110（元）$$

因为甲产品利润大于乙产品利润，故该公司应生产甲产品较为有利。

2. 差量分析法

差量分析法也称差别分析法或差额分析法，是管理会计中最常用的决策分析方法，是指在计算两个备选方案的预期收入与预期成本差额的基础上，从中选出最优方案的方法。所谓差别，是指两个不同备选方案之间的差额。差量分析法对成本资料的要求没有本量利法苛刻，计算较为简单，可以应用于业务量增减决策、生产决策、价格决策等各项经营决策。

差量分析法一般包括差别收入、差别成本和差别收益三个因素。

（1）差量，是指两个备选方案同类指标之间的数量差异；

（2）差量收入，是指两个备选方案预期收入之间的数量差异；

（3）差量成本，是指两个备选方案预期成本之间的数量差异；

（4）差量损益，是指差量收入与差量成本之间的数量差异。

差量损益的基本计算公式：

$$差量损益=差量收入-差量成本$$

【例5-2】资料同【例5-1】

要求：采用差量分析法做出该公司生产哪一种产品较为有利的决策。

$$甲、乙产品的差量收入=11.5×100-26.8×50=-190（元）$$

$$甲、乙产品的差量成本=8.2×100-22.6×50=-310（元）$$

因为差量收入大于差量成本，故该公司应生产甲产品较为有利。

应注意的是，差量分析法仅适用于两个方案之间的比较，如果有多个方案可供选择，在采用差量分析法时，只能分别两个两个地进行比较、分析，逐步筛选，选择出最优方案。

3. 边际贡献法

短期经营决策一般是在原有生产能力的范围内进行的，多数情况下不改变生产能力，所以，固定成本通常为无关成本。在各方案固定成本均相同的前提下，边际贡献最大的方案，实质就是利润最大的方案。

边际贡献法是在成本性态分类的基础上，通过比较各备选方案边际贡献的大小来确定最优方案的分析方法。适用于收入成本型（收益型）方案的择优决策，尤其适用于多个方案的择优决策。

边际贡献法通过比较边际贡献大小决定方案取舍。分析固定成本不变情况下的效益，可以将各备选方案的固定成本视为无关成本，不做比较分析，仅比较变动成本，使决策分析更为简便易行。

边际贡献是指企业的产品或劳务对企业利润目标的实现所做的贡献。管理会计认为只要收入大于变动成本就会形成贡献，因为固定成本总额在相关范围内并不随业务量的增减变动而变动，因此收入扣减变动成本后的差额即边际贡献，边际贡献越大则减去不变的固定成本后的余额即利润也就越大。

运用边际贡献法进行备选方案的择优决策时，应注意以下几点：

（1）在不存在专属成本的情况下，通过比较不同备选方案的边际贡献总额，就能够正确地进行择优决策；存在专属成本的情况下，首先应计算备选方案的剩余边际贡献（边际贡献总额减专属固定成本后的余额），然后比较不同备选方案的剩余边际贡献总额，才能够正确地进行择优决策。

（2）在企业的某项资源（如原材料、人工工时、机器工时等）受到限制的情况下，应通过计算、比较各备选方案的单位资源边际贡献进行择优决策。

（3）由于边际贡献总额的大小，既取决于单位产品边际贡献的大小，也取决于该产品的产销量，因此，单位边际贡献额大的产品，未必提供的边际贡献总额就大。

【例5-3】资料同【例5-1】。

要求：采用边际贡献法做出该公司生产哪一种产品较为有利的决策。

$$甲产品单位边际贡献=11.5-8.2=3.30（元）$$

$$乙产品单位边际贡献=26.8-22.6=4.20（元）$$

$$甲产品边际贡献 = 100×（11.5-8.2）= 330（元）$$
$$乙产品边际贡献 = 50×（26.8-22.6）= 210（元）$$

可以看出，尽管乙产品的单位边际贡献较大，但边际贡献总额却小于甲产品，该公司应生产甲产品较为有利。在应用边际贡献法进行决策分析时，若不同方案的业务量不同，不宜采用单位边际贡献作为评价指标。

4. 成本无差别点法

在企业的生产经营中，面临许多只涉及成本而不涉及收入方案的选择，如零部件自制或者外购的决策、不同工艺进行加工的决策等。这时可以考虑采用成本无差别点法进行方案的择优选择。

成本无差别点是指在某一业务量水平上，两个不同方案的总成本相等，但当高于或低于该业务量水平时，不同方案就有了不同的业务量优势区域。利用不同方案的不同业务量优势区域进行最优化方案的选择的方法，称为成本无差别点分析法。

成本无差别点法是通过比较不同方案成本大小决定方案取舍的。该法使用的前提条件是各备选方案的收入相等。收入相等的情况下，成本越低则利润越高，方案越优。

【例5-4】某厂生产 A 种产品，有两种工艺方案可供选择。

新方案：固定成本总额 450 000 元，单位变动成本 300 元。

旧方案：固定成本总额 300 000 元，单位变动成本 400 元。

要求：应选择新方案还是旧方案更为有利？

解：1. 列出两个备选方案的总成本公式 x 代表产量：

$$新方案总成本 y_1 = 450\,000+300x$$
$$旧方案总成本 y_2 = 300\,000+400x$$

2. 求成本无差别点：得 $x = 1\,500$ 件，根据两方案的数据如图5-1所示。

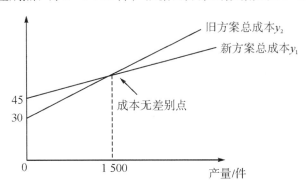

图5-1 工艺方案成本

3. 结论：

（1）当产量 $x = 1\,500$ 件时，$y_1 = y_2$，新、旧两个方案均可取；

（2）当产量 $x > 1\,500$ 件时，$y_1 < y_2$，选择新方案；

（3）当产量 $x < 1\,500$ 件时，$y_1 > y_2$，选择旧方案。

可见，无论是使用边际贡献法还是成本无差别点法，都有较强的使用前提条件。如果实际决策问题满足要求，使用这些方法不仅计算简单，而且在概念上变得更为清晰。

第三节 生产决策

企业作为一个独立经营的商品生产者，拥有较大的自主权和经营决策权，在生产经营过程中，经常会遇到很多生产方面需要进行决策的问题。比如，企业应该安排生产什么产品？产量多少？当企业还有剩余生产能力的情况下，要不要接受附有特定条件的追加订货？企业生产中所需要的零部件应自制还是外购？以及新产品开发决策、亏损产品应否停产或转产？这一系列的问题都是属于生产过程中的生产经营决策问题，都要求企业通过科学的计算与分析，权衡利害得失，以便做出最佳的生产经营决策。本节主要介绍确定条件下的生产对象决策。

生产对象决策就是要解决生产什么的问题。在实际工作中，企业总是根据当前的市场情况和其现有的生产经营能力来安排有关产品的产销活动。为了使企业现有的生产经营能力得到充分合理的利用，同时又能给企业带来最大的经济效益，企业管理者就必须在若干种可生产的产品中做出正确的选择，科学地确定生产对象。

在生产对象决策中，通常以成本作为判断方案优劣的标准，但有时也以是否能提供最大边际贡献为判断标准。

一、生产何种产品的决策分析

如果开发新产品涉及固定资产的投资、扩大生产能力，属于长期投资决策的内容。在此讨论的新产品开发主要是指企业利用现有的剩余生产能力或者利用过时产品腾移出来的生产能力来生产新产品，不涉及长期资金的投入，是以充分利用现有的生产能力来提高企业经济效益。新产品开发决策有两种类型：一种是在开发过程中不涉及专属固定成本；另一种是涉及专属固定成本。对开发新产品进行决策，可选择成本最低，或提供边际贡献总额最大，或单位生产能力提供边际贡献额最大的方案作为最优方案，也可采用差量损益分析法进行决策。

（一）不需要追加专属固定成本条件下的生产对象决策

如果企业有剩余的生产能力可供使用，新产品不需要增加专属固定成本时，开发新产品品种选择的决策分析应选择能提供边际贡献总额最多或单位时间提供的边际贡献最多的新产品。

【例5-5】A公司原本仅生产甲产品，年固定成本为15 000元，现有剩余生产能力7 000小时，可用于开发丙或丁产品，因生产能力有限，只能生产其中一种。有关资料如表5-2所示。

表5-2 各种产品基本情况

项目	甲产品	丙产品	丁产品
销售单价/元·件$^{-1}$	50	90	70
单位变动成本/元·件$^{-1}$	30	65	50
单位产品耗用机时/机时·件$^{-1}$	6	7	5

要求：进行生产何种产品的决策。

解：企业不管生产丙产品还是丁产品，固定成本 15 000 元都会发生，属于不可避免成本，在本次决策中属于无关成本，不予考虑；相关成本仅为丙产品和丁产品的变动成本。在决策过程中只需根据有关产品提供的边际贡献总额的大小或单位机时提供边际贡献额的大小来进行评价。表 5-3 为新产品边际贡献计算结果：

表 5-3　新产品边际贡献计算

	丙产品	丁产品
产品产销数量/件	7 000÷7＝1 000	7 000÷5＝1 400
单位产品边际贡献/元·件$^{-1}$	90-65＝25	70-50＝20
边际贡献总额/元	1 000×25＝25 000	1 400×20＝28 000
单位机时边际贡献/元·机时$^{-1}$	25 000÷7 000＝3.57	28 000÷7 000＝4

从上述计算结果可以看出，丙产品的单位边际贡献比丁产品多 5 元（25-20），但由于生产丙产品所耗机时比丁产品多，而企业的剩余生产能力（机时）有限，导致丙产品的产销量比丁产品少 400 件（1 400-1 000），最终丁产品的边际贡献总额高于丙产品 3 000 元（28 000-25 000）。如果根据单位机时所提供边际贡献的大小作为判断标准，仍可得出相同的结论，即生产丁产品比生产丙产品在经济上更合算。所以，在现有条件下，该企业应选择生产丁产品。

（二）需要追加专属固定成本条件下的生产对象决策

如果新产品投产将发生不同的专属固定成本的话，在决策时就应以各种产品的剩余边际贡献总额作为判断方案优劣的标准。剩余边际贡献额就是边际贡献额减去专属固定成本的余额。剩余边际贡献额越大，该方案越好。

【例 5-6】仍按上例资料，假设开发丙产品需要追加 12 000 元的专属成本，而开发丁产品需要追加 14 000 元的专属成本，要求进行开发何种产品的决策。

解：本例需要考虑专属成本的影响。

　　　　丙产品剩余边际贡献总额＝1 000×（90-65）-12 000＝13 000（元）

　　　　丁产品剩余边际贡献总额＝1 400×（70-50）-14 000＝14 000（元）

因为开发丁产品的剩余边际贡献总额高于开发丙产品，所以开发丁产品更有利。

二、亏损产品处置的决策分析

企业同时经营的若干种产品中，由于某些因素的变化可能有的产品会出现经营亏损。这里所说的亏损，是指按照完全成本法组织成本核算时计算的损益结果。对于亏损产品，不能简单地予以停产，而必须综合考虑企业各种产品的经营状况、生产能力的利用及有关因素的影响，采用变动成本法进行分析后，做出停产、继续生产、转产或出租等最优选择。

（一）亏损产品是否停产的决策分析

企业管理者围绕"亏损产品在未来一定时期内是否还按原有的规模继续生产"做

决策时，不能用有关产品的收入总额是否能补充全部成本，是否能给企业提供经营净利润作为判断的标准，而应看其能否带来边际贡献。能够带来边际贡献的产品在经济上都是有利的，因此，如果没有更好的替代方案，而该亏损产品又能带来边际贡献，则不应该停止该亏损产品的生产。

【例 5-7】美达公司产销 A、B、C 三种产品，其中 A、B 两种产品盈利，C 产品亏损。有关资料如表 5-4 所示，要求做出 C 产品应否停产的决策（假设停产后的生产能力无法转移）。

表 5-4 美达公司产品基本情况 单位：元

项目	A 产品	B 产品	C 产品	合计
销售收入	6 000	8 000	4 000	18 000
生产成本				
直接材料	800	1 400	900	3 100
直接人工	700	800	800	2 300
变动制造费用	600	600	700	1 900
固定制造费用	1 000	1 600	1 100	3 700
非生产成本				
变动销售及管理费用	900	1 200	600	2 700
固定销售及管理费用	600	1 000	200	1 800
总成本	4 600	6 600	4 300	15 500
净利润	1 400	1 400	-300	2 500

解：C 产品边际贡献 = 4 000 - （900+800+700+600）= 1 000 （元）

由于 C 产品能够提供 1 000 元的边际贡献，可以弥补一部分固定成本，因此，在不存在更加有利可图的机会的情况下，C 产品不应该停产。

结论：如果亏损产品能够提供边际贡献即为虚亏产品，并且不存在更加有利可图的机会时，虚亏产品一般不应停产；无法提供边际贡献的实亏产品，而且又不属于国计民生必需的产品，则应停产。在生产、销售条件允许的情况下，大力发展能够提供边际贡献的亏损产品，也可以实现扭亏为盈，或使企业的利润得以增加。

（二）亏损产品转产的决策分析

亏损产品能够提供边际贡献，并不意味该亏损产品一定要继续生产。如果存在更加有利可图的机会（如转产其他产品或将停止亏损产品生产而腾出的固定资产出租），使企业获得更多的边际贡献，那么该亏损产品应停产，并转产。

是否转产，其判断的标准是看转产后生产的产品提供的边际贡献总额（在有专属固定成本时，应计算剩余边际贡献总额）是否大于原亏损产品提供的边际贡献总额。

【例 5-8】仍按上例资料，假定 C 产品停产后，其生产设备可以出租给别的单位，每年可获租金 1 800 元，问是否要转产？

解：由于出租设备可获得的租金 1 800 元大于继续生产 C 产品所获得的边际贡献 1 000 元，所以，应当停产 C 产品，并将设备出租（进行转产），企业可以多获得利润 800 元。

对亏损产品的处置要注意以下几点：

（1）凡是能提供边际贡献的产品，在经济上对企业都是有利的。因此，能提供边际贡献的亏损产品，在没有更好的替代产品或其他的更有利可图的机会时，一般不应停产，因为其提供的边际贡献可以弥补一部分作为沉落成本的固定成本。对能提供边际贡献的亏损产品，在生产条件和市场销路较好的情况下，可扩大规模进行生产，提高产销量，这样可使企业利润增加。

（2）不能提供边际贡献的亏损产品是否一定要停产，首先要考虑其成本有没有降低的可能性，其次要考虑根据市场情况有没有提高售价的可能性。降低成本和提高售价、增加收入都是扭亏为盈的重要途径。如果生产该亏损产品有扭亏为盈的机会，又没有更好的提高盈利能力的机会，则不应停产。另外，还要考虑该亏损产品是否属于关系国计民生的重要产品，如果是，即使亏损，也不能停产，但要在降低成本等方面下功夫。

三、接受特殊追加订货的决策分析

接受特殊追加订货的决策，是指根据目前的生产状况，企业还有一定的剩余生产能力，现有客户要求追加订货，可是其所出价格低于一般的市场价格，甚至低于该种产品的实际成本。在这种情况下，要求管理人员对这批订货是否接受做出正确的决策。此时应区别情况加以分析，并且由于企业是利用剩余生产能力进行的追加生产，原有的固定成本因与追加订货决策无关，为决策的不相关成本，决策中可不予考虑。

（1）若追加的订货不冲击正常业务，不需追加专属固定成本，剩余生产能力无法转移，只要"追加订货的单位产品边际贡献>0"，就可以接受。

（2）若剩余生产能力无法转移，追加的订货会冲击正常的业务，但是不需追加专属固定成本，只要"追加订货的边际贡献>减少正常业务的边际贡献"，就可以接受。

（3）若剩余生产能力无法转移，追加的订货不会冲击正常业务，但是需增加专属固定成本，只要"追加订货的边际贡献>追加的专属固定成本"，即"追加订货的剩余边际贡献>0"，就可以接受。

（4）若剩余生产能力可以转移，追加的订货不会冲击正常业务，并且不需要追加专属固定成本，只要"追加订货的边际贡献>生产能力转移带来的收益"，就可以接受。

【例 5-9】某企业年生产能力为可生产甲产品 1 200 件。本年计划生产 1 000 件，正常价格为 100 元/件。产品的计划单位成本为 55 元，其中直接材料 24 元，直接人工 15 元，变动制造费用 6 元，固定制造费用 10 元，现有一客户向该企业提出追加订货 200 件，报价为 70 元/件，追加订货要求追加 1 200 元的专属固定成本。若不接受追加订货，闲置的机器设备可对外出租，可获租金收入 400 元，问是否接受该追加订货？

解：　　　（1）甲产品单位变动生产成本 = 24+15+6 = 45（元）

（2）增加的相关收入 = 200×70 = 14 000（元）

增加的相关成本：

$$追加订货的变动成本 = 200 \times 45 = 9\,000\,（元）$$
$$机会成本 = 400\,（元）$$
$$专属固定成本 = 1\,200\,（元）$$
$$增加的相关成本合计 = 9\,000 + 400 + 1\,200 = 10\,600\,（元）$$

（3）差额 $= 14\,000 - 10\,600 = 3\,400 > 0$，该追加订货可以接受。

四、产品深加工决策分析

产品立即出售或是继续加工，是多步骤生产企业会遇到的问题。企业生产的一些产品，既可以在经过初步加工后以半成品的形式立即对外销售，也可以在进一步加工成产成品后出售。一般来说，半成品立即出售时的价格较低，但相应的成本也较低；进一步加工后再出售，其价格较高，但要追加一部分加工成本。因此，对是否深加工，要权衡立即出售和进一步加工后出售的利弊得失，做出合理的决策。

对于联产品，可在联产过程结束时立即出售，也可在进一步加工后再出售。所谓联产品，是指一种原材料同时生产出来的几种价值较大的产品。有些联产品在分离出来以后可立即出售也可经过加工后再出售。分离前的成本属于联合成本，可按联产品的售价等标准分配给各种联产品。联合成本是沉落成本，与此决策无关。联产品在分离后进行深加工阶段所发生的变动成本和专属固定成本，通常称为"可分成本"，它是决策分析中的相关成本。

对这类问题，可以采用差量损益分析法来进行分析。决策时只需考虑进一步加工后增加的销售收入是否超过增加的成本，如果增加的销售收入大于增加的成本，则应进一步加工后出售；反之，则应作为半成品销售。在此，进一步加工前的收入和成本都与决策无关，不必予以考虑。

决策依据：

若增量收入 > 增量成本，应进一步加工后再出售。

若增量收入 < 增量成本，应直接出售。

$$增量收入 = 继续加工后的销售收入 - 直接出售的销售收入$$
$$增量成本 = 继续加工追加的成本$$

【例5-10】设某厂生产某种产品 10 000 件，初步加工单位产品直接材料费 4 元，直接人工费 2 元，变动制造费用 1.5 元，固定制造费用 1 元。完成初步加工后，若直接对外销售，单位售价 12 元。如对该产品进行继续加工，单位产品需追加直接材料费 1.3 元，直接人工费 0.8 元，变动制造费用 0.6 元，专属固定成本 10 000 元，单位售价可提高到 15 元。

要求：做出是否应进一步加工的决策？

解：
$$增量收入 = （15 - 12） \times 10\,000 = 30\,000\,（元）$$
$$增量成本 = （1.3 + 0.8 + 0.6） \times 10\,000 + 10\,000 = 37\,000\,（元）$$
$$差量损益 = 30\,000 - 37\,000 = -7\,000\,（元）$$

由于增量收入小于增量成本，所以，应直接对外销售。

五、零(部)件自制或外购的决策分析 ├────────────────────

企业生产经营过程中所需要的某些零部件,有些既可以从市场上直接购买,也可以利用企业自己的技术和设备自行制造。究竟采用什么方式取得所需的零部件在经济上更为有利?由于生产经营中所需的零部件,无论是自制还是外购,给企业带来的收益是相同的,因此,只需对外购和自制两种取得方式的预期成本进行计量和分析,以其预期成本的多少作为评价方案优劣的依据。

(一)需要量确定条件下的零部件取得决策

企业在一定时期内零部件的总需求量已经确定的条件下,可对自制和外购方案的相关成本进行比较,成本较低的方案为最优方案。自制方案的相关成本一般包括制造过程中发生的变动成本、可能发生的专属成本、相关的机会成本以及未来可避免的固定成本等;外购方案的相关成本包括支付的买价及相关的运杂费等。影响自制或外购的因素很多,因而所采用的决策分析方法也不尽相同,一般采用差量分析法。

1. 差量分析法(用于自制的生产能力无法转移、自制不增加固定成本的决策时)

【例5-11】昌陵汽车公司,每年需要甲零件5 000件。如果外购,其外购单价为27元/件,一次外购的差旅费为5 000元,每次运费500元,每年采购2次。该公司有自制该零件的能力,并且生产能力无法转移。如果自制,单位零件直接材料15元,直接人工8元,变动制造费用5元,固定制造费用10元。

要求:做出甲零件自制还是外购的决策。

解法一:比较单位差量成本。

将外购的单位增量成本,即购买零配件的价格(包括买价、单位零配件应负担的订购、运输、装卸、检验等费用),与自制时的单位增量成本(单位变动成本)相对比,单位增量成本低的即为最优方案。

外购:27+5 000×2÷5 000+500×2÷5 000=29.2(元/件)

自制:15+8+5=28(元/件)

所以选择自制比较有利。

解法二:比较总的差量成本。

比较外购的相关总成本与自制的相关总成本,从中选择成本低的方案。

外购相关总成本:27×5 000+5 000×2+500×2=146 000(元)

自制相关总成本:(15+8+5)×5 000=140 000(元)

所以自制比较有利。

2. 差量分析法(用于自制的生产能力可以转移、自制不增加固定成本的决策时)

将自制方案的变动成本与机会成本(租金收入或转产产品的边际贡献总额)之和与外购相关成本相比,择其低者。

【例5-12】接上【例5-11】资料:假设如果外购,闲置的生产能力也可以用于生产B产品800件,每件可以提供10元的边际贡献。

要求:做出自制还是外购的决策。

外购相关总成本：27×5 000+5 000×2+500×2＝146 000（元）。

自制相关总成本：（15+8+5）×5 000+800×10＝148 000（元）。

所以外购比较有利。

（二）需要量不确定条件下零部件取得决策

一般而言，外购的单位变动成本较高，固定成本较低或者没有；自制的单位变动成本会较低，但是往往需要有比较高的固定成本的投入。

由于单位专属固定成本随产量的增加而减少，因此自制方案单位增量成本与外购方案单位增量成本的对比将在某个产量点产生优劣互换的现象，即产量超过某一限度时自制有利，产量低于该限度时外购有利。

这时，首先采用成本无差别点法确定产量的成本平衡点，并将产量划分为不同的区域，然后确定在何种区域内哪个方案最优。

【例5-13】昌陵汽车公司需要使用A零件。如果外购，每件单位成本为30元；如果自制，需购置专用设备一台，采购成本60 000元，预计可用6年，预计无残值，使用直线法计提折旧，单位零件直接材料15元，直接人工8元，变动制造费用5元。

问：A零件自制还是外购比较划算？

解：由于自制需要增加固定成本，并且A零件的年需求量未知，因此，首先需要确定成本无差别点的需求量。设成本无差别点需求量为x。

外购方案的预期成本 $y_1＝a_1+b_1x＝0+30x$

自制方案的预期成本 $y_2＝a_2+b_2x＝60\ 000÷6+（15+8+5）x$

当外购方案与自制方案的成本相等时，有 $30x＝60\ 000÷6+（15+8+5）x$

求得成本无差别点产量为 $x＝5\ 000$（件）

当年A零件需求量等于5 000件时，外购或自制均可；年需求量小于5 000件时，外购比较划算；反之，自制比较有利。

第四节　定价决策

众所周知，一个企业的经营活动能否顺利持续进行，取决于所生产的产品能否在市场上顺利实现销售，而产品能否顺利实现销售。除了受企业外部环境错综复杂的因素影响外，更主要受企业自身所生产的产品品种、规格型号、性能等质量和产品销售价格的影响。在企业外部市场和产品质量标准不存在任何问题的前提条件下，产品销售价格的高低决定产品能否顺利实现销售。定价决策，是指怎样为生产的产品确定一个适当的价格以利于提高企业的经济效益。销售过程中的经营决策应该是产品的定价策略、产品的定价方法和产品的最优售价的决策分析等。

（一）产品成本与价格合理对接策略

成本是产品定价的重要依据之一。一般来说，价格应尽量反映成本因素，成本高，产品价格也相应高，否则企业的利润会大受影响。但在激烈的市场竞争中，在买方市场氛围下，则不应使产品成本过分地影响定价。例如，由于各种原因造成产品成本较高，就将产品定位在较高的价格上，这样做往往会适得其反，导致利润严重缩水。道理很简单，产品定价高了，销售量会减少。所以，降低产品成本永远是企业管理者必须重视的问题。只有想办法将成本降下来，使产品的成本与价格合理对接，才能获得满意的利润。

（二）价值和质量与价格合理对接策略

产品的价值和质量是产品定价最重要的因素。产品的价值和质量是顾客（消费者）最为关心、最为敏感、影响最广、最为实质性的方面。所谓"物有所值"，就是说，好货可以卖出好钱。即使在买方市场的条件下，好货都应处于一个合理的价格范围内，"是金子总会发光"。要知道，客观上确有这么一个顾客群，他们坚信——"人不识货，钱识货"。对于廉价货，他们投以怀疑的目光，而情愿购买"物有所值"的好产品，即使价格高一些也无妨。这必然会促使厂商不断提高其产品的含金量和质量，这样不仅可以使产品在定价上与其价值和质量有更为理想的对接，而且可以提高企业的信誉和整体形象。

（三）逆向思维定价策略

如果市场发生变化，应采取灵活的应变定价策略。例如，当市场兴起降价风潮时，可以顺势而为，做出降价的决策，但也可以泰然处之，与顾客打心理战——不降价。当市场兴起涨价风潮时，也可以不顺势而为，反而采用逆向思维——不提价。同时，争取量的增加，并能给顾客一种好的感觉——"货真价实"，薄利多销，让利于顾客。

（四）1%的提价策略

这种定价法是被市场熟知和广泛采用的，个体经营者对其尤为重视。浙江省温州市的一些民营厂商称此法为"一分钱利润法"。就是说，只要有1%的单价利润，就应该感到满意，切忌"贪婪"。事实上，此法充分体现了"价增量减，价跌量增"的道理。一分钱的利润看起来微不足道，但是价跌（价廉）会促使销量大增，从而导致总利润的大大增加。所以有人提出，企业经营管理者应树立"1%"的提价意识。就是说，采用小幅涨价的策略，因为小幅涨价具有极好的隐蔽性。例如，将产品价格上浮1%，许多顾客不会在意，特别对于低价位（单位在几元以内）的产品。当调高1%时，一般顾客不会有承受不了的感觉，而总利润却大大增加了。只要总利润有1%~5%就应感到满意，过分的"贪婪"会适得其反。

（五）"物以稀为贵"的定价策略

对于某些稀缺类产品，即使成本不太高，价值和质量也一般，但由于市场难觅此类产品，你就可以顺水推舟，将其价位抬高，等候需要者购买。这类产品，有些顾客愿意出高价购买，所谓"需者不贵"。

（六）超值服务思维定价策略

把顾客视为"上帝"，无非是想赢得更多的顾客群。要做到这一点，除了产品的价值和质量等因素外，提供超值服务也很重要。提供超值服务的方法有多种，如产品实行三包、送货上门、终身保修等。由于坚持提供超值服务，企业就可以将产品的价格定得稍高一些（实际上，可认为是超值服务的附加费）。

（七）品牌战略定价策略

品牌产品是市场公认的好货。既然是好货，就该物有所值，其定价都比较高，这无疑会给企业带来巨大的利润。因此，必须想办法去打造自主品牌。如果暂时还没有自主品牌，则可以考虑先引进品牌（特许经销权），借这些品牌来促销非品牌产品。例如，甲乙两家商店都经营同一产品，定价也相同，但甲店引进了品牌产品（获特许经销权），结果，甲店非品牌货的销售量要比乙店大得多。这是品牌货带动促销的结果，可以说也是一种间接的品牌效应。因为拥有品牌，顾客往往觉得产品质量更有保障，更乐意购买。

（八）"歧视定价"法策略

所谓"歧视定价"，是指公司可以针对不同的顾客，采用不同的价格以获得最大的利润。例如，某公司给其生产的各种款式的丝绸围巾打上不同的商标，虽然它们的成本和质量几乎相同，但由于商标（牌子）不同，即使在同一个经销商手里，也可以卖出完全不同的价钱，这就是"歧视定价"。采用"歧视定价"的厂商可以对那些非常愿意购买某一牌子的顾客索取比任何"单一价格"都高的价格。采取"歧视定价"策略，厂商还可以获得另一部分只愿意出低价的顾客。

最后应指出的是，产品定价是一个动态过程，应根据不同情况采取不同的定价策略（或将若干策略综合应用）。产品的价和量（销量）是一对矛盾，在一定的条件下，通常会"价增量减，价跌量增"，而量和价对总利润的贡献又是同样的重要。

二、定价决策的目标

确定定价目标，是每一个企业制定产品价格的首要过程。所谓定价目标，就是每一个产品的价格在实现以后应达到的目的。企业的定价目标是多种多样的，在实践中，企业定价目标往往是多目标的综合运用。企业的定价目标一般有以下几种：

1. 追求利润最大化

利润最大化是多数企业定价的最基本目标，也是最终目标。这里所说的最大利润是指长期最大利润，而不是短期最大利润，指全部产品的最大利润，而不是单一产品的最大利润。因此，企业为了实现这一目标，往往根据不同情况，对不同产品选择不同的定价目标。

2. 保持和提高市场占有率

市场占有率也称市场份额，是指企业产品销量在同类产品的销售总量中所占的比重，是反映企业经营状态好坏和产品竞争能力强弱的一个重要指标。能否维持和提高市场率，对企业来说，有时比获得预期收益更为重要，因为市场占有率的高低直接影响企业今后是否能长期稳定地获得收益。

3. 实现目标投资报酬率

任何企业对投资都希望获得预期的报酬，且是长期的报酬。目标投资报酬率是企业采用的注重长期利润的一种定价目标，是以投资期望得到的一定百分比的纯利或毛利为目标。目标利润率的选择应慎重研究，既要能够保证利润目标的实现，又能够为市场所接受。

4. 应对和防止竞争

价格竞争是大多数企业间市场竞争的一个重要方面。对于本企业市场有决定性影响的竞争者，为了应对和防止竞争，企业可紧跟竞争对手来定价，采取与竞争者相同的价格，也可采取低于或高于竞争者的价格。当竞争对手改变价格时，企业也应相应调整价格。

三、产品定价决策方法

在我国，随着经济体制改革的深化，对那些关系到国计民生的一部分重要产品的价格是由国家物价部门统一制定的。而对其他的工业产品的价格，国家允许企业在规定的价格浮动幅度范围内自行确定浮动价格；也还有一些其他小商品，国家允许企业按照市场需求组织生产，自行定价。可见，随着经济管理体制改革的深化，企业自主权与决策权不断扩大，产品定价已成为企业的一项重要的经营管理决策。企业有必要根据市场情况和有关的资料对产品制定出一个较合理的价格。产品定价决策可以通过许多方法进行，在实际工作中，通常采用的定价方法有以下两种：

（一）以成本为基础的定价决策方法

1. 完全成本定价法

完全成本定价法是指按照产品的完全成本，加上一定百分比的销售利润，作为定价产品销售价格的依据，所以又称成本加成定价法。其计算公式是：

产品单位销售价格＝产品预计单位完全成本×（1+利润加成率）

$$利润加成率 = \frac{目标利润 + 期间费用}{预计产量 \times 单位产品制造成本} \times 100\%$$

$$= \frac{销售毛利}{预计产量 \times 单位产品制造成本} \times 100\%$$

$$= \frac{投资额 \times 期望投资报酬率 + 期间费用}{预计产量 \times 单位产品制造成本} \times 100\%$$

【例5-14】某厂计划生产销售某产品1 000件，该产品预计单位变动成本为：直接材料费 10 元，直接人工费 8 元，变动制造费用 7 元，固定制造费用为 7 500 元。预计利润总额按完全成本总额的 20% 予以加成，计算该产品的单位销售价格应为多少？

解：产品单位完全成本 = 10+8+7+7 500÷1 000 = 32.50（元/件）

产品单位销售价格 = 32.5×（1+20%）= 39（元/件）

【例 5-15】某厂拟投资 600 万元生产销售 A 产品 1 000 件，根据市场调查，该产品预计每年销售 100 万件。该产品预计单位成本资料为：直接材料费 12 元，直接人工费 8 元，变动制造费用 6 元，固定制造费用 14 元，变动销售及管理费用 4 元，固定销售及管理费用 2 元。企业期望的投资报酬率为 25%，

要求：采用完全成本加成定价法计算该产品的单位销售价格应为多少？

解：　　　产品单位制造（完全）成本 = 12+8+6+14 = 40（元/件）

期间费用 = 100×（4+2）= 600（万元）

$$加成率 = \frac{600 \times 20\% + 600}{100 \times 40} \times 100\% = 18\%$$

A 产品销售单价 = 40×（1+18%）= 47.20（元/件）

完全成本定价法不仅简便易行，而且可以使全部成本获得补偿，并为企业提供一定的利润。

2. 变动成本定价法

企业在生产能力有剩余的情况下增加生产一定数量的产品，可以不负担企业的固定成本，只负担变动成本（变动成本是指完全变动成本，包括变动制造成本和变动期间费用）。变动成本定价法是指按照产品的变动成本加上一定数额的边际贡献，作为制定产品销售价格的依据。也就是说，只要产品的销售价格能够补偿其变动成本，并可提供一定数额的边际贡献，这一价格就可以接受。这种方法一般适用于企业利用剩余生产能力，接受追加订货时采用。其计算公式如下：

产品单位销售价格 = 产品单位变动成本/（1-边际贡献率）

或 = 产品单位变动成本/变动成本率

【例 5-16】某厂生产甲种产品，其单位成本为：直接材料 18 元，直接人工为 14 元，变动制造费用 12 元，固定制造费用 16 元。甲产品预定的边际贡献率为 20%，该产品的单位售价应为多少？

解：甲产品单位销售价格 = （18+14+12）/（1-20%）= 55（元/件）

上述计算表明，甲产品定价应为 55 元/件。

（二）以市场需求为导向的定价决策方法

以市场需求为基础的定价方法是指以消费者对某种产品价格的接受程度为基本依据来确定产品的价格的一种定价方法。这种方法优先考虑的是消费者对价格的接受程度，要求企业的管理者必须研究怎样的价格才能使企业的产品销售既符合社会需求，又能使企业取得最大的利润和销售收入。以市场需求为基础的定价方法主要有边际分析法、微分极值法等，下面介绍边际分析法的公式法和列表法两种具体应用形式。

1. 公式法

边际分析法是指根据边际成本、边际收入和边际利润之间的数量关系及其经济内

涵，来对特定价格与销售量组合进行分析，是确定有关产品销售价格的一种决策方法。

边际收入是产品销售量增减一个单位所带来的总收入的增减额；边际成本则是产品生产量增减一个单位所带来的总成本的增减额。在供应规律作用下，企业要增加销售量就只能降低价格，这时，销售收入在降低初期增长较快，继而逐渐转慢，边际收入呈下降趋势；相应的，随着产销量的增加，一些半变动成本乃至固定成本都会逐渐增加，边际成本呈上升趋势，最终，边际成本将超过边际收入，使得降低价格提高销售量得不偿失。以利润最大化为目标，企业要选择使利润达到最大的价格与销售量的组合，定价原则即是选择边际收入等于边际成本、边际利润等于零的价格。

在成本性态分析的相关范围内，定价决策只需要将价格降低、销售增加所引起的收入（边际收入）和增加的变动成本（边际成本）相比较，选择使边际收入等于边际成本的价格作为产品的销售价格就可以确保利润的最大化。当产品的边际收入等于边际成本时，产品获得最大利润，此时的产销量为最佳产销量，此时的销售价格为最佳销售价格。

【例 5-17】假设某产品的销售收入 R 与销售量 x 之间的关系为：$TR = 160x - 0.04x^2$；成本 C 与销售量之间的关系为：$TC = 140 + 40x + 0.02x^2$。要求：计算该产品的最优价格。

解：根据已知条件可得：

$$总收入 \ TR = Px$$
$$= 160x - 0.04x^2 = (160 - 0.04x) \cdot x$$

得，边际收入 $MR = 160 - 0.04x$

$$总成本 \ TC = a + bx$$
$$= 140 + 40x + 0.02x^2 = 140 + [(40 + 0.02x)] \cdot x$$

所以，边际成本 $MC = 40 + 0.02x$

令 $MR = MC$

即 $160 - 0.04x = 40 + 0.02x$

解得最优销售量 $x = 2\ 000$（件）

该销售量就是使得利润最大的销售量，此时，产品的售价为

$$P = \frac{TR}{x} = 160 - 0.04x$$
$$= 160 - 0.04 \times 2\ 000 = 80(元)$$

所以，产品的最优售价为 80 元。

2. 列表法

当收入与成本的函数为离散型函数时，可预测各种加工条件下可能的销售量，通过列表计算找到使得利润最大的销售量和单价，下边举例做具体说明。

【例 5-18】某厂生产甲产品售价为 20 元，每月销售 500 件，单位变动成本为 10 元，固定成本总额为 2 000 元。如果销售单价逐步下降，预计其销售量也将发生如下的变化：销售单价逐步降为 19 元、18 元、17 元、16 元、15 元时，预计的销售量分别增加为 600 件、700 件、800 件、900 件、1 000 件。要求确定该产品销售价格应定为多少元，才能使企业获得最高的利润。

根据上述资料，可编制分析计算表（见表5-5）。

表5-5 甲产品不同价格下的分析计算

销售单价	预计销售量/件	销售收入/元	变动成本/元	固定成本/元	销售成本合计/元
20	500	10 000	5 000	2 000	7 000
19	600	11 400	6 000	2 000	8 000
18	700	12 600	7 000	2 000	9 000
17	800	13 600	8 000	2 000	10 000
16	900	14 400	9 000	2 000	11 000
15	1 000	15 000	10 000	2 000	12 000

根据表5-5再计算分析甲产品在不同售价的预计销售量水平的边际收入、边际成本（在相关范围内，边际成本与单位变动成本相等）和边际利润，如表5-6所示。

表5-6 甲产品在不同售价的边际收入、边际成本和边际利润计算   单位：元

销售单价	销量变动额	边际收入	边际成本	边际利润	利润
20	0	0	0	0	3 000
19	100	14	10	4	3 400
18	100	12	10	2	3 600
17	100	10	10	0	3 600
16	100	8	10	-2	3 400
15	100	6	10	-4	3 000

表5-6中的边际收入是指价格下降后增加的销售量所增加的收入；边际成本是指价格下降后增加销售量所增加的成本；边际利润是指边际收入减去边际成本后的差额。此差额若为正数，表示价格变动后增加销售量以后净增加的利润数；差额若为负数，表示增加销售量之后净减少的利润数。

表5-6的计算结果表明，当销售价格下降时，若边际收入大于边际成本，边际利润是正数，即说明降价是有利的。比如当单价从20元下降到19元，从19元下降到18元都属于这种情况。如边际收入等于边际成本，边际利润为零，说明降价没有意义。如上例中，当单价从18元下降到17元，利润没有发生变化。如果边际收入小于边际成本，利润净增加额等于负数，即表示降价对企业不利。如上例当单价从17元下降到16元，从16元下降到15元，均属于这种情况。由此分析可见，产品单位售价下降的最大限度就是边际收入等于边际成本的地方。也就是说，产品的最优价格应该是边际利润最接近于等于零的地方。本例中定价在18元与17元之间为最优，它能使企业获得最大的利润。

上述最优售价的决策是以预计销售量所能获得的利润来确定最优售价的，如果销售量不能达到预计的数据，利润也就无法实现，也就难以做出最优售价的决策；而且

在售价决策中，也存在着许多不确定的因素，销售量能否实现还有一个概率问题。下边举例做具体说明。

【例5-19】续【例5-18】资料，假如甲产品降价以后，预计销售量不增加的概率为0.2，销售量只达到预计增加的一半的概率为0.3，达到预计销售量的概率为0.4，超过预计销售量10%的概率为0.1。

将上例预计的销售量按上述概率做调整，计算预计销售量的均值（期望值）分别为：

（1）降为19元时，预计销售量为600件：
$$500\times0.2+550\times0.3+600\times0.4+660\times0.1=571（件）$$

（2）降为18元时，预计的销售量700件：
$$500\times0.2+600\times0.3+700\times0.4+770\times0.1=637（件）$$

（3）降为17元时，预计的销售量800件：
$$500\times0.2+650\times0.3+800\times0.4+880\times0.1=703（件）$$

（4）降为16元时，预计的销售量900件：
$$500\times0.2+700\times0.3+900\times0.4+990\times0.1=769（件）$$

（5）降为15元时，预计的销售量1 000件：
$$500\times0.2+750\times0.3+1\,000\times0.4+1\,100\times0.1=835（件）$$

根据以上按概率调整计算的预计销售量均值，重新编制的边际收入、边际成本和边际利润比较表，如表5-7、表5-8所示。

表5-7 甲产品不同价格下的分析计算

销售单价	预计销售量/件	销售收入/元	变动成本/元	固定成本/元	销售成本合计/元
20	500	10 000	5 000	2 000	7 000
19	571	10 849	5 710	2 000	7 710
18	637	11 466	6 370	2 000	8 370
17	703	11 951	7 030	2 000	9 030
16	769	12 304	7 690	2 000	9 690
15	835	12 525	8 350	2 000	10 350

表5-8 边际收入、边际成本和边际利润比较   单位：元

销售单价	销量变动额	边际收入	边际成本	边际利润	利润
20	0	0	0	0	3 000
19	71	11.96	10	1.96	3 139
18	66	9.35	10	-0.65	3 096
17	66	7.35	10	-2.65	2 921
16	66	5.35	10	-4.65	2 614
15	66	3.35	10	-6.65	2 175

以上计算结果表明，在销售量按概率调整后，销售价格在 19 元（或在 18~19 元之间某个价格）时为最优售价。

通过以上实例可知，按照各种可能的概率来重新调整预计销售量，预测结果将是比较切合实际的，但是，概率的估计和确定往往比较困难，而且人为因素较多，容易受人的心理因素影响。对于主要产品，利润占全部产品的利润比重大的，降价时所估计的概率偏于保守；而对于非主要产品，会偏于乐观。同时，在做降价或最优售价的决策时，还应考虑生产能力的可能性，生产能力是一个重要的约束条件。

本章小结

本章介绍了决策的概念、种类、程序及决策中的相关成本概念；分析短期经营决策分析的概念、假设条件及决策评价标准，着重介绍短期经营决策分析的常用方法——本量利法、边际贡献法、差量分析法及成本无差别点法。在此基础上，分析这些方法在产品生产和定价决策中的具体运用。

综合练习

一、单项选择题

1. 以下属于风险型决策方法的是（　　）。
   A. 决策树分析法　　　　　　　　　B. 本量利分析法
   C. 成本无差别点法　　　　　　　　D. 冒险法

2. 决策时由于选择最优方案而放弃的次优方案的潜在利益的是（　　）。
   A. 机会成本　　　　　　　　　　　B. 历史成本
   C. 边际成本　　　　　　　　　　　D. 共同成本

3. 以下属于决策相关成本的是（　　）。
   A. 不可避免成本　　　　　　　　　B. 可避免成本
   C. 沉没成本　　　　　　　　　　　D. 历史成本

4. 亏损产品是否转产的决策分析，关键是确定亏损产品所创造的边际贡献与转产产品所创造的边际贡献，若前者（　　）后者，则转产方案可行。
   A. 大于　　　　　　　　　　　　　B. 等于
   C. 小于　　　　　　　　　　　　　D. 不确定

5. 在短期成本决策中，企业不接受特殊价格追加订货的原因是买方出价低于（　　）。
   A. 正常价格　　　　　　　　　　　B. 单位产品成本
   C. 单位固定成本　　　　　　　　　D. 单位变动成本

6. 采用差量分析法决策时，判断方案是否可行的标准是（　　）。

A. 利润>0   B. 边际贡献>0

C. 差量收益>0   D. 差量收益<0

7. 生产边际贡献的计算，以下正确的是（   ）。

      A. 收入 – 生产变动成本   B. 收入 – 固定成本

      C. 收入 – 生产成本   D. 收入 – 变动成本

8. 下列各种混合成本可以用模型 $y = a + bx$ 表示的是（   ）。

      A. 半固定成本   B. 延伸变动成本

      C. 半变动成本   D. 阶梯式变动成本

9. 假设每个质检员最多检验 1 000 件产品，也就是说产量每增加 1 000 件就必须增加一名质检员，且在产量一旦突破 1 000 件的倍数时就必须增加。那么，质检员的工资成本属于（   ）。

      A. 半变动成本   B. 阶梯式固定成本

      C. 延伸变动成本   D. 变动成本

10. 造成"某期按变动成本法与按完全成本法确定的营业利润不相等"的根本原因是（   ）。

      A. 两种方法对固定制造费用的处理方式不同

      B. 两种方法计入当期损益表的固定生产成本的水平不同

      C. 两种方法计算销售收入的方法不同

      D. 两种方法将营业费用计入当期损益表的方式不同

11. 理论上的最优销售价格是（   ）。

      A. 边际收入小于边际成本时的销售价格

      B. 边际收入等于边际成本时的销售价格

      C. 边际收入大于边际成本时的销售价格

      D. 销售收入大于变动成本时的销售价格

12. 考虑边际贡献因素的影响，产品单位售价下降的最大限度是（   ）。

      A. 边际成本＝0   B. 边际收入＝0

      C. 边际收入>边际成本   D. 边际收入＝边际成本

13. 以产品的价格必须首先补偿成本，然后再考虑为投资者提供合理的利润为理论基础的定价方法是（   ）。

      A. 公式法   B. 成本加成定价法

      C. 最低定价法   D. 渗透性定价法

14. 产品价格受诸多因素的影响，所谓产品的最优售价是指（   ）。

      A. 可以使企业实现利润最大化的产品售价

      B. 可以使企业实现边际收入最大化的产品售价

      C. 可以使企业实现边际成本最大化的产品售价

      D. 可以使企业实现边际利润最大化的产品售价

15. 按照产品的全部成本，加一定百分比的销售利润，作为制定产品销售价格的依据，称为（   ）。

      A. 协商价格   B. 全部成本加成定价法

C. 双重价格   D. 变动成本加成定价法

16. 联产品分离前所发生的成本，不论是固定成本还是变动成本都属于（　　）。

    A. 专属成本   B. 可避免成本

    C. 沉没成本   D. 机会成本

17. 下列情况中，亏损产品的生产能力无其他用途时，应停产的条件是（　　）。

    A. 亏损产品边际贡献大于零

    B. 亏损产品边际贡献大于零

    C. 亏损产品变动成本率小于1

    D. 亏损产品边际贡献为正数但小于固定成本

18. 在零部件是自制还是外购的决策中，不需要考虑的成本是（　　）。

    A. 自制的变动性生产成本   B. 外购的运杂费用

    C. 如果外购就可以避免的成本   D. 即使外购也不能避免的成本

19. 某公司每年可能需要用A产品500件，外购价格为13元，现在公司有剩余生产能力可用来生产A产品，但需要增加专属成本2000元，自制时单位变动成本5元，下列说法正确的是（　　）。

    A. 当实际需要量大于500件时选自制方案

    B. 当实际需要量大于500件时选外购方案

    C. 当实际需要量小于150件时选自制方案

    D. 当实际需要量小于250件时选自制方案

20. 设某企业生产某种产品，其正常售价为20元，单位变动成本为10元，单位固定成本为3元。现有一批该种产品的追加订货2000件，其专属固定成本总额为4000元，则接受该批追加订货的价格极限为（　　）。

    A. 10元   B. 12元

    C. 13元   D. 15元

二、多项选择题

1. 以下属于确定型决策方法的有（　　）。

    A. 差量分析法   B. 边际贡献法

    C. 决策树法   D. 折中法

2. 以下属于短期经营决策分析评价标准的有（　　）。

    A. 利润最大   B. 边际贡献最大

    C. 净现值最大   D. 成本最低

3. 下列各项中属于决策相关成本的有（　　）。

    A. 可避免成本   B. 机会成本

    C. 专属成本   D. 沉没成本

4. 采用边际贡献法进行决策判断的条件是（　　）。

    A. 各备选方案的收入相等   B. 各备选方案的固定成本相等

    C. 各备选方案的成本相等   D. 各备选方案的变动成本相等

5. 如果企业有剩余生产能力，且无法转移，则以下关于零部件自制或外购的决策中说法正确的有（　　）。

    A. 当外购单价大于自制的变动成本时应自制

    B. 当外购单价小于自制的单位成本时应自制

    C. 当外购单价大于自制的变动成本时应外购

    D. 当外购单价小于自制的变动成本时应外购

6. 关于短期经营决策分析方法的特点，以下正确的有（　　）。

    A. 不考虑货币时间价值　　　　　　　B. 考虑风险价值

    C. 战术型决策　　　　　　　　　　　D. 生产经营决策

7. 企业的定价目标包括（　　）。

    A. 以获得最大利润为定价目标　　　　B. 以提高市场占有率为定价目标

    C. 以适应或避免竞争为定价目标　　　D. 以扩大生产规模为定价目标

    E. 以提高企业知名度为定价目标

8. 企业在决定定价策略时，通常需要考虑的影响产品价格的因素包括（　　）。

    A. 市场供求关系　　　　　　　　　　B. 产品寿命周期

    C. 产品价值　　　　　　　　　　　　D. 通货膨胀

    E. 消费者对价格的敏感度

9. 成本加成定价法在实际运用中可分为（　　）。

    A. 全部成本加成定价法　　　　　　　B. 变动成本加成定价法

    C. 固定成本加成定价　　　　　　　　D. 目标利润加成定价法

    E. 目标成本加成定价法

10. 下列各项中可利用差量成本这一概念做决策的包括（　　）。

    A. 不同生产能力利用率下的成本差别决策

    B. 接受追加订货的决策

    C. 不用的设备出租或出售的决策

    D. 零部件的外购还是自制的决策

    E. 半成品继续加工还是直接出售的决策

11. 经营决策分析中常用的决策方法有（　　）。

    A. 差量分析法　　　　　　　　　　　B. 边际贡献分析法

    C. 本量利分析法　　　　　　　　　　D. 最小平方法

    E. 高低点法

12. 在零部件自制或外购决策分析时（　　）。

    A. 一般不考虑收入

    B. 不考虑自制或外购中非相关成本

    C. 自制成本要考虑变动成本和固定成本

    D. 自制的成本一般不考虑固定成本

    E. 若剩余生产能力有其他用途，必须考虑机会成本

13. 常见的与经营决策无关的成本包括（　　）。

    A. 沉没成本　　　　　　　　　　　　B. 共同成本

    C. 专属成本　　　　　　　　　　　　D. 联合成本

    E. 机会成本

三、判断题

1. 亏损产品应立即停产或转产，否则生产越多，亏损越大。（　　）
2. 沉没成本是无关成本，在决策时可以不予考虑。（　　）
3. 成本决策时应分清相关成本和无关成本，否则会影响决策的准确性。（　　）
4. 产品是否深加工的决策，取决于进一步加工时增加的收入是否大于追加的成本。
（　　）
5. 由于购买生产设备马上可以使用，涉及的时间短，所以该决策属于短期经营决策。（　　）
6. 采用成本无差别点法对备选方案进行优先的前提条件是各备选方案的收入相等。
（　　）
7. 变动成本法不利于进行各部门的业绩评价。（　　）
8. 本量利法对成本资料的要求比差量分析法更全面、苛刻。（　　）
9. 变动成本定价法是按照产品的变动成本加上一定数额的边际贡献，作为制定产品销售价格的依据。（　　）
10. 产品的最优价格是产品边际利润最接近于零的价格。（　　）

四、实践练习题

1. 某企业只生产一种产品，全年最大生产能力为 1 200 件。年初已按 100 元/件的价格接受正常订货 1 000 件，该产品的单位完全生产成本为 80 元/件（其中，单位固定生产成本为 25 元）。现有一客户要求以 70 元/件的价格追加订货 300 件，因有特殊工艺要求，企业需追加 2 000 元专属成本。剩余能力可用于对外出租，可获租金收入 3 000 元。

要求：为企业做出是否接受低价追加订货的决策。

2. A 公司生产甲产品 10 000 件，单位产品所需直接材料费 30 元，直接人工费 20 元，变动制造费用 10 元，固定制造费用 10 元，固定销售及管理费用 10 元，产品销售单价 100 元，现有 B 公司要求追加订货 5 000 件，其特殊定价为 80 元。

要求：分别分析以下情况是否接受特殊订货。

（1）A 公司最大生产能力为 18 000 件，剩余生产能力无法转移，但需追加专属成本 50 000 元。

（2）A 公司最大生产能力为 18 000 件，剩余生产能力可对外出租，租金收入为 10 000元，且需追加专属成本 10 000 元。

（3）A 公司最大生产能力为 14 400 件，剩余生产能力无法转移，不需追加专属成本。

3. 某企业每年需用 A 零件 2 000 件，A 零件原由金工车间组织生产，年总成本为 19 000元，其中，固定生产成本为 7 000 元。如果改从市场上采购，单价为 8 元，同时将剩余生产能力用于加工 B 零件，可节约外购成本 2 000 元。

要求：为企业做出自制或外购 A 零件的决策，并说明理由。

4. 某企业需要甲零件 2 500 个。如果从市场上购买，每个购价为 15 元，同时该企业的加工车间目前尚有剩余生产能力能制造这种零件，经估算，制造每个甲零件需支付直接材料 5 元，直接人工 2 元，变动制造费用 3 元。

要求：

（1）做出甲零件是自制还是外购的决策分析。

（2）如果加工车间自制甲零件时，还要购置一台专用机器，该机器购价为 70 000 元，预计可使用 5 年，无残值。试问这种情况下，该零件是自制还是外购？

5. 某企业原来生产甲产品，年设计生产能力 10 000 件，市场销售单价 60 元。单位产品成本总额 50 元，具体如下：直接材料 18 元，直接人工 14 元，变动制造费用 8 元，固定制造费用 10 元。该企业现在每年有 35% 的生产能力未被利用。

要求：就以下各不相关情况做出应否接受特殊价格追加订货的决策。假设当追加特殊订货超过企业剩余生产能力时，企业以减少正常销售量满足客户特殊订货要求，而不购置设备增加生产能力。

（1）现有一客户提出以 35 元/件的价格订货 3 000 件，企业剩余生产能力无法转移，追加订货不需要追加专属成本。

（2）现有一客户提出以 46 元/件的价格订货 3 500 件，但该订货还有特殊要求，需购置一台专用设备，增加固定成本 2 000 元。

（3）现有一客户提出以 56 元/件的价格订货 5 000 件，接受该订货需追加专属成本 3 800 元。若不接受订货可将设备出租，可获得租金 1 300 元。

五、案例分析

目的：分辨相关成本与无关成本

小明正准备从南宁出发去看望他在崇左的同学，他可以选择自驾车或乘坐长途汽车的方式去崇左（按 120 千米衡量），他搜集了以下的信息：

（一）小轿车费用：基于每年行驶 10 000 千米衡量

小轿车费用

序号	费用项目	金额/元	每千米成本/元·千米$^{-1}$
1	折旧费	2 800	0.28
2	汽油费		0.5
3	保险费	1 380	0.138
4	维修及养护费		0.065
5	小区停车费	500	0.05
合计			1.033

（二）其他信息

1. 小轿车价格	100 000
2. 汽车票价	60
3. 旅程舒适度	—

4. 高速公路过路费	50
5. 自驾车便捷	—
6. 在崇左停车的困难	—
7. 在崇左停车的费用	30

要求：（一）请分别找出自驾和乘坐长途汽车各自的相关成本项目有哪些？

（二）站在财务角度，小明应该选择自驾出行还是乘坐长途汽车更合算？

第六章

企业全面预算管理

【学习目标】

掌握：企业核心业务预算的编制原理；企业销售、生产、存货等核心业务预算编制。

熟悉：企业全面预算的编制模式；企业全面预算控制与考评程序。

了解：企业全面预算的定义、特征、作用和意义。

【关键术语】

全面预算；固定预算；弹性预算；零基预算；滚动预算；概率预算；增量预算；财务预算；资本预算；现金流预算；筹资预算；预算执行；预算控制；预算调整；预算考评

第一节　全面预算管理概述

一、全面预算管理的概念和特征

预算（budget）的观念最早产生于 1215 年英国《大宪章》，之后被广泛应用于政府部门的费用控制。《辞海》将"预算"定义为："经法定审查批准机关、团体和事业单位在一定期间的收支预计。"随着社会生产力水平的进一步发展、社会生产组织形式多样化和市场竞争的日趋激烈，企业为了提高自身的竞争能力和抵御变幻莫测的风险，不断地调整预算管理的职能、作用与范围。到 20 世纪中晚期，大量的企业开始借鉴政府预算的管理，将预算纳入企业的管理之中，出现了全面预算管理这种全新的现代企业管理模式。

（一）全面预算管理的概念

全面预算管理是指将企业制定的发展战略目标层层分解、下达于企业内部各个经济单位，通过一系列的预算、控制、协调、考核等活动建立的一套完整的、科学的数据处理系统。全面预算管理自始至终地将各个经济单位的经营目标同企业的发展战略目标联系起来，对其分工负责的经营活动全过程进行控制和管理，并对其实现的业绩进行考核与评价。

（二）全面预算管理的特征

全面预算管理的核心在于"全面"上，具有全员性、全额性、全程性的特征。

1. 全员性

全员性是指预算过程的全员发动，包括两层含义：一层是指"预算目标"的层层分解；另一层是企业资源在企业各部门之间的一个协调和科学配置的过程。

2. 全额性

全额性是指预算金额的总体性。不仅包括财务预算，还包括业务预算和资本预算。

3. 全程性

全程性是指预算管理流程的全程化，即预算管理不能仅停留在预算指标的下达、预算的编制和汇总上，更重要的是要通过预算的执行和监控、预算的分析和调整、预算的考核与评价，真正发挥预算管理的权威性和对经营活动的指导作用。

二、全面预算管理的基本功能与作用

（一）全面预算管理的基本功能

根据全面预算管理的概念，并结合企业集团的实际特点，全面预算管理具有规划、整合、控制、考评四种职能。

1. 规划职能

对企业未来的预测是通过预算来落实的，通过预算的编制可以使企业规划转变为企业计划。因此，预算的规划职能主要包括两方面的内容：①规划特定期间内企业的目标。②把企业整体目标具体化（如完成时间、工作量、责任划分等）。

2. 整合职能

整合是指将企业下属的各个二级经营单位及其内部各个层级和各员工联合起来，围绕着企业的总体目标而运行。全面预算管理的整合职能主要表现在三个方面：预算目标整合、管理过程整合和员工行为整合。

（1）预算目标整合。首先是通过全面预算管理使企业的各个时期的预算目标相互衔接，具有连贯性，始终以促进企业总体战略目标的实现为大方向；其次是通过全面预算管理使各部门、各二级经营单位的目标相互协调，形成有机整体。

（2）管理过程整合。在对企业进行管理的过程中，由于企业各级单位的职责不同，往往会出现相互冲突现象。尤其是对企业集团这种多级法人组织来说，作为独立法人的各子公司和集团公司之间的冲突有时会非常尖锐。全面预算管理的整合职能是指，全面预算管理可以通过一整套的控制体系协调各级单位的工作，从而有效地解决各种冲突。

（3）员工行为整合。全面预算管理是企业员工行为的航标，它使企业各员工明白如何工作才能达成企业的战略总目标，并通过传递预算信息，引导全体员工为企业的整体活动而努力。

3. 控制职能

全面预算管理的控制职能贯穿于企业生产经营的全过程。预算编制是一种事前控制，通过对企业未来时期生产经营状况的全面评估，有利于管理层对企业资源的利用状况进行整体性安排。预算的执行是一种事中控制，预算是把个体目标以财务数字和非财务数字的形式来表达，成为控制企业生产经营活动过程的依据，保证生产经营活动正常运行。预算的差异分析和考评则是一种事后控制，分析预算数和实际数之间的差异，找到管理中的强项与弱项，总结经验和教训，明确责任归属，采取措施修正预算以加强管理。同时，把这种信息作为制订下一期预算计划的重要资料。

4. 考评职能

预算是评价和考核各管理层次与责任人员工作业绩的依据。预算的考评职能有两个方面的含义：一是对企业经营业绩的整体评价；二是对企业内部各管理部门、各员工的业绩进行评价。

（二）全面预算管理的作用

全面预算管理在履行以上四方面的基本功能的基础上，还能发挥以下五个方面的作用：

1. 有助于现代企业制度的建设

在市场经济条件下，企业出资者、经营者和其他员工之间构成了复杂的经济关系。通过预算制约来有效地规范这三方面的关系，正是体现了现代企业制度的内在要求。在这一管理体系中，体现了公司的决策、执行与监督权的适度分离，股东大会和董事会批准预算实际上是对决策权的行使，管理层实施预算方案是对公司决策的执行，内审机构、审计委员会、监事会等则行使监督权对预算实施进行事中监督和事后分析，这就理顺了决策制定与决策控制的关系。

2. 有助于企业战略管理的实施

通过预算管理，可以统一经营理念，明确奋斗目标，激发管理的动力、增强管理的适应能力，确保企业核心竞争能力的提升。

3. 有助于现代财务管理方式的实现

全面预算把现金流量、利润、投资收益率等指标作为管理的出发点与归宿，强调价值管理和动态控制，为财务管理目标的实现奠定了坚实的基础。同时，实行全面预算管理，将成本控制和财务预算有机地结合起来，由孤立、单项地从企业内部降低费用支出，转向通过市场化的方式和资源共享的方式降低费用支出，树立了成本控制的新理念。此外，健全的预算制度增强了财务管理的透明度，更好地树立了现代财务管理的形象。

4. 有助于强化内部控制和提高管理效率

在企业实施分权管理的条件下，全面预算管理既保证了企业内部目标的一致性，又有助于完善权力规制管理，强化内部控制。全面预算已成为内部控制的重要手段和依据。

5. 有助于企业集团资源的整合

集团公司管理的核心是将各二级经营单位及其内部各个层级、各个单位和每个员工联结起来，围绕着集团公司的总体目标而运作。实行全面预算管理对解决这个难题具有积极意义，可以有效地消除集团公司内部组织机构松散，实现各层级各单位各成员的有机整合。

三、全面预算管理的分类

企业预算可以根据多种标志进行不同的分类：

（一）按预算涉及的内容分类

从预算涉及的内容分类，企业预算包括损益预算、现金流量预算、资本预算和其他预算四个类别。

1. 损益预算

损益预算以公司经营成果为核心，由销售量、销售收入、损益、成本、费用、税项等指标组成，包括销售量预算、产品预算、产品销售收入预算、其他业务预算、投资收益预算、营业外收支预算、利润分配预算、税项预算等。

2. 现金流量预算

现金流量预算以现金收支为基础，包括现金流入量预算、现金流出预算和债权债务预算等。现金流入量预算由主营业务收入、向金融机构贷款、利息收入、投资返利收入、营业外收入、其他收入等组成。现金流出预算由采购支出、直接人工支出、管理费用支出、税金支出、基建工程支出、更新改造支出、科技开发支出、长期投资支出、营业外支出、其他支出等组成。债权债务预算由债权预算（应收账款、应收票据、预付货款）、债务预算（应付账款、预收账款）、融资预算等组成。

3. 资本预算

资本预算反映公司在工程建设、对外投资、福利设施等建设方面的投资性活动。内容包括工程建设、长期投资、更新改造等。

4. 其他预算

其他预算是指在总预算、分预算中未列出的预算项目，主要是指根据公司生产经营活动的需要，而必须单独编制预算的某些重要项目。此类项目的预算在年度预算中单独列出，或由公司指定或委派责任单位会同管理机构对其进行专门的预算管理。

（二）按预算管理的功能分类

因为企业管理可以分为经营和管理两个层次，所以预算可以分为经营预算和管理预算两个层次：经营预算是企业高层次的全面的预算，往往以较为综合的财务指标为主；管理预算是企业较低层次的、具体执行性的预算，往往结合运用财务指标和非财务指标，并且层次越低，非财务指标运用越多。从功能的阶层性来说，管理预算又可分为两种：一种是各部门按要素展开的部门管理预算，部门管理预算由各部门承担公司管理职能部分的成本、费用、现金流量组成；另一种是由标准、进度等构成的现场管理预算，如关于产品质量、施工进度的管理。具体选择哪一层次的预算和采用什么样的预算指标，应根据预算执行单位的特点来具体确定。

（三）按预算是否有期间限制分类

企业预算可以分为期间预算和项目预算：

1. 期间预算

期间预算是以一定时期内的生产经营活动为规划对象的预算，以涉及的时期长短为标准，又可以分为长期预算、中期预算和短期预算。一般来说，涉及较长时期的预算往往是具有战略意义的远景规划，带有方向性，但在数据上较为粗略，正常业务预算和财务预算大多是以一年为期，年内再按季、月细分的短期预算，指标较为具体和确定。

2. 项目预算

项目预算是针对特定问题的将来活动预算，它是不受阶层、时期制约的预算。例如，可否实行合并的预算、新产品开发预算、设备投资预算、研究预算、追加投资预算等，是针对个别问题或项目制定的。企业管理的最上层所决定的预算，差不多都是项目预算。项目预算中，有很长时期才能实现的，也有短期内可以完成的。不过，还要在管理以下阶层具体执行过程中与期间预算（例如年度预算）结合起来。

（四）按预算管理的中心分类

企业预算体系按预算管理的中心不同可分为以销售量为中心、以目标成本为中心、以现金流量为中心和以目标利润为中心构建的不同侧重的预算管理体系。

1. 以销售量为中心的预算体系

以销售量为中心的预算体系能使企业内部的各项生产经营活动围绕市场需求这一中心来组织，使预算较为客观，能较好地发挥计划的作用。但如果过分强调市场需求的客观性，就可能忽略内部潜力的挖掘，加大所有者和管理者之间的利益矛盾。这种模式特别适用于处于发展中的市场、生产能力基本能饱和利用的企业，或者市场变动较为剧烈、产品时效性较强的企业。

该模式的适用范围及其优缺点如下：

（1）适用范围：①以快速成长为目标的企业。企业的目标不是追求一时的利润高低，而是追求市场占有率的提高。②处于市场增长期的企业。这种类型的企业产品逐渐被市场接受，市场占有份额直线上升，产品的生产技术较为成熟。这一时期企业的主要管理工作就是不断开拓新的市场以提高自己的市场占有率，增加企业销售收入，以销售为核心的预算模式能够较好地适应企业管理和市场营销战略的需要。③季节性经营的企业。以销售为核心的预算管理模式还适用于产品生产季节性较强或市场波动较大的企业。由于从特定的会计年度来看，这种企业所面临的市场不确定性较大，其生产经营活动必须根据市场变化灵活调整。所以按特定销售活动所涉及的时期和范围来进行预算管理，就能够适应这种管理上的灵活性需求。

（2）优点：①符合市场需求，实现以销定产；②有利于减少资金沉淀，提高资金使用效率；③有利于不断提高市场占有率，使企业快速成长。

（3）缺点：①可能会造成产品过度开发，不利于企业长远发展；②可能会忽略成本降低，不利于提高企业利润；③可能会出现过度赊销，增加企业坏账损失。

该预算管理模式如图 6-1 所示：

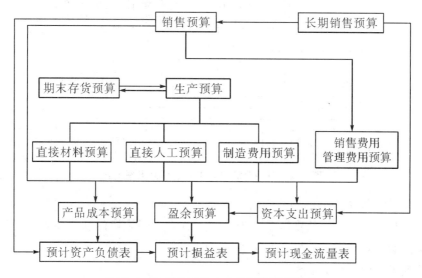

图 6-1　以销售量为中心的预算管理模式

2. 以目标成本为中心的预算体系

以目标成本为中心的预算体系往往适用于产品生命周期较长，并且产品发展已处于成熟期，市场需求较为稳定的企业。这种企业的竞争优势主要来源于较低的成本，因此成本控制是管理的重心。如邯钢的管理模式正适应这种市场特点。

（1）适用范围：①产品处于市场成熟期的企业；②大型企业集团的成本中心。

（2）优点：①有利于促使企业采取降低成本的各种办法，不断降低成本，提高盈利水平；②有利于企业采取低成本扩张战略，扩大市场占有率，提高企业成长速度。

（3）缺点：①可能会只顾降低成本，而忽略新产品开发；②可能会只顾降低成本，而忽略产品质量。

3. 以现金流量为中心的预算体系

以现金流量为中心的预算体系抓住了财务决策、控制和协调的核心问题，通过对现金流量的规划和控制来达到对企业内部各项生产经营活动的控制。这一模式较为适用于业务发展迅速、企业组织处于扩张阶段的企业或者大型企业集团的内部控制。

该模式的适用范围和优缺点如下：

（1）适用范围：①产品处于衰退期的企业。重视现金回流，寻找新投资机会，维持企业长远生存。②财务困难的企业。财务困难，企业现金短缺，需要摆脱财务危机。③重视现金回收的企业。理财稳健，重视现金流量的增加。

（2）优点：①有利于增加现金流入；②有利于控制现金流出；③有利于实现现金收支平衡；④有利于尽快摆脱财务危机。

（3）缺点：①预算中安排的资金投入较少，不利于企业高速发展；②预算思想保守，可能错过企业发展的有利时机。

该预算管理模式如图6-2所示：

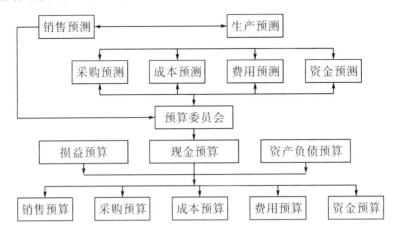

图6-2 以现金流量为中心的预算管理模式

4. 以目标利润为中心的预算体系

以目标利润为中心的预算体系较为强调所有者对经营者的利益要求，一般用于企业较高层次的经营预算。

该模式可以用图6-3表示：

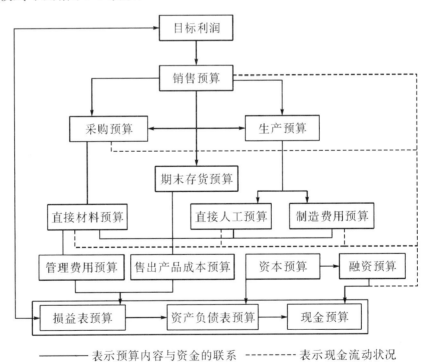

—— 表示预算内容与资金的联系 ---------- 表示现金流动状况

图6-3 以目标利润为中心的预算管理模式

该模式的适用范围及优缺点如下：

（1）适用范围：①以利润最大化为目标的企业；②大型企业集团的利润中心。

（2）优点：①有助于使企业管理方式由直接管理转向间接管理；②明确工作目标，激发员工的积极性；③有利于增强企业集团的综合盈利能力。

（3）缺点：①可能引发短期行为，只顾预算年度利润，忽略企业长远发展；②可能引发冒险行为，使企业只顾追求高额利润，增加企业的财务和经营风险；③可能引发虚假行为，使企业通过一系列手段虚降成本，虚增利润。

对上述不同预算模式的分析可以丰富对于预算体系的认识，并且各种预算模式并不是相互排斥的。大型企业集团可以以一种模式为主，其他为辅，针对不同层次的企业组织特点选择多种模式，形成综合的、全面的、系统的预算管理体系。

四、全面预算管理系统运行的组织机构

（一）设置预算管理委员会

1. 设置预算管理委员会的必要性

（1）预算管理委员会协调、平衡各部门的工作计划，使各部门相互配合。在预算管理模式下，通过设置专门的预算管理机构——预算管理委员会来协调企业内部各部门的关系，能够有效地平衡各部门的工作计划，使各部门相互配合，使目标利润的实现成为可能。

（2）在预算的编制与执行过程中起枢纽中心的作用。各种预算编制与执行过程中的责任归属、权力划分、利益分配，必须由一个枢纽中心——预算管理委员会来进行组织管理，以便发挥预算协调、控制与考评的作用，充分调动各个部门、每个成员的积极主动性。

2. 预算管理委员会的构成及主要职责

（1）预算管理委员会的构成。预算管理委员会一般由企业的董事长或总经理任主任委员，吸纳企业内各相关部门的主管，如主管销售的副总经理、主管生产的副总经理、主管财务的副总经理以及预算管理委员会秘书长等人员参加。对预算管理来说，预算管理委员会是最高管理机构。

（2）预算管理委员会的主要职责。预算管理委员会的主要职责是组织有关人员对目标进行预测，审查、研究、协调各种预算事项。预算管理委员会主持召开的预算会议，是各部门主管参加预算目标的确定、对预算进行调整的主要形式。预算管理委员会的主要职责包括以下几项：

①制订有关预算管理的政策、规定、制度等相关文件；

②组织企业有关部门或聘请有关专家对目标的确定进行预测；

③审议、确定目标，提出预算编制的方针和程序；

④审查各部门编制的预算草案及整体预算方案，并就必要的改善对策提出建议；

⑤在预算编制、执行过程中发现部门间有彼此抵触现象时，予以必要的协调；

⑥将经过审查的预算提交董事会，通过后下达正式预算方案；

⑦接受预算与实际比较的定期预算报告，在予以认真分析、研究的基础上提出改善的建议；

⑧根据需要，就预算的修正加以审议并做出相关决定。

（二）设置预算管理职能部门作为专门办事机构

预算管理组织，除了预算管理委员会之外，还应当设置一个预算管理职能部门作为专门办事机构，以处理与预算相关的日常事务。因预算管理委员会的成员大部分是由企业内部各责任单位的主管兼任，预算草案由各相关部门分别提供，获准付诸执行的预算方案是企业的一个全面性生产经营计划，预算管理委员会在预算会议上所确定的预算案也绝不是各相关部门预算草案的简单汇总，这就需要在确定并提交通过之前对各部门提供的草案进行必要的初步审查、协调与综合平衡。因此，必须设立一个专门机构来具体负责预算的汇总编制，并处理日常事务。同时，在预算执行过程中，可能还有一些潜在的提高经济效益的改善方法，或者出现责任单位为了完成预算目标有时采取一些短期行为的情况，而管理者可能不能及时得到这些信息，这就决定了预算的执行控制、差异分析、业绩考评等环节不能由责任单位或预算管理委员会单独完成，以避免出现部门满意但对企业整体来说不是最优的预算执行结果。因此，必须实行预算责任单位与预算专职部门相互监控的方式，使它们之间具有内在的互相牵制作用。预算专门办事机构应直接隶属于预算管理委员会，以确保预算机制的有效运作。

（三）建立预算管理责任网络

在预算管理模式下，企业的目标需要各职能部门的共同努力才能实现。无论是直线职能制组织机构还是事业部制组织机构，各职能部门在实现企业目标利润过程中所承担的工作，都是通过预算来体现的。也就是说，通过编制预算，企业的目标利润得以分解、落实，明确了各职能部门在实现企业目标利润过程中的具体任务。所以，梳理清楚各职能部门的责任归属，明确界定各职能部门的权力、义务关系，是预算管理模式运行的一个基本前提，也是预算机制顺畅运行的必要条件。通常，企业将预算总目标划分为几个分目标或者称为分预算，并指定相应的下级部门去完成。每个分目标或分预算再根据具体情况划分为更小的子目标或子预算，并指定更下一级的部门去完成。这样，每个部门都被赋予了一定的责任，成为预算管理的不同责任中心，整个企业就形成了一个预算管理的责任网络。

预算管理责任网络是以企业的组织结构为基础，本着高效、经济、权责分明的原则来建立的，臃肿的机构不仅会增加管理成本，降低管理效率，而且影响预算管理应有作用的发挥。预算管理责任网络的建设应遵循以下原则：

（1）责任中心要拥有与企业管理整体目标相协调，与其职能责任相适应的经营决策权。

分权管理的主要表现形式是决策权部门化，即在企业中建立一种具有半自主权的内部组织机构。企业通过向下层层授权，使每一部门都拥有一定的权力和责任。应该说分权管理的主要目的是提高管理效率，而分权与效率的结合点就是企业整体经营管理目标，即在企业整体目标的制约下，高层管理机构把一些日常的经营决策权直接授予负责该经营活动的责任中心。使其能针对具体情况及时做出处理，以避免逐级汇报延误决策时机而造成损失，并充分调动各单位经营管理的积极性和创造性。

（2）责任中心要承担与其经营决策权相适应的经营责任。

在管理理论中，责任与权力可以说是一对孪生兄弟，有什么样的决策权力，就有什么样的经济责任。所以，当一个管理部门被授其经营决策权时，就必须对其决策承担相应的经济责任，这也是对其有效使用权力的一种制约。企业设置每一责任中心，都必须根据授予的经营决策权的范围确定其应承担的经济责任。

（3）责任中心的生产经营业绩能够明确划分和辨认。

责任中心的责任必须具体明确、界定清晰、指标量化。

（4）责任中心要具有明显的层次划分。

企业为了有效地规划和控制自身业务活动，应当将整个企业逐级划分为许多责任中心，以体现责任中心的层次性。每个责任中心有能力规划和控制一部分业务活动，并对它的工作业绩负责。

（四）构建预算管理下的责任中心

确定责任中心是预算管理的一项基础工作。责任中心是企业内部成本、利润、投资的发生单位，这些内部单位被要求完成特定的职责，其责任人被赋予一定的权力，以便对该责任区域进行有效的控制。在一个企业内，一个责任中心可大可小，它可以是一个销售部门、一条专门的生产线、一座仓库、一台机床、一个车间、一个班组、一个人，也可以是分公司、事业部，甚至是整个企业。根据不同责任中心的控制范围和责任对象的特点，可将其分为三种：成本中心、利润中心和投资中心。

1. 成本中心及其职责

成本中心是责任人只对其责任区域内发生的成本负责的一种责任中心。成本中心是成本发生单位，一般没有收入或仅有无规律的少量收入，其责任人可以对成本的发生进行控制，但不能控制收入与投资。因此，成本中心只需对成本负责，无需对利润情况和投资效果承担责任。

2. 利润中心及其职责

利润中心是既能控制成本，又能控制收入的责任单位。因此它不但要对成本和收入负责，也要对收入与成本的差额即利润负责。利润中心属于企业中的较高层次，同时具有生产和销售的职能，有独立的、经常性的收入来源，可以决定生产什么产品、生产多少、生产资源在不同产品之间如何分配，也可以决定产品销售价格、制定销售政策，它与成本中心相比具有更大的自主经营权。

3. 投资中心及其职责

投资中心是指不仅能控制成本和收入，而且能控制占用资产的单位或部门。也就是说，在预算管理中，该责任中心不仅要对成本、收入、预算负责，而且还必须对其与目标投资利润率或资产利润率相关的资本预算负责，只有具备经营决策权和投资决策权的独立经营单位才能成为投资中心。

4. 责任中心之间的联系

（1）转移定价是责任中心之间联系的纽带。

分散经营的组织单位（各个责任中心）之间相互提供产品或劳务时，需要制定一个内部转移价格。制定转移价格的目的有两个：一是防止成本转移带来的部门间责任转嫁，使每个利润中心都能作为单独的组织单位进行部门业绩评价；二是运用价格引导各责任中心在经营中采取与企业整体目标一致的决策。转移价格对于提供产品劳务的生产部门来说表示收入，对于使用这些产品或劳务的购买部门来说则表示成本。因此，转移价格影响这两个部门的获利水平，部门经理非常关心转移价格的制定。转移价格的确定一般有以下三种方法：

①以成本为依据制定转移价格。以成本为依据制定转移价格即根据转移产品的变动成本或全部成本来确定转移价格。这种方法简单明了、方便易行，但掩盖了除产品最终对外销售部门以外的其他内部转移单位付出的劳动，不能分清责任，甚至导致各部门在生产经营决策中做出有损企业整体利益的不明智决定。

②以市场价格作为转移价格。企业的利润中心、投资中心如果具有较大的经营自主权，可以用市场价格或一定时期的市场平均价格作为转移价格。这样，企业内部各单位犹如市场上的独立企业，相互之间公平买卖。

③协商定价。协商定价主要用于产品没有现成的市场价格，或者市场上有多种价格的情况。在有确定的市场价格可供参考时，由于产品内销可节省一定的费用，买卖双方可以通过协商采用略低于市场价格的转移价格，节约下来的费用按协商比例在双方之间分配。

（2）不同的预算管理责任中心在企业中处于不同的地位。

投资中心处于最高层次，就利润和投资向企业最高层领导负责，下辖若干利润中心或成本中心；利润中心就利润向投资中心负责，下辖若干成本中心；成本中心就其责任向上级利润中心或投资中心负责，下辖若干下级成本中心，成本中心属于企业中最基础的层次。高层次责任预算统驭着低层次的责任预算，低层次责任预算又支撑着高层次的责任预算，不同层次的责任预算以责任网络的方式系统地规范了企业各个部门、各个环节和全体人员的目标责任。这样，整个企业就形成了一个预算管理责任网络。

五、全面预算管理的制度体系

全面预算管理的制度体系包括预算组织制度、预算指标体系、预算编制程序与方法体系、预算监控与调整制度、预算报告制度、预算考评制度六个方面。

（一）预算组织制度

预算组织制度是与一个公司治理结构、管理体制相关的，致力于明确、规范公司股东大会、董事会、预算委员会、经理层，包括母子公司、各职能部门，在预算工作组织、指标管理的权限、责任、程序的体系。

（二）预算指标体系

预算指标体系是关于公司预算内容的体系。该内容体系与公司管理、经营责任相关：既有总公司预算，也有分、子公司预算；既有投资中心预算，也有利润中心预算、成本中心预算和费用中心预算。

（三）预算编制程序与方法体系

预算编制程序与方法体系和预算编制相关，致力于提高公司预算编制工作效率，规范编制工作标准，减少预算指标形成的随意性，探讨设计固定预算、滚动预算、零基预算、弹性预算等方法在公司的运用。

（四）预算监控与调整制度

预算监控与调整制度与预算实施相关，包括公司重大事项分项决策、签署权限一览表，旨在明确、规范股东大会、董事会、高层经理、部门经理、各分公司等在投资、融资、担保、合同、费用开支、资产购置等方面预算权限划分。公司预算在实施中调整决策制度。预算调整是预算管理中的正常现象，但是预算调整与预算指标的确立分解一样是很严肃的环节，必须规范，建立严格的预算调整审批制度和程序。

（五）预算报告制度

预算报告制度与责任会计相关，致力于建立反映预算执行情况的责任会计体系，包括账簿、报表、流程和报告规范。报告规范中又包括预算报告的内容格式、时间安排和程序。

（六）预算考评制度

预算考评制度是致力于解决目前总公司在业绩考核上与预算脱节的问题，涉及预算的考评指标、方法。考评结果作为奖惩依据与薪酬计划衔接，常见的考评指标如投资中心的考核指标、利润中心的考评指标、成本中心的考评指标和费用中心的考评指标。

第二节　全面预算的编制方法

科学的预算编制方法是保证企业全面预算正确的前提之一，编制预算的方法有很多，本书主要介绍固定预算法和弹性预算法、增量预算法和零基预算法、定期预算法和滚动预算法、项目预算法和作业基础预算法八种全面预算编制的方法。

一、固定预算法和弹性预算法

按编制时业务量基础的数量特征不同，编制财务预算的方法可分为固定预算和弹性预算两大类。如果编制的基础是某一个固定的业务量，所编制的预算就是固定预算；如果预算编制的基础是一系列可以预见的业务量，那么，所编制的预算就是弹性预算。

（一）固定预算法

固定预算法又称静态预算法，是指根据预算期内正常的可能实现的某一业务活动水平而编制的预算，是编制预算最基本的方法。固定预算的基本特征是：不考虑预算期内业务活动水平可能发生的变动，而只按照预算期内计划预定的某一共同的活动水平为基础确定相应的数据；将实际结果与按预算期内计划预定的某一共同的活动水平所确定的预算数进行比较分析，并据以进行行业业绩评价、考核。固定预算法适宜财务经济活动比较稳定的企业和非营利性组织。企业制订销售计划、成本计划和利润计划等，都可使用固定预算法制订计划草案。

固定预算具有如下优点：计划期内所涉及的各项预算指标都是固定数据，它们具有相对固定性，在计划期内一般不予修改或更正。但是，固定预算也具有如下缺陷：

（1）预算机械化，不具有环境适应性。不论预算期内实际的业务量水平是否发生变动，都只按照预先确定的业务量水平作为编制的基础，但是，日后预算执行过程中的实际的业务量可能会和预算发生偏差。

（2）缺乏可比性。上述情况的存在，通常会导致各项指标的实际数据与预算数据失去可比性，因此，按照固定预算方法编制的预算不利于正确地控制、考核和评价预算执行情况。例如，某企业预计销售 200 000 件产品，按此业务量给销售部门的预算费用为 30 000 元。如果该销售部门当期产品的实际销售量为 280 000 件，超出预算业务量，但固定预算下的费用预算仍是 30 000 元。

（二）弹性预算法

弹性预算法又称动态预算法，是在固定预算法的基础上发展起来的一种预算方法。它是根据计划期或预算期可预见的多种不同业务量水平，分别编制其相应的预算，以反映在不同业务量水平下所应发生的费用和收入水平。根据弹性预算随业务量的变动而做相应调整，考虑了计划期内业务量可能发生的多种变化，故又称变动预算。从理论上看，弹性预算法适用于编制全面预算中所有与业务量有关的预算，但在实务中主要用于编制成本费用预算和利润预算，特别是成本费用预算。

编制弹性预算首先应根据企业的具体情况，选择适当的业务量范围和业务量计量单位。例如，以手工操作为主的车间，可以选用人工工时；生产单一产品的部门，可以选用产品数量；修理部门，可以选用直接修理工时。弹性预算法所采用的业务量范围，要保证实际业务量不至于超出相关业务量范围。一般来说，可定在正常生产能力的 70%~120%，或以历史上最高业务量及最低业务量为其上下限。弹性预算法编制预算的准确性在很大程度上取决于成本性态分析的可靠性。

弹性预算考虑了预算期可能出现的不同业务量水平，更贴近企业的生产经营实际情况，但预算编制工作量大，其合理性会受到市场及其变动趋势预测准确性、预算项目与业务量之间依存关系等的判断水平的影响。

弹性预算的表达方式主要有公式法和列表法。

1. 公式法

公式法是运用成本性态模型，测算预算期的成本费用数额，并编制弹性预算的方法。利用公式"总成本=固定成本+单位变动成本×业务量"来近似表示预算数，所以只要在预算中列示固定成本和单位变动成本，便可利用公式计算任意业务量的预算成本。

【例6-1】某公司按公式法编制制造费用弹性预算。制造费用的费用项目及费用标准如表6-1所示。

表6-1　制造费用弹性预算（公式法）　　　　　　　　单位：元

费用项目	7 000~12 000 人工工时	
	固定费用 a	变动费用 b
管理人员工资	16 000	
设备租金	12 000	
保险费	8 000	
维修费	4 000	0.45
辅助材料	2 000	0.30
辅助工人工资		0.75
检验员工资		0.60
合计	42 000	2.10

根据表6-1，可利用制造费用的费用模型 $y = 42\ 000 + 2.1x$，计算出人工工时在 7 000~12 000 任一业务量基础上的制造费用预算总额。也可以计算出该人工工时变动范围内任一业务量的制造费用中某一费用项目的预算额，如维修费 $y = 4\ 000 + 0.45x$，辅助工人工资 $y = 0.75x$ 等。

当人工工时 = 7 000 工时，制造费用总额 = 42 000 + 2.1×7 000 = 56 700（元），其中：

维修费 = 4 000 + 0.45×7 000 = 7 150（元）

辅助工人工资 = 0.75×7 000 = 5 250（元）

公式法的优点是便于在一定范围内计算任何业务量的预算成本，可比性和适应性强，编制预算的工作量相对较小。但是对费用项目的成本分解工作量会比较大，对阶梯成本和曲线成本只能用数学方法修正为直线后才能应用公式法。必要时，还需要在"备注"中说明不同的业务量范围内应采用不同的固定成本金额和单位变动成本金额。如果实际业务量超出适用的业务量范围，要及时修正、更新弹性定额，或改用列表法编制预算。

2. 列表法

列表法是在确定的业务量范围内，划分若干个不同的水平，然后分别计算各项预算成本，汇总列入一个预算表格。在应用列表法时，业务量之间的间隔应根据实际情况确定。间隔较大，水平级别就少一些，可简化编制工作，但太大了就会失去弹性预算的优点；间隔较小，用以控制成本较为准确，但会增加编制的工作量。

列表法的优点是：不管实际业务量是多少，不必经过计算即可找到与业务量相近的预算成本，用以控制成本较为方便；混合成本中的阶梯成本和曲线成本，可按其形态计算填列，不必用数学方法修正为近似的直线成本。但是，运用列表法评价和考核实际成本时，往往需要使用插补法来计算实际业务量的预算成本。

【例6-2】接上例，采用列表法编制制造费用弹性预算，如表6-2所示。

表 6-2 制造费用弹性预算（列表法）

直接人工小时/时	7 000	8 000	9 000	10 000	11 000	12 000
生产能力利用/%	70	80	90	100	110	120
1. 变动成本项目：	9 450	10 800	12 150	13 500	14 850	16 200
辅助工人工资/元	5 250	6 000	6 750	7 500	8 250	9 000
检验员工资/元	4 200	4 800	5 400	6 000	6 600	7 200
2. 混合成本项目：	11 250	1 2000	12 750	13 500	14 250	15 000
维修费/元	7 150	7 600	8 050	8 500	8 950	9 400
辅助材料/元	4 100	4 400	4 700	5 000	5 300	5 600
3. 固定成本项目：	36 000	36 000	36 000	36 000	36 000	36 000
管理人员工资/元	16 000	16 000	16 000	16 000	16 000	16 000
设备租金/元	12 000	12 000	12 000	12 000	12 000	12 000
保险费/元	8 000	8 000	8 000	8 000	8 000	8 000
制造费用预算/元	56 700	58 800	60 900	63 000	65 100	67 200

表 6-2 中，分别列示了六种业务量水平的成本预算数据（可以根据企业实际和需要按更多的业务量水平来列示）。无论实际业务量到达哪一种水平，都可以找到适用的一套成本数据来发挥控制作用。表 6-2 的业务量间距为 10%，实际工作中可以选择更小的间距。业务量的间距越小，实际业务量水平出现在预算表中的可能性就越大，但工作量也越大。列表法的优点是可以直接从表中找到与业务量相近的预算成本，便于预算的控制和考核，但这种方法工作量较大，且不能包括所有业务量条件下的费用预算。

二、增量预算法和零基预算法

编制成本费用预算的方法按其是否以基期水平为基础，分为增量预算和零基预算两种。

（一）增量预算法

增量预算法又称调整预算法，是指在基期预算实际执行情况的基础上，分析预算期的业务量水平及相关影响因素的变动情况，通过调整基期有关项目及金额形成预算的预算编制方法。

增量预算法以过去的费用发生水平为基础，认为不需要在预算内容上进行大幅的调整，它的编制是基于以下假定前提：①企业现有的业务活动是合理的，不需要进行调整；②企业现有的各项业务的收支是合理的、必需的，在预算期予以保持；③预算期内根据业务量变动增加或减少预算指标是合理的。

这种方法主要适用于经营活动变动比较大的企业或是与收入呈正比例变动的成本费用。如在计划期由于某些采购项目的实现而应相应增加的支出项目，预算单位计划在预算年度采购或拍卖小汽车，从而引起的相关小车维修费、保险费等采购项目支出预算的增减。其优点是预算编制方法简便、容易操作。缺点是以前期预算的实际执行结果为基础，不可避免地受到既成事实的影响，易使预算中的某些不合理因素得以长期沿袭，因而有一定的局限性。同时，也容易使基层预算单位养成资金使用上"等、靠、要"的思维习惯，滋长预算分配中的平均主义和简单化，不利于调动各部门增收节支的积极性。

【例6-3】A公司20×9年预计产品销售收入为1 100万元，比20×8年增长10%，20×8年的销售费用为130万元，具体费用构成见表6-3。要求：采用增量预算法编制20×9年的销售费用预算。

销售费用预算编制的基本程序和方法如下：

第一步，将销售费用的明细项目区分为固定费用和变动费用。

第二步，在一定范围内，折旧费、销售管理人员工资等项目一般为固定费用，不会因产品的销售收入的增减而增减，采用固定预算法确定预算指标。变动费用项目按增量预算法增加预算数额，增减比例在预算编制大纲中有明确规定，本题中与销售收入保持相同的增长比率。

第三步，汇总各明细费用指标，确定销售费用的预算总额。

编制销售费用增量预算见表6-3。

表6-3 销售费用增量预算

项目	20×8年实际发生额/万元	增减比率/%	增减数额/万元	20×9年实际发生额/万元
一、固定费用				
销售管理人员工资	6	0	0	6
固定资产折旧费	6	0	0	6
租赁费	14	0	0	14
其他	4	0	0	4
固定费用小计	30	0	0	30
二、变动费用				
销售人员工资	20	10	2	22
差旅费、会务费	10	10	1	11
广告宣传费	30	10	3	33
运输费	20	10	2	22
业务招待费	10	10	1	11
其他	10	10	1	11
变动费用小计	100	10	10	110
合计	130			140

（二）零基预算法

零基预算法是指在编制预算时，对于所有的预算支出都以零为起点，按照预算期内应该达到的经营目标和工作内容，重新考虑每项预算支出的必要性及其规模，从而确定当期预算的方法。零基预算法的编制程序包括以下三个步骤：

（1）单位内部各有关部门根据单位的总体目标，对每项业务说明其性质和目的，详细列出各项业务所需要的开支和费用；

（2）对每个费用开支项目进行成本效益分析，将其所得与所费进行对比，说明某种费用开支后将会给企业带来什么影响；然后把各个费用开支项目在权衡轻重缓急的基础上，分成若干层次，排出先后顺序；

（3）按照第二步所确定的层次顺序，对预算期内可动用的资金进行分配，落实预算。

现以【例6-4】说明零基预算的具体编制方法。

【例6-4】甲公司采用零基预算法编制下年度的营业费用预算，有关资料及预算编制的基本程序如下：

（1）该公司销售部门根据下一年企业的总体目标及本部门的具体任务，经认真分析确认该部门在预算期内将发生如下费用：工资10万元、差旅费5万元、办公费3万元、广告费13万元、培训费2万元。

（2）讨论后认为，工资、差旅费和办公费均为预算期内该部门最低费用支出，应全额保证，广告费和培训费则根据企业的财务状况相应增减。另外，对广告费和培训费进行成本-效益分析后得知：1元广告费可以带来20元利润，而1元培训费只可带来10元利润。

（3）假定该公司计划在下年度营业费用支出30万元，其资金的分配应当是：

首先，全额保证工资、差旅费和办公费开支的需要，即：

$$10+5+3=18（万元）$$

其次，将尚可分配的12万元资金（30-18）按成本收益率的比例分配给广告费和培训费。

$$广告费资金 = 12 \times \frac{20}{20+10} = 8（万元）$$

$$培训费资金 = 12 \times \frac{10}{20+10} = 4（万元）$$

零基预算法作为一种预算控制思想，核心是要求预算编制人员不要盲目地接受过去的预算支出的结构和规模，所有项目都应按变化后的实际情况进行分析、测算。该方法的优点是：既能压缩费用支出，又能将有限的资金用在最需要的地方；不受前期预算的影响，能促进各部门精打细算、合理使用资金。但这种预算方法对一切支出均以零为起点进行分析，因此编制预算的工作相当繁重。

三、定期预算法和滚动预算法

按照预算期是否连续，编制预算方法可分为定期预算和滚动预算两种。

（一）定期预算法

定期预算法是指在编制预算时以不变的会计期间（如日历年度）作为预算期的一种编制预算的方法。

定期预算法的优点是能够使预算期间与会计年度相配合，便于考核和评价预算的执行结果。然而，按照定期预算方法编制预算存在以下缺点：

（1）缺乏远期指导性。由于定期预算往往是在预算年度开始前2~3个月编制的，大型企业则需要提前3~5个月。预算编制部门对于整个预算年度的生产经营活动很难做出准确的把握，尤其是对预算后期的预算只能进行笼统的估算，数据笼统含糊，缺乏远期指导性，给预算的执行带来很多困难，不利于对生产经营活动的考核和评价。

（2）灵活性差。由于定期预算不能根据情况变化及时调整，当预算中所规划的各种经营活动在预算期内发生重大变化时，就会出现预算滞后过时，阻碍预算的指导功能，甚至失去作用，成为虚假预算。

（3）连续性差。由于受预算期间的限制，致使经营管理者的决策视野局限于本期规划的经营活动，不能适应连续不断的生产经营过程，从而不利于企业的长远发展。

（二）滚动预算法

定期预算法的特点是：随着时间的推移和预算的实施，所剩预算时间将越来越短。这类预算通常有以下不足：第一，由于预算的时间长，在其执行过程中可能出现意外事件，致使现有预算不能完全适应单位未来的业务活动；第二，所剩预算期逐渐变短，会促使管理人员只考虑未来较短期内的业务活动，缺乏长远打算。为弥补这些不足，可以采用滚动预算法。

滚动预算法又称连续预算法或永续预算法，是在定期预算的基础上发展起来的一种预算方法。它是指随着时间推移和预算的执行，其预算时间不断延伸，预算内容不断补充，整个预算期间处于逐期向后、永续滚动状态的一种预算编制方法。

滚动预算法按照"近细远粗"的编制原则，将预算期划分为不同的期限（一个月和一个季度），对较近的预算制订较细致的预算，而对较远的期限则只确定一个大致的预算额，每过一年、一个季度或一个月，便及时补充一年、一个季度或一个月的预算，永续向前滚动。滚动预算编制方式的基本原理是使预算期永远保持12个月，每过1个月，立即在期末增列一个月的预算，逐期往后滚动。因而在任何一个时期都使预算保持12个月的时间跨度，故亦称"连续编制方式"或"永续编制方式"。这种预算能使单位各级管理人员对未来永远保持12个月工作内容的考虑和规划，从而保证单位的经营管理工作能够稳定而有序地进行。可以按月或季度滚动，按季度滚动预算如图6-4所示。

20×8 年预算（一）			
第一季度	第二季度	第三季度	第四季度

⇓

20×8 年第一季度过去后，则预算变为：

20×8 年预算（二）			20×9 年
第二季度	第三季度	第四季度	第一季度

⇓

20×8 年第二季度过去后，则预算变为：

20×8 年预算（三）		20×9 年	
第三季度	第四季度	第一季度	第二季度

⇓

20×8 年第三季度过去后，则预算变为：

20×8 年预算（四）	20×9 年		
第四季度	第一季度	第二季度	第三季度

图 6-4　滚动预算（按季节滚动）

　　滚动编制方式还采用了长计划、短安排的方法。即在基期编制预算时，先将年度分季，并将其中第一个季度按月划分，建立各自的明细预算数字，以便监督预算的执行；至于其他三季的预算可以粗一点，只列各季总数，到第一季度结束前，再将第二季度的预算按月细分；第三、第四季度以及增列的下一个年度的第一季度，只需列出各季总数，依次类推。如图 6-5 所示。这种方式的预算有利于管理人员对预算资料作经常性的分析研究，并能根据当前预算的执行情况加以修改、完善下期预算，这些都是传统的定期预算编制方式所不具备的。

四、项目预算法和作业基础预算法

　　按照预算期涉及对象不同，编制预算方法可分为项目预算和作业基础预算两种。

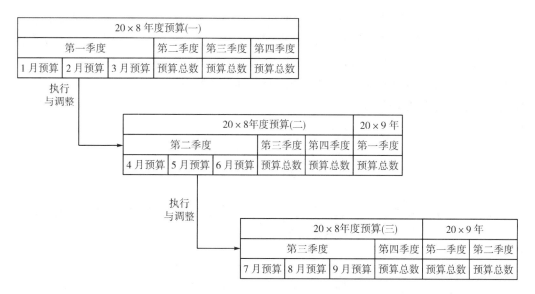

图 6-5　滚动预算（混合滚动）

（一）项目预算法

在轮船、飞机、公路等从事工程建设，以及一些提供长期服务的企业中，需要编制项目预算。项目预算的时间框架就是项目的期限，跨年度的项目应按年度分解编制预算。在项目预算中，间接费用比较简化，因为企业仅将一部分固定和变动间接费用分配到项目中，剩余的间接费用不在项目中考虑。

项目预算的优点在于它能够包含所有与项目有关的成本，容易度量单个项目的收入、费用和利润。无论项目规模的大小，项目预算都能很好地发挥作用，项目管理软件辅助项目预算的编制与跟踪。企业在编制项目预算时，将过去相似项目的成功预算作为标杆，通过对计划年度可能发生的一些重要事件进行深入分析，能够大大提高本年度项目预算的科学性和合理性。

（二）作业基础预算法

与传统的预算编制按职能部门确定预算编制单位不同，作业基础预算法关注作业（特别是增值作业）并按作业成本来确定预算编制单位。作业基础预算法更有利于企业加强团队合作、协同作业，提升客户满意度。

作业基础预算法的支持者认为，传统成本会计仅使用数量动因，将成本度量过度简化为整个流程或部门的人工工时、机时、产出数量等指标，模糊了成本与产出之间的关系。作业基础预算法通过使用类似"调试次数"的作业成本动因，更好地描述出资源耗费与产出之间的关系。只有当基于数量的成本动因是最合适的成本度量单位时，作业基础预算法才会采用数量动因来确定成本。

作业基础预算法的主要优点是它可以更准确地确定成本，尤其是在追踪多个部门或多个产品的成本时。因此，作业基础预算法适用于产品数量、部门数量以及诸如设备调试等方面比较复杂的企业。

上述预算编制方法是在预算管理发展过程中形成的几种比较常用的方法，各有优缺点，在具体应用时，各单位没必要强调方法的一致性，应结合使用。同一个预算方案可根据具体内容的不同，选取不同的方法；同样，一种方法也可适用于不同的预算。各编制单位应根据不同预算内容的特点和要求，因地制宜地选用不同的预算编制方法，保证整体预算方案的最优化。

第三节　核心业务预算的编制

预算的编制过程既是目标细化和责任具体落实的过程，又是资源的配置过程，这些均应在所编制预算的内容和形式上反映出来。

一、业务预算

（一）销售预算

销售预算左右整个企业的所有业务，并且是其他预算编制的基础。企业只有明确了预算期内所要销售的产品数量才能确定产量。产量确定之后，原材料的采购量、需要雇佣的职员数以及所需的制造费用才能随之确定。预计的销售和管理费用也在一定程度上取决于期望销售量。所以，企业生产经营全面预算大多数情况下是以销售预算作为编制起点。生产、材料采购、成本、费用等方面的预算都要以销售预算为基础，准确的销售预算能够增强预算作为规划控制工具的作用。准确的销售预算应建立在销售预测的基础上，就此而言，销售预测又是编制销售预算的起点。在销售预测中应考虑的影响因素有：①现在的销售水平和过去几年的销售趋势；②经济和行业的一般状况；③竞争对手的行动和经营计划；④定价政策；⑤信用政策；⑥广告和促销活动；⑦未交货的订单。

销售预测方法最主要的两种方法是趋势分析法和计量经济学模型法。趋势分析法可以是简单的分布图目测法，也可以是复杂的时间序列模型。趋势分析法的优点在于它只使用历史数据，这些数据都可以在公司记录中找到。但是，需要根据可能偏离趋势的未来事项调整预测结果。计量经济学模型如回归分析和时间序列分析利用历史数据和其他影响销售的信息进行销售预测。计量经济学模型法预测的优点在于其结果客观、可证实且计量可靠。近年来，由于计算机的普及，计量经济学模型法的使用越来越普遍。当然，比起只使用经验判断或模型分析的做法，将二者结合起来会得到更好的预测结果。

销售预算则是在战略规划的指导下，结合整体市场情况，客观详细地分析企业外部和内部环境的优、劣势，制定总体市场份额目标，研究竞争策略，确定下一年度所用资源和优先行动，形成以满足市场需求、取得竞争优势为导向的市场开拓、目标客户开发计划，同时参考对各种产品历史销售量的分析，结合市场预测中各种产品发展前景等资料，按产品、地区、客户或其他项目形成下一年度销售预算。销售预算应列示预期销售价格下的预期销售量、销售收入额及由此导致的现金流入状况，并将相关预算责任落实到具体责任人。

【例6-5】甲公司生产一种产品，销售单价为100元，预算年度内四个季度产品的销售量分别为100件、150件、200件和180件。假设当季销售价款的60%于当季收回，余款于下季度收回，增值税税率为13%，预计第一季度可收回上年第四季度的应收账款12 000元。则该公司销售预算及预计现金收入预算如表6-4所示。

表6-4　甲公司销售预算及预计现金收入预算

20×9年　　　　　　　　　　　　　金额单位：元

季度	一季度	二季度	三季度	四季度	全年合计
预计销售量	100	150	200	180	630
销售单价	100	100	100	100	100
预计销售收入	10 000	15 000	20 000	18 000	63 000
预计增值税销项税额	1 300	1 950	2 600	2 340	10 710
预计含税收入	11 300	16 950	22 600	20 340	73 710
预计现金收入					
期初应收账款	12 000				12 000
第一季度	6 780	4 520			11 300
第二季度		10 170	6 780		16 950
第三季度			13 560	9 040	22 600
第四季度				12 204	12 204
预计现金收入小计	18 780	14 690	20 340	21 244	75 054

根据表6-4数据可以计算出甲公司年末应收账款的余额：

年末应收账款余额＝20 340×40%＝8 136（元）

（二）生产预算

生产预算通常依据销售预算进行编制。生产预算就是根据销售目标和预计预算期末的存货量决定生产量，并安排完成该生产量所需资源的取得和整合的整套规划。生产量取决于销售预算、期末产成品的预计余额以及期初产成品的存货量。确定预计生产量的公式如下：

预计生产量＝预计销售量＋预计期末产成品存货－预计期初产成品存货

影响生产预算的其他因素还有：企业关于稳定生产和为降低产成品存货而实施的灵活生产方面的态度；生产设备的状况；原材料及人工等生产资料的可得性；生产数量和质量方面的经验，等等。

编制生产预算时还应注意：年度预算的数据通常都是年内各季度数据的合计数，季度预算的数据通常是季度内各月份数据的合计数，但年末或季末的产成品存货数量就是年末或季末当月份的预计期末存货量，而不是各期期末存货量的合计数。期初存货量亦是如此。也就是说，期初、期末数是年度或季度内特定时点的数额而不是整个期间的数额。

【例6-6】承【例6-5】，假定上一季度的期末存货量为下一季度销售量的10%，预算年度年初、年末存量分别为10件和20件，那么该公司生产预算表格可如表6-5所示。

表6-5　甲公司生产预算

20×9年　　　　　　　　　　　　　　　　　　　　　　　单位：件

季度	一季度	二季度	三季度	四季度	全年合计
预计销售量	100	150	200	180	630
加：预计期末存货	15	20	18	20	20
减：预计期初存货	10	15	20	18	10
预计生产量	105	155	198	182	640

（三）直接材料使用和采购预算

生产预算是编制直接材料使用和采购预算的基础。直接材料使用预算应显示生产所需的直接材料及其预算成本。在此基础上，企业据以进一步编制直接材料采购预算。企业编制直接材料采购是为了保证有足够的直接材料来满足生产需求并在期末留有预定的存货。

直接材料采购预算中的预计采购原材料存货的情况，要根据企业的生产组织特点、材料采购的方法和渠道进行统一的规划，其目的是在保证生产均衡有序进行的同时，避免因直接材料存货不足或过多而影响资金运用效率和生产效率。材料采购预算还取决于该生产活动的公司政策，如是采用即时采购系统还是储备一些主要材料，以及公司对原材料质量的经验判断和供应商的可靠性等。预计直接材料采购量可按照下列计算公式计算：

预计直接材料采购量 = 生产需要量 + 预计期末库存量 − 预计期初库存量

注意，直接材料采购预算不仅应确定适度的预计采购量，而且也应提供预计直接材料采购的预算成本，从而据以确定企业材料采购所需的资金数额。

【例6-7】假设甲公司所生产的产品只需要一种原材料，单位产品材料用量为4千克，每件材料采购单价为5元/千克，每季度末的材料存量为下季度生产用量的20%，估计预算年度期初存货量120千克，期末材料存货量150千克。假定每季度采购金额中有60%需要当即支付现金，其余40%到下季度支付，预算年度第一季度应付上年度第四季度应付材料款为2 500元，增值税税率13%。甲公司采购预算的具体情况如表6-6所示。

表6-6　甲公司材料采购预算

20×9年度　　　　　　　　　　　　　　　　　　　　金额单位：元

季度	一季度	二季度	三季度	四季度	全年合计
预计生产量/件	105	155	198	182	640
单位产品材料耗用量/千克·件$^{-1}$	4	4	4	4	4
生产需用量/千克	420	620	792	728	2 560

表6-6（续）

季度	一季度	二季度	三季度	四季度	全年合计
加：预计期末库存量/千克	124	158.40	145.6	150	150
减：预计期初库存量/千克	120	124	158.4	145.6	120
预计采购量/千克	424	654.40	779.2	732.4	2 590
材料预计采购单价/元·千克$^{-1}$	5	5	5	5	5
预计采购成本	2 120	3 272	3 896	3 662	12 950
增值税进行税额	275.60	425.36	506.48	476.06	1 683.50
预计采购金额合计	2 395.60	3 697.36	4 402.48	4 138.06	14 633.50
预计现金支出：					
上年应付账款	2 500.00				2 500.00
第一季度	1 437.36	958.24			2 395.60
第二季度		2 218.42	1 478.94		3 697.36
第三季度			2 641.49	1 760.99	4 402.48
第四季度				2 482.84	2 482.84
预计现金支出合计	3 937.36	3 176.66	4 120.43	4 243.83	15 478.28

根据表6-6数据可以计算出甲公司年末应付账款的余额：

年末应收账款余额=4 138.06×40%＝1 655.22（元）

流通业企业不需做生产预算，而是用商品采购预算来代替生产企业的生产预算。商品采购预算应列示预算期内所需购买的商品数额。商品采购预算的基本形式融合了生产预算和直接材料采购预算：其预计采购数量的确定类似于生产预算中的预计产量确定方式，其采购数额及其所需资金量则与应接材料采购预算相同。

（四）直接人工预算

与直接材料预算相同、直接人工预算的编制也要以生产预算为基础进行。直接人工预算采用的基本计算公式为：

预计所需用的直接人工总工时＝预计产量×单位产品直接人工小时

【例6-8】甲公司单位产品工时定额为5时/件，单位工时工资率为8元/时。甲公司直接人工预算的具体情况如表6-7所示。

表6-7 甲公司直接人工预算

20×9年

项目	一季度	二季度	三季度	四季度	全年合计
预计生产量/件	105	155	198	182	640
单位产品工时/时·件$^{-1}$	5	5	5	5	5

表6-7(续)

项目	一季度	二季度	三季度	四季度	全年合计
人工总工时/时	525	775	990	910	3 200
单位工时工资率/元·时$^{-1}$	8	8	8	8	8
人工总成本/元	4 200	6 200	7 920	7 280	25 600

不稳定的用工制度会降低雇员对企业的忠诚,增加他们的不安全感,进而导致效率低下。因此,许多企业都有稳定的劳动合同作保障,以防止工人被随意解雇。直接人工预算可以使企业人事部门安排好人员,以防出现突然解雇或人工短缺情况,并降低解聘人数。根据直接人工预算,企业可以判断何时能够重新安排生产活动或给闲置的工人分配其他临时工作。许多采用新生产技术的企业可以用直接人工预算来计划维护、修理安装、检测、学习使用新设备及其他活动。直接人工预算通常包括对生产所需的各类人员的安排。

(五)制造费用预算

制造费用预算是一种能反映直接人工预算和直接材料使用和采购预算以外的所有产品成本的预算计划。为编制预算,制造费用通常可按其成本性态分为变动性制造费用、固定性制造费用和混合性制造费用三部分。固定性制造费用可在上年的基础上根据预期变动加以适当修正进行预计;变动性制造费用根据预计生产量乘以单位产品预定分配率进行预计;混合性制造费用则可利用公式 $Y=a+bX$ 进行预计(其中 a 表示固定部分,b 表示随产量变动部分,可根据统计资料分析而得)。通常步骤都是先分析上一年度有关报表,制定总体成本目标(通常是营业收入的百分比),再根据下一年度的销售预测和成本目标,制定各项运营成本,汇总具体市场举措所需的额外成本。

为了全面反映企业资金收支,在制造费用预算中,通常包括费用方面预期的现金支出。预计需用现金支付的制造费用时,常用的计算公式为:

预计需用现金支付的制造费用=预计制造费用-折旧等非付现成本

【例6-9】甲公司20×9年度固定制造费用、变动制造费用的构成及费用标准见表6-8,折旧等非付现成本预计为400元。甲公司直接人工预算的具体情况如表6-8所示。

表6-8　甲公司制造费用预算

20×9年　　　　　　　　　　　　　　　　　　　　　　金额单位:元

季度	一季度	二季度	三季度	四季度	合计
变动制造费用:					
间接人工/1元·件	105	155	198	182	640
间接材料/1元·件	105	155	198	182	640
维修费/2元·件	210	310	396	364	1 280
水电费/1元·件	105	155	198	182	640
小计	525	775	990	910	3 200

表6-8(续)

季度	一季度	二季度	三季度	四季度	合计
固定制造费用:					
管理人员工资	1 000	1 000	1 000	1 000	4 000
折旧费	400	400	400	400	1 600
办公费	250	150	180	320	900
保险费	200	350	450	500	1 500
小计	1 850	1 900	2 030	2 220	8 000
合计	2 375	2 675	3 020	3 130	11 200
减: 折旧	400	400	400	400	1 600
现金支出	1 975	2 275	2 620	2 730	9 600

(六) 期末产成品存货预算

期末产成品存货预算有两项基本目的, 一是为编制损益预算提供销售产品成本数据, 二是为编制资产负债表预算提供期末产成品存货数据。

其基本的内容为: 首先计算预计产成品单位成本, 这是根据企业的各种技术和产品设计资料而确定的, 包含产成品的人工、材料、间接费用以及其他费用的合计, 按照完全成本法模拟预计得出; 或根据企业生产的历史情况并考虑优化及因素设计。将产成品单位成本乘以预计期末产成品存货数量, 即可得出预计期末产成品存货金额。

【例6-10】根据表6-6、表6-7、表6-8的数据, 编制甲公司预算年度产品成本预算表 (见表6-9)。

表6-9　甲公司产品成本预算

20×9年　　　　　　　　　　　　　　　金额单位: 元

项目	单位成本			生产成本 (640件)	期末存货 (20件)	销货成本 (630件)
	费用单价	投入量	成本			
直接材料	5	4	20	12 800	400	12 600
直接人工	8	5	40	25 600	800	25 200
变动制造费用	1	5	5	3 200	100	3 150
固定制造费用	2.5	5	12.5	8 000	250	7 875
合计	—	—	77.5	49 600	1 550	48 825

(七) 销售及管理费用预算

销售及管理费用预算亦称"营业费用预算", 是为了实现销售预算而预计在产品销售过程中发生的费用预算。它以销售预算为基础, 分析销售收入、销售利润和销售费

·145·

用的关系，力求实现销售费用的最有效使用。在安排销售费用时，要采用本量利分析方法，费用的支出应能获取更多的收益。销售费用预算，应和销售预算相结合，有按品种、按地区、按用途得出的具体预算数。管理费用是搞好一般管理业务所必需的费用。管理费用多属于固定成本。所以，一般是根据过去的实际开支为基础，按预算期的可预见变化来调整，应充分考察每种费用的必要性，以便提高费用的使用效率。

编制销售及管理费用预算的主要依据，是预算期全年和各季度的销售量及各种有关的标准耗用量和标准价格资料。为了便于编制现金预算，在编制销售及管理费用预算的同时，还要编制与销售及管理费用有关的现金支出计算表。

【例6-11】假设甲公司在预算年度内变动销售及管理费用控制在销售收入的2%，固定销售及管理费用预算额为1 200元，其中年折旧费用为800元。根据预计销售收入和上述资料，编制销售及管理费用预算表，如表6-10所示。

表6-10 甲公司预计销售及管理费用预算

20×9年

季度	一季度	二季度	三季度	四季度	合计
预计销售收入/元	10 000	15 000	20 000	18 000	63 000
变动销售及管理费用分配率/%	2	2	2	2	2
变动销售及管理费用/元	200	300	400	360	1 260
固定销售及管理费用/元	300	300	300	300	1 200
合计/元	500	600	700	660	2 460
减：折旧费/元	200	200	200	200	800
现金支出费用/元	300	400	500	460	1 660

在实际运用中，分部可以依据总部的平均管理费用率和本分部历史最好管理费用率的要求，考虑本预算期的变动因素和管理费用率降低要求，计算确定管理费用预算总额。在此基础上，首先由各职能部门采用零基预算方法分别按照归口专项费用和可控性费用初编预算。与此同时，计财处应确定约束性费用项目的预算额，因为它们是企业正常运营的最基本保障，而且不存在删减的可能。然后，再确定各项酌量性费用项目可用预算总额。因为各项管理费用的预算额之和不能超出管理费用预算总额，因此，酌量性费用项目可用预算总额是管理费用预算总额与约束性费用预算总额的差额。当可用预算总额小于其需求额时，应该根据管理费用所对应作业的性质及其轻重缓急，适当地进行预算额的调整安排。

应该注意的是：管理费用预算中的许多费用项目均具有较强的随意性，并且大都影响长远，所以使用该预算进行业绩评价时应谨慎。比如说，经理人员的激励来自奖励计划和晋升可能，因为削减短期费用能提高其收益，管理人员就可能通过削减顾客服务支出来提高收益，以显示其良好的费用控制业绩。这种削减顾客服务成本的行为不会立即显示其不良效果，然而，它将会对公司未来产生较大的负面影响。因此，公司在编制管理费用预算时，必须摒弃短期利益观。

（八）应交税费预算

应交税费预算是为规划一定预算期内预计发生的各项应交税费金额而编制的一种经营预算，包括应交增值税、消费税、资源税、城市维护建设税和教育费附加等。企业根据预算期内销售情况及当期各项税费规定进行预计，并做好相应资金运作安排。

【例6-12】假设甲公司流通环节只缴纳增值税，于销售当期用现金完税，城建税税率7%，教育费附加征收率为3%。根据上述资料，编制应交税费预算表，如表6-11所示，本预算不包括所得税。

表6-11　甲公司应交税费预算

20×9年　　　　　　　　　　　　　　　　　金额单位：元

季度	一季度	二季度	三季度	四季度	全年合计
增值税销项税额	1 300.00	1 950.00	2 600.00	2 340.00	8 190.00
增值税进项税额	275.60	425.36	506.48	476.06	1 683.50
应交增值税	1 024.40	1 524.64	2 093.52	1 863.94	6 506.50
应交城建税及教育费附加	102.44	152.46	209.35	186.39	650.65
预计现金支出合计	1 126.84	1 677.10	2 302.87	2 050.33	7 157.15

二、资本预算的编制

资本预算的编制具有战略性，因此不仅需要纳入全面预算管理体系，而且还必须从战略角度来看待资本支出预算的管理问题。从总部及子公司的预算管理程序看，资本预算包括两方面：①资本支出决策；②资本支出及相应的融资预算，它又进一步融入现金流量预算中。也就是说，资本预算不仅要解决项目的经济可行性等决策问题，更应该从资本支出项目的投资总额来确定不同时期的现金流出预算。这是因为，从时间序列看，项目投资总额并不完全等于现时付现总额。在项目建设期内，其现金流出并没有固定的模式：有些是在初期一次性投入；有些是先期投入大后期投入小；有些则是先期投入小而后期投入大，等等。因此，资本预算不仅要确定项目支出总额，而且还要在时间上规划现金流出的时间分布。更为重要的是，当多个项目重叠发生并在时间上有不同的交叉时，其投资总额与付现总额会出现明显的差额，在这种情况下，详细的不同时期的付现总额预算就显得尤为重要。它是确定企业未来现金投入的指示器。

资本预算的编制主要解决投资项目现金流的安排及其对整体现金流量的影响。预算表格举例如表6-12、表6-13所示。

表6-12　个别项目资本支出预算　　　　　　　金额单位：万元

项目	投资年限				
	0	1	2	3	4
初始投资期					

表6-12（续）

项目	投资年限				
	0	1	2	3	4
设备成本					
安装检测、成本					
垫支营运资本					
处置旧设备					
生产经营期					
收入					
付现成本					
折旧					
税前净利					
所得税					
税后净利					
营业现金净流量					
终结期					
营运成本收回					
投资处置					
职工再安置或遣散费					
对现金净流量的影响					

表 6-13　多项目资本支出预算　　　　　　　　金额单位：万元

投资项目	投资支出总额	预计现金流出额							
		20×2 年				20×3 年	20×4 年	20×5 年	20×6 年
		一季度	二季度	三季度	四季度				
长期债权投资									
长期股权投资									
全资子公司									
固定资产投资									
现金流出总量									
投资项目	投资收益总额	预计现金流入额							
		20×2 年				20×3 年	20×4 年	20×5 年	20×6 年
		一季度	二季度	三季度	四季度				
长期债权投资									
长期股权投资									
全资子公司									
固定资产投资									

表6-13(续)

投资项目	投资支出总额	预计现金流出额							
		20×2 年				20×3 年	20×4 年	20×5 年	20×6 年
		一季度	二季度	三季度	四季度				
现金流入总量									
现金净流量									

【例6-13】假设甲公司为了开发新产品,决定在预算年度内建设一条新的生产线,预计在第一季度购置 60 000 元的设备,为此在年初向银行借入年利率为 10% 的 5 年期长期借款 60 000 元,每季度末支付利息,到期还本。

根据上述设备购置及资金筹措的资料,编制预算年度项目投资预算表,如表6-14 所示。

表 6-14　甲公司新产品生产线投资项目预算

20×9 年　　　　　　　　　　　　　　　　　　　　　金额单位:元

季度	一季度	二季度	三季度	四季度	合计
设备购置	60 000				60 000
投资支出合计	60 000				60 000
投资资金筹措:					
向银行借款	60 000				60 000
投资资金筹措合计	60 000				60 000

三、财务预算的编制

(一) 现金预算

现金预算是以业务预算和专门决策预算为依据编制的,专门反映预算期内预计现金收入与现金支出,以及为满足理想现金余额而进行筹资或归还借款等的预算。现金(收支)预算由现金收入、现金支出、现金余缺以及资金的筹集与运用四个部分构成。其中影响现金的关键性项目有:

1. 可使用的现金

详列了经营活动可利用现金的来源,通常包括预算期初的现金余额和预算期内的现金收入。现金收入包括现金销售和应收票据或应收账款的现金回收。影响现金销售收入和应收账款的现金回收额的因素包括:①企业的销售水平;②企业的信用政策;③企业的收账经验等。企业从事非经常性交易也会产生现金收支。如出售设备、建筑物等经营性资产或出售企业不再需要的已购置的建厂土地等非经营性资产。这些销售所得的所有收入也都应包括在可使用现金部分。

2. 现金支出

列示了所有的支出,包括直接材料和物品的采购支出,工资奖金支出、利息支出和税金等。

第六章　企业全面预算管理

3. 投融资

可使用现金和现金支出的差额就是期末现金余额。一方面，如果现金余额低于管理者设定的最低现金持有量时，公司就需融资补足资金。另一方面，如果公司预计的现金持有量有多余，它就会决定将多余资金进行投资。在可选择的投资项目中应权衡收益、流动性和风险性这三个因素。贷款计划和投资计划都包括在融资中。

然而在实务中，由于投融资决策权通常集中于集团总部，各子、分公司的现金预算主要反映以经营活动为主的现金余缺状况，在此基础上再由总部统一安排筹资预算，因此现金预算和筹资预算也可分别作为不同预算，由总部和子、分公司分别编制。

现金（收支）预算是企业管理的重要工具，它有利于企业事先对日常现金需要进行计划和安排，如果没有现金（收支）预算，企业无法对现金进行合理的平衡、调度，就有可能使企业陷入财务困境。企业为了生存和捕捉发展机会，经常持有适量现金是非常必要的。

4. 筹资预算

一旦确定不同时期的投资及现金流量（收支）预算后，企业还应该在此基础上确定各期的筹资预算。筹资预算是企业在预算期内需要新借入的长短期借款、经批准发行的债券以及对原有借款、债券还本付息的预算。理论上说，筹资预算应该是现金流量（收支）预算的组成部分。但如上所述，实务中它通常由总部统一编制。筹资预算主要应解决如下问题：①应在何时筹资、筹资额有多大；②筹资方式如何确定；③筹资成本与投资收益如何配比等。

但应注意，筹资预算具有一定的被动属性，对于非金融性企业而言，生产经营活动和投资活动决定了筹资活动，很少或不存在单纯的为筹资而筹资的行为，筹资预算表格如表6-15所示。

表6-15　某企业筹资预算

××年度　　　　　　　　　　　　　　　　　单位：万元

项目	一季度	二季度	三季度	四季度	合计	预算责任人
新增投融资项目前的现金净流量						
各子公司现金余缺额合计						
总公司管理费用和财务费用预算						
新增投融资项目前的现金净流量合计						
短期现金融通						
偿还本金						
短期投资						
短期借款						
出售有价证券						
现金流量净额小计						
长期投资预算所需现金流出						

【例6-14】假设甲公司每季度末现金余额不得少于4 000元。如不足要向银行借款，借款数额为1 000元的整数倍，短期借款利率为8%；当现金多余时，可购买有价证券作为临时调剂。预算年度期初现金余额为4 000元。

根据前面几例甲公司的销售预算、材料预算等有关资料，编制预算年度现金预算，如表6-16所示（为使数据简明清晰，引用前面表格数据时做了取整处理）。

表6-16　甲公司现金预算

20×9年　　　　　　　　　　　　　　　　　　　金额单位：元

季度	一季度	二季度	三季度	四季度	合计
期初现金余额	4 000	4 741	4 162	4 459	4 000
加：销售现金收入	18 780	14 690	20 340	21 244	75 054
可供使用现金合计	22 780	19 431	24 502	25 703	79 054
减：现金支出：					
直接材料	3 937	3 177	4 120	4 244	15 478
直接人工	4 200	6 200	7 920	7 280	25 600
制造费用	1 975	2 275	2 620	2 730	9 600
销售及管理费用	300	400	500	460	1 660
支付增值税、城建税等	1 127	1 677	2 303	2 050	7 157
预交所得税	1 000	1 000	1 000	1 000	4 000
购买设备	60 000				60 000
预分股利（估计）	2 000	2 000	2 000	2 000	8 000
现金支出合计	74 539	16 729	20 463	19 764	131 495
现金余缺	(51 759)	2 702	4 039	5 939	(52 441)
资金筹措及运用：					
加：借入的长期借款	60 000				60 000
借入的短期借款		2 000	2 000		4 000
减：归还短期借款					
短期借款利息（8%）		40	80	80	200
长期借款利息（10%）	1 500	1 500	1 500	1 500	6 000
购买或出售有价证券	2 000	(1 000)			1 000
期末现金余额	4 741	4 162	4 459	4 359	4 359

财务管理部门应根据现金余缺与理想期末现金余额的比较，并结合固定的利息支出数额及其他因素来确定预算期现金运用或筹措的数额。现金预算是企业现金管理的重要工具，有助于企业合理安排和调动资金，降低资金的使用成本。现金预算涉及面广、比较复杂，一定要注意现金预算表各项目之间的钩稽关系。

（二）利润表预算

预计利润表用来综合反映企业在计划期内的预计经营成果，是企业最主要的财务预算表之一，通过编制利润表预算，可以了解企业预期的盈利水平。利润表预算与实际利润表的格式内容相同，但它是由预算数据形成的，编制预计利润表的依据是各业务预算，专门决策预算和现金预算。

【例6-15】根据甲公司前例中各个预算资料编制利润表，预算表如表6-17所示（为使数据简明清晰，引用前面表格数据时做了取整处理）。

表6-17　甲公司利润表预算

20×9年　　　　　　　　　　　　　　　　金额单位：元

项目	金额
销售收入	63 000
减：销售成本	48 825
营业税金及附加	651
销售及管理费用	2 460
财务费用	6 200
利润总额	4 864
所得税费用（估计）	4 000
净利润	864

需要注意的是，利润表预算中"所得税费用项目"是在利润规划时估计的，并已列入现金预算，通常不是根据利润总额和所得税税率计算出来的，因为有诸多纳税调整的事项存在。此外，从预算编制程序上看，如果根据利润总额和税率重新计算所得税，就需要修改"现金预算"，引起信贷计划修订，进而改变"利息"，最终又要修改"利润总额"，导致陷入数据的循环修改。

如果预算利润与最初编制方针中的目标利润有较大的不一致，就需要调整部门预算，设法达到目标或者经企业领导同意后修改目标利润。

（三）资产负债表预算

预计资产负债表用来反映企业在计划期末预计的财务状况，与实际资产负债表的格式内容相同，但它是由预算数据形成的。编制需以计划期开始日的资产负债表为基础，结合计划期各项业务预算、专门决策预算、现金预算和预计利润表进行编制，它是编制全面预算的终点。

编制预计资产负债表的目的，在于判断预算反映的财务状况的稳定性和流动性。如果通过预计资产负债表的分析，发现某些财务比率不好，必要时可修改有关预算，以改善财务状况。

【例6-16】根据甲公司前几例中各个预算资料编制资产负债表，预算表如表6-18所示（为使数据简明清晰，引用前例表格数据时做了取整处理）。

表 6-18　甲公司资产负债表预算

20×9 年　　　　　　　　　　　　　　　　金额单位：元

资产	年初余额	年末余额	负债及所有者权益	年初余额	年末余额
货币资金	4 000	4 359	应付账款	2 500	1 655
应收账款	12 000	8 136	短期借款	0	4 000
有价证券投资	0	1 000	长期借款	10 000	70 000
产成品存货	775	1 550	负债合计	12 500	75 655
原材料存货	600	750	普通股	20 000	20 000
固定资产	30 000	90 000	未分配利润	12 875	5 739
累计折旧	2 000	4 400	所有者权益合计	32 875	25 739
资产合计	45 375	101 395	负债及所有者权益合计	45 375	101 395

第四节　全面预算的控制与考评

一、预算控制

预算控制是按照一定的程序和方法，确保企业及各预算执行部门全面落实和实现全面预算的过程。预算控制与预算执行密不可分，预算执行的过程即是企业以预算为标准控制生产经营活动的过程。

预算执行与控制的首要任务是确定预算执行的责任中心和责任人，将预算指标分解到各个成本中心和费用中心，确定具体的工作目标和责任。在明确责任的基础上，各责任中心和责任人通过事前、事中、事后控制，及时纠正执行中的重大偏差，努力完成既定目标。通过控制系统的建立，可以有效协调公司各部门的工作，进行合理的业绩计量和评价，激励员工，从而为完成计划或预算的目标提供保障。

（一）预算控制的目的

预算的控制主要分为管理控制和作业控制。管理控制是指"管理者确保资源的取得及有效运用，以达企业目标的过程"，也就是研究工作执行、控制计划，以期相互沟通、协调，共同实现企业目标。而作业控制是"有效地完成既定任务的过程"，作业控制与管理控制的主要区别在于前者不需要太多的管理判断，只要按照既定规则进行即可。

因此，预算控制最主要目的在于：①作业最终的结果与既定的预算目标相符合（事后控制）；②随时提供信息，便于及时修正错误（事中控制）。控制行为必须详加规划，否则实际发挥时将缺乏方向，徒劳无功。

（二）预算控制的基本要素

一般控制的基本要素：

（1）订立的标准或比较基础；

（2）实际与标准或比较基础的比较，即衡量绩效；

（3）采取纠正行动，即差异分析的进行。

（三）年度预算的控制

年度预算的控制主要包括销货预算的控制、存货预算的控制、生产预算的控制、制造预算控制、销售和管理费用预算控制、资本支出预算控制和现金预算控制。

1. 销货预算的控制

销货预算的管理控制，强调规划的事中控制与实际销货收入的成果控制。主要包括：销货预算区分为若干部分，每一部分应派专人负责；建立工作时间进度表，使工作项目井然有序；建立有系统的预算评估程序。

一般销货预算分为直线责任与辅助责任。促销与广告方案、取得与完成订单的成本估计，以及计划的销货数量与金额等，均为直线责任。而协助销货预测、市场分析及经济预测、辅助建议等，均为辅助责任。直线责任与辅助责任二者，必须相互配合，共同完成销货预算。

2. 存货预算的控制

这里的存货控制，主要是指"产成品"。通常情况下，产品的销量波动比较频繁，为了稳定生产，必须控制存货的波动在最低安全存量与最高安全存量之间。其中最高存量是由销货预测及标准存货周转率决定的。既定的生产还应符合管理控制上的要求，下年度销货预测值应与预期的存货量比较，如果其比率与标准存货周转率相差很大，就需要加以调整。

3. 生产预算的控制

生产预算控制的好坏受销货预算及存货预算控制的影响，一般指导原则综合如下：①决定每项或每类产品的标准存货周转率；②由每项或每类产品的标准存货周转率及其销售预测值来决定存货应有的增减量；③年度生产预算即等于销货预算加（减）存货增（减）量。

进行生产预算控制必须注意以下几个方面：①符合管理控制政策而使生产稳定；②存货量保持在最低安全存量以上；③常将存量保持在可能的最低水准或符合管理决策所决定的最高存货量以下。

依据生产预算，与有关部门协商后，就可发出制造指令进行实际的生产活动，并对生产进度与数量加以控制。

4. 制造预算控制

制造预算控制可分为直接材料预算控制、直接人工预算控制和制造费用预算控制。

（1）直接材料预算控制。

直接材料预算控制的最基本目的是：能在最适当的时机发出订单，向最佳的供应厂商订购，以便按适当的价格与品质取得适当数量的材料。要有效地进行材料存货控制必须注意以下方面：保证生产所需的材料供应，以便进行有效而无间断的作业；出现季节性或循环性供应短缺时，能够提供充分的材料存货，并能预期价格的波动；对材料应确保适当的存量，避免火灾、窃盗，以及处理时毁损等损失；系统地汇报材料状况，以使过剩、陈旧的材料项目达到最低；材料存货投资应与营业需求及管理计划保持一致。

（2）直接人工预算控制。

有效的直接人工预算控制，需要根据领班及主管们持续的监督、直接的观察和个人的接触来确定。通常，有必要设置"标准"，这样才能进行绩效衡量。工作流程的规划，以及物料、设备等的布置与安排，对直接人工成本都会产生影响，也是我们必须重点考虑的内容。

（3）制造费用预算控制。

制造费用控制的重点，原则上应优先考虑"可控制"者。至于不可控制的费用，如果能找到相关联的费用，也应该审慎处理。因此，要控制费用只限于直接费用，对于分离的制造费用可不作为考虑的重点。

5. 销售和管理费用预算控制

要实施有效的费用管理，必须在"控制过多"与"控制不足"二者间保持平衡。过多的控制将会危害企业各成员的合作精神与工作效率；控制不足则又使管理当局无法及时采取纠正的行动，而使情况恶化。因此，有效的控制应有充分的频率和对差异的接受度。

费用预算控制的充分频率，随作业状况及管理层次而有所不同。在预算决策中，不应期望能有百分之百的精确度，否则有关人员在拟订预算时会预留一些缓动数量，而在期末时集中花费比实际需要更多的费用，以掩饰其预留缓冲余地的行为。因此，最好的方法是指出何种差异是可被接受的，当然差异也会随企业活动与管理层次而变化。例如：领班加班预算的可接受差异应当约为2%，而销售员出差费预算的可接受差异则应当是5%或10%。

明确指出可接受的差异范围后，还应告诉有关员工，费用未超出可接受的差异范围不会产生问题；而在费用超出可接受差异范围时，也不一定会受到责罚。例如：一位工头，因为修理一个损坏的机器而超出加班预算，但若机器修好后，工人在很长的一段期间内都不需要再加班工作，则该工头不但不应被责备，反而由于使许多员工避免闲置时间的浪费，替公司节省许多加班费用而应被嘉奖。因此，承认某些不可避免的差异也是很重要的。

6. 资本支出预算控制

资本支出控制的重要性不能过分强调。控制并不仅仅是对支出向下压制，控制必须依赖切实的经营规划，将支出限制在合适的基础上以防止资产的维护、重置及取得的停滞。

主要资本支出控制，其第一阶段在于正式授权进行这一项目（包含资金的指挥），即使该项目包含在年度计划内。对于主要的资本支出项目，最高经营当局应留有最后授权进行的权利，该项授权可能是正式或非正式的通知，根据内部的具体情况而定。通常是在资本支出请求单上给予最后的核准。

主要资本支出的第二阶段控制关系到工作进行成本资料的累积，一旦主要的资本支出经核准并实施，应立即设立项目号码，记录成本。此项记录应提供根据责任及形式分类的成本累积及有关工作进度的补充资料。每个项目的资本支出情况报告，应每隔一段期间汇报给最高经营管理当局。

对于较小的资本支出控制，只需通过授权程序和实际支出的累积数来加以管理。实际支出定期与资本支出报告的规划数额相比较，该报告应表示差异及未支用的余额。

7. 现金预算控制

企业财务人员应直接承担现金状况控制的责任。实际的现金收支与预期的年度利润计划（预算）必有差异，这些差异产生的原因可能有：现金影响因素的变化，突然及意想不到的情况影响经营或现金的控制措施的缺乏。一个优良的现金控制制度是非常重要的，因其潜在的影响作用太大。为增强现金控制，管理当局可能下达决策或改变现行政策，一般现金的控制方法有：①对现金及未来可能的现金状况做适当及持续的评价。这个程序涉及定期（每月）评估及反映至今所发生的实际现金状况，同时对下一期间可能出现的现金流量再进行预测。②保存每日（或每周）的现金状况资料。为减少利息成本，确保有充裕现金，有些财务主管对现时现金状况每日都进行评估。这种方法特别适用于现金需求差异较大以及分支机构分散而有庞大现金流动的公司。许多公司都编制"现金收支日报表"，以方便控制现金流量。

二、预算的分析和报告

（一）差异分析

预算分析是以预算指标、预算报告、预算执行情况以及其他相关资料为依据，采用一系列专门的分析技术和方法，对全面预算管理过程和结果进行分析、确认的综合管理活动。实际成果与预算目标的比较是控制程序的重要环节，若实际成果与预算标准的差异重大，企业管理当局应审慎调查并判定其发生原因，以便采取适当的矫正行动。在评估与调查差异发生的基本原因时，应考虑以下情况：

（1）差异可能是微不足道的；

（2）差异可能是由于报告上的错误所致，应检查会计部门所提供的预算目标及实际资料在书写上有无错误；

（3）差异可能是由于特定的经营决策所致——为了改善效率或为了应对某些紧急事故，管理当局下达决策而导致差异的发生；

（4）许多差异可能是不可控制因素造成的，而这些因素又可加以辨认；

（5）不知道真正原因的差异，应予格外关注且认真调查。

调查差异以便判定原因的途径很多，主要有：

（1）所涉及特定主管、领班及其他人员开会磋商；

（2）分析工作情况，包括工作流程、业务协调、监督效果以及其他存在的环境因素；

（3）直接观察；

（4）由直接职员进行实地调查；

（5）由辅助者（明确指定其责任）进行调查；

（6）由内部稽核辅助进行稽核工作；

（7）特殊研究；

（8）对差异进行分析。

【例6-17】20×9年1月，丁公司采用因素分析法将20×8年的销售收入预算执行结果与预算标准进行了分析。分析结果如表6-19所示。

表6-19 丁公司20×8年销售预算差异分析

产品名称	预算销售额			实际销售额			差异分析		
	数量/件	单价/元	金额/元	数量/件	单价/元	金额/元	数量变动/件	价格变动/元	合计/元
计算关系	①	②	③=①×②	④	⑤	⑥=④×⑤	⑦=(④-①)×②	⑧=(⑤-②)×④	⑨=⑦+⑧
甲产品	2 000	500	1 000 000	2 150	540	1 161 000	75 000	86 000	161 000
乙产品	1 500	1 000	1 500 000	1 600	1 080	1 728 000	100 000	128 000	228 000
丙产品	5 000	600	3 000 000	4 900	590	2 891 000	-60 000	-49 000	-109 000
合计			5 500 000			5 780 000	115 000	165 000	280 000

从表6-19中可以看出丁公司20×8年销售收入预算差异有以下几个特点：

（1）销售收入总额比预算多完成28万元是由于销售数量变动增加销售收入115 000元和销售单价变动增加销售收入165 000元所致，其中销售价格提高是销售收入增加的主要原因。

（2）甲、乙两种产品的销售数量和单价变动是朝着有利于企业的方向发展，而丙产品的销售数量和单价变动是向着不有利于企业的方向发展，应引起注意，查找其销售数量减少及销售单价下降的原因，找到应对的措施。

影响产品销售数量和销售单价变动的具体原因很多，当销售量差异和价格差异确定下来之后，就需要具体分析影响产品销售数量和销售单价变动的主客观原因。另外，对影响销售量和销售价格的因素分析还应结合销售费用的支出情况进行综合考察。

（二）业绩报告

业绩报告是控制流程的重要部分，通过业绩报告管理层可以获得预算执行进度、指标完成情况及分析建议，能够对今后的生产经营有所预见与指导。当期预算执行完毕，并进行差异分析之后，就应由责任中心完成业绩报告。业绩报告包括三部分：

1. 进度报告

对预算执行进度进行分析，包括当月进度分析及累计进度分析，累计计算并汇总各月完成预算情况，以收入预算完成进度为起点分析成本和费用进度，为调整计划和控制提供指导。

2. 差异分析与业绩评价

根据各部门预算完成情况，通过差异分析的方法，分析差异原因，评价部门业绩，通过对预算考核指标的分析，对责任中心进行考核。

3. 调整对策与建议

根据预算完成进度，在年度预算的指导下，针对外部及内部的重大调整需要，在不影响年度预算目标的前提下，对以后各期预算进行必要的调整，为各级领导决策提供支持和建议。

业绩报告是执行与控制及差异分析的重要成果，它一方面揭示了预算的执行进度，并反映预算与实际值之间的差异及其原因，同时也为预算的考核提供依据。更为重要的是业绩报告要求责任中心负责人或是公司经理人不能只是解释差异原因，还要为完成年度预算目标通过调整经营计划对年度预算进行调整，调整的预算须经预算管理委员会审核，并于公司预算执行与控制时备案，作为今后执行与考核的依据。

三、预算考评

（一）预算考评的作用

预算考评机制是对企业内各级责任部门或责任中心预算执行结果进行考核和评价的机制，是管理者对执行者实行的一种有效的激励和约束形式。预算考评的两个基本含义是：第一，对整个预算管理系统的考评，也是对企业经营业绩的评价，是完善并优化整个预算管理系统的有效措施；第二，它是对预算执行者的考核及其业绩的评价，是实现预算约束与激励作用的必要措施。预算考评是预算控制过程中的一部分，由于预算执行中及完成后都要进行适时考评，因此它是一种动态的综合考评。预算考评在整个预算管理循环过程中是一个承上启下的环节。

预算考评的作用主要有以下几个方面：

（1）确保实现目标。目标确定并细化分解以后，预算目标就成为企业一切工作的核心，这种目标具有较强的约束作用。在预算执行中，管理者对预算执行情况与预算的差异适时进行确认，及时纠正企业人力、财力、物力、信息等资源管理上的浪费与执行中的偏差，为预算目标的顺利实现提供可靠的保障。

（2）预算考评可以协助企业管理者及时了解企业所处的环境及发展趋势，进而衡量与企业有关的预算目标的实现程度，评估预算完成后的效益。

（3）对预算执行结果的考评，反映整个企业的经营业绩，它是下期预算编制可参考的有价值的资料，是管理者完善并优化整个预算管理系统的可靠依据。

（4）预算考评是评价预算执行者业绩的重要依据。目标的层层分解和延伸细化，使企业全员都有相应的预算目标，这种预算目标与执行中的经济活动在时间上保持一致，其经营环境和条件也基本相同，将预算目标与执行者的实际业绩水平相比较，评价执行者的业绩，确定责任归属，是比较公正、合理、客观的，尤其是对企业人才的业绩评价，具有较强的说服力。

（5）预算考评可以增强管理者的成就感与组织归属感。预算考评具有较强的激励作用，通过预算考评得出了作为预算责任主体的管理者的工作业绩，这是企业对管理者工作业绩的认可，将工作业绩与奖惩制度挂钩，势必增强管理者的成就感与组织归属感，从而更进一步激发管理者的工作能动性。

（二）预算考评的原则

预算考评过程是对预算执行效果的认可过程，预算考评应遵循以下基本原则：

1. 目标原则

实施预算管理，根本目的是要实现企业目标。在目标确定之前，管理者已经进行了科学预测，因此，在预算考评时如无特殊原因，未能实现预算目标就说明执行者未能有效地执行预算，这是实施预算管理考评的第一原则。

2. 激励原则

人的行为是由动机引起的，而动机又产生于需要。行为科学告诉我们，激励带来努力，努力带来成绩。因此，在实施预算管理的同时，企业应设计一套与预算考评相适应的激励制度。没有科学的激励制度，预算执行者就缺乏执行预算的积极性与主动性，预算考评也就失去了它的真正意义。企业应根据自己的具体情况，制定科学、合理的奖惩制度，激励预算执行者完成或超额完成预算。

3. 时效原则

企业对预算的考评应适时进行，并依据奖惩制度及时兑现，只有这样，才有助于管理上的改进，保证目标利润的完成。本期的预算执行结果拿到下期或更长时间去考评，就失去了考评的激励作用。

4. 例外原则

实施预算管理，企业的高层管理者只需对影响目标实现的关键因素进行控制，并且要特别关注这些因素中的例外情况。一些影响因素并不是管理者所能控制的，如产业环境的变化、市场的变化、执行政策改变、重大意外火灾等。如果企业受到这些因素的影响，就应及时按程序修正预算，考评按修正后的预算进行。

5. 分级考评的原则

预算考评是根据企业预算管理的组织结构层次或预算目标的分解次序进行的，预算执行者是预算考评的主体对象，每一级责任单位负责对其所属的下级责任单位进行预算考评，而本级责任单位预算的考评则由所属上级部门来进行，也就是说预算考评应遵循分级考评的原则。

（三）预算考评的层次及内容

在预算考评过程中，各个层次的责任中心应向上一级的责任中心报送责任报告。首先，最低层次的责任中心在对其工作成果进行自我分析评价的基础上形成责任报告，报送直属的上级责任中心；然后，由上级责任中心根据所属各责任中心的责任报告，对各责任中心的工作成果进行分析、检查，明确其成绩，并指出其不足；该上级责任中心也要编制本责任中心的责任报告，对自身的工作成果进行自我分析评价，并向更上一级责任中心报送。通过这样层层汇总、分析与评价，直至企业最高领导层，全面反映企业各层次责任中心的责任预算执行结果。

预算的考评是预算事中控制和事后控制的主要手段，它是一种动态的考评过程。在预算执行过程中，各级管理者对预算执行结果的随时考评确认及考评信息的反馈，有利于最高管理者对整个预算执行进行适时控制、整体控制，也有利于最高管理者对企业的整体效益进行评价。

在预算考评的内容方面，不同的责任中心应有不同的侧重点。比如，成本中心以评价责任成本预算执行结果为主；利润中心以评价责任利润预算执行结果为主；投资中心则以评价资本所创造的效益为主。为了全面反映各责任中心的责任预算执行结果，除了评价主要责任预算之外，也应分析、评价其他一些相关责任预算的执行结果。

四、预算考评的激励措施

（一）预算考评的激励措施

在预算考评过程中，预算是考核的标准，奖惩制度是评价的依据。以预算目标为标准，通过实际与预算的比较和差异分析，确认其责任归属，并根据奖惩制度的规定，使考评结果与责任人的利益挂钩，达到人人肩上有指标，项项指标连收入，以此激发、引导执行者完成预算的积极性，对于企业实现目标利润具有积极的激励和推动作用。激励是多层次的，一般而言，报酬是业绩函数，企业应将报酬作为激励措施的首选，此外，诸如表扬、批评、提升、降职等激励与约束机制也是行之有效的措施。综合运用这些措施会收到更好的效果。

对于完成责任预算的责任中心应给予奖励，完不成的则应予以处罚。奖惩的办法可视具体情况而定，如可以采用百分制综合奖惩的办法，即将责任中心的各责任预算执行结果换算成分值（其中主要责任预算的分值应相对高一些），并制定加减分的计算办法，然后综合计算责任中心的总得分，再根据奖金与分值确定责任中心的奖金总额。也可采用直接奖惩的办法，即规定各项责任预算应得的奖金额，并制定超额完成或未完成责任预算加奖或扣奖的计算办法，然后根据责任中心的各项责任预算执行结果分别计算应得或应扣奖金数额，并汇总确定责任中心的奖金总额。

（二）公司预算的考核

预算考核是对各责任中心执行预算情况的评价，提供业绩指标完成情况并据以进行奖惩。预算考核从整体上看是对公司调配资源适应市场变化能力的评价和检验，从局部看是对公司各组成部分对企业实现整体目标的贡献的评价和检验。

1. 考核指标的确定

公司的责任中心均为成本中心及费用中心，其考核指标主要为成本指标及费用指标，这里应注意的是，不仅总量指标作为考核指标，而且预算目标中的分项指标也将作为重要评价依据。其中市场销售部作为主要的销售单位，应将其销售业绩及其成长性作为考核指标，其他责任中心则应考核各责任中心的工作绩效、成本控制水平。此外，预算编制的准确性也将作为各责任中心的考核指标之一。这样一方面能使预算编制的方法得到真正改善；另一方面可以有效防止责任中心为追求较高的业绩而低估收入、高估成本的现象。各责任中心应将本中心的考核指标进一步分解到小组或责任人，这些具体的指标包括相对指标与绝对指标、定性指标与定量指标。

确定预算的考核指标，要充分考虑预算的总体目标。随着公司全面预算管理的深入及预算指标的细化，公司发展的整体目标逐渐具体化，总战略意图转变为可操作、可考核的预算指标。但是值得注意的是，在这个过程中，总目标依旧是预算的最终目标，因此不能被具体目标所淹没，更不能因为局部目标的实现危害整体目标。比如若以单一的成本指标考核生产资源部，就有可能出现服务质量下降的问题，并会因此而影响公司的形象和销售收入，这显然是与公司的总体目标相背离的。因此在考核生产资源部时，一方面要求其节约成本，一方面又要结合其他考核指标如服务质量等来进行综合考核，才能实现公司总体目标。

2. 考核的周期

公司根据其生产运营特点，按月度进行预算考核，年度总体评定。

3. 考核的依据

考核的依据是预算差异分析的结果。通过差异分析，可以剔除非可控因素的影响，找出与工作绩效相关的差异因素，从而使考核趋于公平。

4. 预算考核的意义

预算考核在全面预算管理体系中是承上启下的关键环节，是全面预算管理的一项重要职能。预算管理如果缺少考核环节，预算执行者就缺乏预算执行的积极性和主动性，预算就会流于形式，全面预算管理的功能作用就有可能丧失殆尽。通过预算考评，既可以确保全面预算管理的各项工作落到实处，又可以及时发现预算执行过程及执行结果与预算标准的偏差，确保企业战略规划的落实和经营目标的实现。因此，预算考核是企业全面预算管理的生命线。

（1）预算考核是全面预算管理顺利实施的保障。

全面预算管理包括预算编制、执行、控制、调整、核算、报告、分析、考核等一系列环节，各个环节相互关联、密不可分，任何一个环节出现问题都会影响到其他环节的实施。只有对各个环节实施有效的考核与评价，才能严肃全面预算管理各个环节的工作，才能把预算编制执行、核算、报告等各项工作落到实处，从而确保全面预算管理在所有环节的顺利实施。

（2）预算考核是增强预算"刚性"的有效措施。

一方面，预算必须是刚性的，预算一经确立，必须严格执行，这是实现预算目标的保证；另一方面，预算也是柔性的，当客观环境发生变化时，企业必须以动制动，适时调整预算，这是预算得以顺利实施的保证。然而，在预算管理实施过程中，预算的柔性往往会挤兑预算的刚性，使预算变为一种软约束。因此，通过实施预算考核可以严肃预算的执行，增强预算管理的刚性，使全面预算管理真正成为一项"以刚为主，刚柔并济"的有效管理制度。

（3）预算考核是确保预算目标实现的保证。

预算目标从确定到变为现实需要一个漫长的执行、控制过程。在这个过程中，通过对各责任中心预算执行的考核和评价，分析预算执行与预算标准之间的差异，明确发生差异的原因和责任，适时提出纠正预算偏差的对策，能有效增强预算管理的执行力和约束力，促进各执行部门及时发现并迅速纠正预算执行中的偏差，为预算目标的顺利实现提供可靠的保障。

（4）预算考核是建立预算激励与约束机制的重要内容。

在全面预算管理实施过程中，通过严格的预算考核制度，一方面，可以强化预算执行的力度，督促各责任中心努力完成预算指标；另一方面，通过对各责任中心的预算考评，可以科学评价各部门及员工的工作业绩，将预算执行情况与各责任中心及员工的经济利益密切挂起钩来，奖惩分明，从而使企业所有者、经营者和员工形成责、权、利相统一的责任共同体，最大限度地调动企业上下各个层级的工作积极性和创造性。

本章小结

全面预算管理是指将企业制定的发展战略目标层层分解、下达于企业内部各个经济单位，通过一系列的预算、控制、协调、考核而建立的一套完整、科学的数据处理系统。它具有全员、全额、全程的特征，具有确立目标、整合资源、沟通信息、评价业绩四项基本功能，发挥有助于现代企业制度的建设、有助于企业战略管理的实施、有助于现代财务管理方式的实现、有助于强化内部控制和提高管理效率、有助于企业集团资源的整合等五个方面的作用。从预算涉及的内容分损益预算、现金流量预算、资本预算和其他预算四个类别，从预算管理功能分经营预算和管理预算两个层次；常用的全面预算编制方法有固定预算、弹性预算、零基预算、滚动预算、概率预算和增量预算六种，预算编制方式有自上而下式、自下而上式和上下结合式三种，编制模式有以销售为核心的预算管理模式、以目标利润为核心的预算管理模式、以现金流量为核心的预算管理模式、以成本为核心的预算管理模式四种模式；全面预算管理包括预算编制、预算执行、预算控制、预算调整和预算考评五个基本环节。

综合练习

一、单项选择题

1. 企业经营业务预算的基础是（　　）。

    A. 生产预算   B. 现金预算

    C. 销售预算   D. 成本预算

2. 下列预算中属于专门决策预算的是（　　）。

    A. 财务预算   B. 现金预算

    C. 支付股利预算   D. 成本预算

3. 预算在执行过程中自动延伸，使预算期永远保持在一个年度的预算称为（　　）。

    A. 零基预算   B. 滚动预算

    C. 弹性预算   D. 概率预算

4. 为了克服固定预算的缺陷，可采用的方法是（　　）。

    A. 零基预算   B. 滚动预算

C. 弹性预算   D. 增量预算

5. 为区别传统的增量预算可采用的方法是（　　）。

    A. 零基预算   B. 滚动预算

    C. 弹性预算   D. 概率预算

6. 下列哪一个不是实施预算管理的好处（　　）。

    A. 加强了企业活动的协调   B. 更精确的对外财务报表

    C. 更好地激励经理们   D. 改善部门间的交流

7. 在编制制造费用预算时，计算现金支出应予排除的项目是（　　）。

    A. 间接材料   B. 间接人工

    C. 管理人员工资   D. 折旧费

8. 下列各项中，应当作为编制零基预算出发点的是（　　）。

    A. 基期的费用水平   B. 历史上费用的最高水平

    C. 国内外同行业费用水平   D. 费用为零

9. 下列各项中，能够揭示滚动预算基本特点的表述有（　　）。

    A. 预算期是相对固定的   B. 预算期是连续不断的

    C. 预算期与会计年度一致   D. 预算期不可随意变动

10. 下列预算中，不涉及现金收支内容的项目为（　　）。

    A. 销售预算   B. 生产预算

    C. 制造费用预算   D. 产品成本预算

11. 经营预算中唯一只使用实物量计量单位的预算是（　　）。

    A. 销售预算   B. 生产预算

    C. 直接材料预算   D. 管理费用预算

12. 下列各项预算中，属于财务预算的是（　　）。

    A. 现金预算   B. 销售预算

    C. 直接材料预算   D. 生产预算

13. 某企业编制"生产预算"，预计第一季度期初存货为 120 件；预计销售量第一季度为 1 500 件、第二季度为 1 600 件。该企业存货数量通常按下期销售量的 10% 比例安排期末存货，则"生产预算"中第一季度的预计生产量为（　　）。

    A. 1 540 件   B. 1 460 件

    C. 1 810 件   D. 1 530 件

14. 在成本性态分析的基础上，分别按一系列可能达到的预计业务量水平而编制的能适应多种情况的预算称为（　　）。

    A. 固定预算   B. 流动预算

    C. 弹性预算   D. 零基预算

15. 某企业编制第四季度的直接材料预算，预计季度初库存材料存量为 500 千克，季度生产需用量为 2 500 千克，预计季度末库存材料存量为 300 千克。若材料采购货款有 40% 当期付清，另外 60% 在下季度付清，材料单位采购成本为 10 元，则该企业预计资产负债表年末"应付账款"项目为（　　）。

    A. 10 800 元   B. 13 800 元

C. 16 200 元   D. 23 000 元

16. 某批发企业销售甲产品，第三季度各月预计的销售量分别为 1 000 件、1 200 件和 1 100 件，企业计划每月月末库存产品存货量为下月预计销售量的 20%。下列各项预计中不正确的是（   ）。

    A. 8 月份期初存货为 240 件   B. 8 月份生产量为 1 180 件

    C. 8 月份期末存货为 220 件   D. 第三季度生产量为 3 300 件

17. 某产品销售款的回收情况是：销售当月收款60%，次月收款40%，20×9 年1-3 月的销售额估计为 7 000 元、9 000 元、6 000 元。由此可预测20×9 年 2 月的现金收入为（   ）。

    A. 7 200 元   B. 7 800 元

    C. 8 200 元   D. 9 000 元

二、多项选择题

1. 全面预算管理的基本功能包括（   ）。

    A. 确立目标   B. 整合资源

    C. 沟通信息   D. 评价业绩

2. 从预算管理的功能分类，预算可以分为（   ）。

    A. 经营预算   B. 损益预算

    C. 资本预算   D. 管理预算

3. 根据不同责任中心的控制范围和责任对象的特点，可将责任中心分为（   ）。

    A. 成本中心   B. 收入中心

    C. 利润中心   D. 投资中心

4. 全面预算的编制方法包括（   ）等主要方法。

    A. 固定预算   B. 零基预算

    C. 弹性预算   D. 滚动预算

5. 常见的全面预算编制模式有（   ）。

    A. 以销售为核心的预算管理模式   B. 以目标利润为核心的预算管理模式

    C. 以成本为核心的预算管理模式   D. 以现金流量为核心的预算管理模式

6. 预算的控制主要方式可分为（   ）。

    A. 管理控制   B. 收入控制

    C. 作业控制   D. 支出控制

7. 预算控制的基本要素包括（   ）。

    A. 订立标准   B. 成本监测

    C. 衡量绩效   D. 纠正差异

8. 预算考评过程是对预算执行效果的认可过程，预算考评应遵循以下基本原则（   ）。

    A. 目标原则   B. 激励原则

    C. 时效原则   D. 例外原则

9. 预算的作用有（　　）。

    A. 计划
                  B. 控制

    C. 评价
                  D. 激励

10. 编制弹性预算所用业务量可以是（　　）。

    A. 生产量
             B. 销售量

    C. 直接人工工时
       D. 机器工时

11. 下列各项中，属于经营预算的有（　　）。

    A. 销售预算
             B. 制造费用预算

    C. 销售及管理费用预算
     D. 预计利润表

12. 滚动预算法按其编制和滚动的时间单位可分为（　　）。

    A. 逐日滚动
           B. 逐月滚动

    C. 逐季滚动
           D. 混合滚动

13. 产品成本预算是（　　）预算的汇总。

    A. 制造费用
          B. 销售及管理费用

    C. 直接材料
           D. 直接人工

14. 下列各项中，属于编制直接人工预算时需要考虑的因素有（　　）。

    A. 预计产量
          B. 单位产品工时

    C. 人工总工时
         D. 单位工时工资率和人工总成本

15. 编制全面预算应遵守的原则是（　　）。

    A. 明确经营目标
      B. 以销定产

    C. 全面、完整
        D. 符合实际，留有余地

16. 全面预算具体包括（　　）。

    A. 经营预算
          B. 财务预算

    C. 专门决策预算
      D. 控制预算

17. 下列（　　）是在生产预算的基础上编制的。

    A. 直接材料预算
        B. 直接人工预算

    C. 产品成本预算
        D. 管理费用预算

18. 增量预算方法的缺点包括（　　）。

    A. 形成不必要开支的合理化，造成预算上的浪费

    B. 滋长预算中的"平均主义"，不利于调动各部门降低费用的积极性

    C. 只对目前已存在的费用项目编制预算，不利于企业未来的发展

    D. 预算适用范围宽

19. 滚动预算的优点包括（　　）。

    A. 预算工作量较大
    B. 与日常管理的紧密衔接

    C. 具有较高的透明度

    D. 切合实际，能够充分发挥预算的指导性和控制性

三、判断题

1. 预算按其是否可根据业务量调整，可分为固定预算和弹性预算。　　（　　）

2. 零基预算是根据上期的实际支出，考虑本期可能发生的变化编制的预算。（　　）

3. 全面预算是由一系列相互联系的预算构成的一个有机整体，由经营业务预算、财务预算和固定预算组成。（　　）

4. 销售预算、生产预算等其他预算的编制，要以现金预算为基础。（　　）

5. 销售预算是整个预算的基础。（　　）

6. 固定预算又称静态预算，是指根据预算期内正常的可能实现的某一业务活动水平而编制的预算。（　　）

7. 概率预算可为企业不同的经济指标水平或同一经济指标的不同业务量水平计算出相应的预算额。（　　）

8. 现金流量预算综合了所有预算活动对现金的预计影响，它反映了预算期内的所有现金流入和流出状况。（　　）

9. 业务预算是指反映企业基本经济业务的预算，而财务预算是指关于资金筹措和使用方面的预算。（　　）

10. 财务预算包括现金预算、利润表预算和资产负债表预算等内容。（　　）

四、简答题

1. 实行滚动预算的意义何在？

2. 简述企业实行全面预算的意义。

五、实践练习题

1. 目的：练习弹性预算的编制。

资料：某企业按照8 000直接人工小时编制的预算资料如下：

预算资料　　　　　　　　　　　　单位：元

变动成本	金额	固定成本	金额
直接材料	6 000	间接人工	11 700
直接人工	8 400	折旧	2 900
电力及照明	4 800	保险费	1 450
合计	19 200	电力及照明	1 075
		其他	875
		合计	18 000

要求：按公式法及列表法编制9 000直接人工小时、10 000直接人工小时、11 000直接人工小时的弹性预算，完成下表。（该企业的正常生产能量为10 000直接人工小时，假定直接人工小时超过正常生产能量时，固定成本将增加6%）

成本弹性预算表（列表法）　　　　　　　　　　　单位：元

项目	9 000 小时	10 000 小时	11 000 小时
变动成本			
直接材料			
直接人工			
电力及照明			
固定成本			
间接人工			
折旧			
保险费			
电力及照明			
其他			
总成本			

2. 目的：练习零基预算的编制。

资料：某公司采用零基预算法编制下年度的销售及管理费用预算。该企业预算期间需要开支的销售及管理费用项目及数额如下：

销售及管理费用项目　　　　　　　　　　　单位：元

项目	金额
产品包装费	12 000
广告宣传费	8 000
管理推销人员培训费	7 000
差旅费	2 000
办公费	3 000
合计	32 000

经公司预算委员会审核后，认为上述五项费用中产品包装费、差旅费和办公费属于必不可少的开支项目，保证全额开支。其余两项开支根据公司有关历史资料进行"成本—效益分析"其结果为：

广告宣传费的成本与效益之比为 1：15，管理推销人员培训费的成本与效益之比为 1：25。

假定该公司在预算期上述销售及管理费用的总预算额为 29 000 元，要求编制销售以及管理费用的零基预算。

3. 目的：练习生产预算和采购预算的编制。

资料：ABC 公司预计 20×6 年前 5 个月销售甲产品分别为 2 200 件、2 600 件、3 300 件、3 500 件、3 500 件，单价分别为 2 元、2.2 元、2.5 元、2.5 元、2.2 元。销售乙产品分别为 500 件、800 件、650、700 件、710 件，单价分别为 55 元、70 元、65

元、68元、70元。根据测算，每月的期末存货约为下一个月销售量的10%，1月份期初库存量：甲产品为220件，乙产品为50件。甲产品每件材料消耗定额为5千克，单价为0.13元，乙产品每件材料消耗定额为10千克，单价为1.5元。月末库存材料量：甲产品为下一月生产需要量的20%，乙产品为下一月生产需要量的10%，1月初甲材料库存量为2 000千克，乙材料库存量为1 100千克。材料采购款分两个月付清，比例分别为70%和30%。上年年末应付材料款为3 000元。

要求：根据以上资料，编制ABC公司20×6年第一季度的生产预算、材料耗用预算、直接材料采购预算、采购现金支出预算。

生产预算　　　　　　　　　　　　　　　　单位：件

项目	20×5年	20×6年					
	12月	1月	2月	3月	4月	5月	一季度
甲产品销售量							
甲产品存货							
甲产品生产量							
乙产品销售量							
乙产品存货							
乙产品生产量							

材料采购预算　　　　　　　　　　　　　　单位：千克

项目	20×5年	20×6年				
	12月	1月	2月	3月	4月	一季度
甲产品生产量						
甲材料需要量						
甲材料存量						
甲材料采购量						
乙产品生产量						
乙材料需要量						
乙材料存量						
乙材料采购量						

材料采购现金支出预算　　　　　　　　　　单位：元

项目	20×5年	20×6年			
	12月	1月	2月	3月	一季度
甲材料采购量					
甲材料应付款					
乙材料采购量					

项目	20×5 年	20×6 年			
	12 月	1 月	2 月	3 月	一季度
乙材料应付款					
所有应付款					
现金支付					

第七章

成本控制

【学习目标】

掌握：标准成本的制定方法、标准成本差异的分析方法。
熟悉：标准成本的制定及质量成本控制应用。
了解：成本控制的概念、原则和程序。

【关键术语】

成本控制；标准成本；标准成本控制；数量差异；价格差异；两因素差异分析法；
三因素差异分析法；质量成本；质量成本控制；质量成本管理

第一节　成本控制概述

一、成本控制的概念

成本控制是指运用成本会计方法对企业经营活动进行规划和管理，将成本规划与实际相比较，以衡量业绩，并按照例外管理原则消除或纠正差异，提高工作效率，不断降低成本，实现成本目标的一系列成本管理活动。

成本控制有广义和狭义之分，广义的成本控制包括事前控制、事中控制和事后控制。事前控制又称为前馈控制，是在产品投产之前就进行产品成本的规划，通过成本决策选择最佳方案，确定未来目标成本，编制成本预算实行的成本控制。事中控制也称过程控制，是在成本发生的过程中进行的成本控制，它要求成本的发生按目标成本的要求来进行。但实际上，成本在发生过程中往往与目标成本不一致，会产生差异，因此就需要将超支或节约的差异反馈给有关部门以便及时纠正或巩固成绩。事后控制就是将已发生的成本差异进行汇总、分配，计算实际成本，并与目标成本相比较，分析产生差异的原因，以利于在今后的生产过程中加以纠正。狭义的成本控制是指在产品的生产过程中进行成本控制，是成本的过程控制，不包括事前和事后控制。在现代成本管理中，往往采用广义的成本控制概念，与传统的事后成本控制是截然不同的，这是现代化生产的必然要求。

成本控制的内容较为宽泛，包括目标成本控制、标准成本控制、质量成本控制、作业成本控制、责任成本控制，等等。这里主要介绍较具代表性的标准成本控制和质量成本控制。

二、成本控制的原则

成本控制是成本管理的重要组成部分，必须遵循相应的成本控制原则。成本控制原则主要有以下几点：

1. 全面控制原则

全面控制原则是指成本控制的全员、全过程和全部控制。所谓全员控制是指成本控制不仅仅是财会人员和成本管理人员的事，还需要高层管理人员、生产技术人员及基层人员等全体员工积极参与，才能有效地进行。企业必须充分调动每个部门和每个职工控制成本、关心成本的积极性和主动性，加强职工的成本意识，做到上下结合。人人都有成本控制指标任务，建立成本否决制，这是能否实现全面成本控制的关键。全过程控制要求以产品寿命周期成本形成的全过程为控制领域，从产品的设计阶段开始，包括试制、生产、销售直至产品售后的所有阶段都应当进行成本控制。全部控制是指对产品生产的全部费用进行控制，不仅要控制变动成本，也要控制产品生产的固定成本。

2. 例外控制原则

贯彻这一原则，是指在日常实施全面控制的同时，有选择地分配人力、物力和财力，抓住那些重要的、不正常的、不符合常规的关键性成本差异（即例外）。成本控制要将注意力放在成本差异上，分析差异产生的异常情况。实际发生的成本与预算或目标会产生出入，出入不大，不必过分关注，要将注意力集中在异乎寻常的差异上。这样，在成本控制过程中，既可抓住主要问题，又可大大降低成本控制的耗费，使目标成本的实现有更可靠的保证。

在实务中，确定"例外"的标准通常可考虑如下三项标志：

（1）重要性。这是指根据实际成本偏离目标成本差异金额的大小来确定是否属于重大差异。一般而言，只有金额大的差异，才能作为"例外"加以关注。这个金额的大小通常以成本差异占标准或预算的百分比来表示，如有的企业将差异率在10%以上的差异作为例外处理。

（2）一贯性。如果有些成本差异虽未达到重要性标准，但却一直在控制线的上下限附近徘徊，也应引起成本管理人员的足够重视。因为这种情况可能是原标准已过时失效或成本控制不严造成的。西方国家有些企业规定，任何一项差异持续一星期超过50元或持续三星期超过30元，均视为例外。

（3）特殊性。凡对企业的长期获利能力有重要影响的特殊成本项目，即使其差异没达到重要性标准，也应视为例外，查明原因。

3. 经济效益原则

成本控制的目的是降低成本，提高经济效益。提高经济效益，并不是一定要降低成本的绝对数，更为重要的是实现相对的成本节约，取得最佳经济效益，以一定的消耗取得更多的成果。同时，成本控制制度的实施，也要符合经济效益原则。

三、成本控制的程序

1. 制定成本标准

成本标准是用以评价和判断成本控制工作完成效果和效率的尺度。在成本控制过程中，必须事先制定一种准绳，用以衡量实际的成本水平；没有这种准绳，也就没有成本控制。标准成本控制中的标准成本、目标成本控制中的目标成本以及定额成本控制中的成本定额都是这样的成本标准。在实际工作中，成本控制的标准应根据成本形成的阶段和内容的不同具体确定。成本标准不宜定得过高，也不宜过低，过高或过低的成本标准都难以体现成本控制的价值。

2. 分解落实成本标准，具体控制成本形成过程

将成本标准层层分解，具体落实到岗位、班组和个人身上，结合责权利，充分调动全体员工成本控制的积极性和创造性，控制成本的形成过程。成本形成过程的控制主要包括以下几个方面：

（1）设计成本的控制。产品成本水平的高低主要取决于产品设计阶段，也是成本控制的源头。就像水库的水闸，它对水量大小起决定性作用。设计得先进合理，就可以生产出优质、优价、低成本的产品，给企业带来良好的经济效益。产品设计成本控制包括新产品的研制和原有产品的改进两方面的成本控制。产品的设计阶段不仅可以控制产品投产后的生产成本，也可以控制产品用户的使用成本，在市场竞争激烈的今天，这一点尤其重要。确立成本优势，就是要在成本水平一定的情况下提高客户的使用价值，或成本水平提高不大，但客户的使用价值能大幅度地提高。要做到这一点，设计阶段的成本控制是关键。因此，必须从全局出发，研究产品生产成本与使用成本之间的关系，比较各设计方案的经济效果，做出适当的决策。

（2）生产成本控制。它是一个通过对产品生产过程中的物流控制来控制价值形成的过程，包括对供应过程中的原材料采购和储备的控制、生产过程中的原材料耗用控制及各项生产费用的控制。这是一个动态的控制过程，必须不断地对照成本标准，对成本的实际发生过程进行控制。

（3）费用预算控制。产品制造费用的控制，主要通过预算控制来进行，使成本的发生处于预算监督之下。

3. 揭示成本差异

利用成本标准、预算与实际发生的费用相比较计算成本差异，是成本控制的中心环节。通过揭示差异，发现实际成本与成本标准或预算是否相符，是节约还是超支。如果实际成本高于成本标准或预算，就存在不利差异，就要分析差异产生的原因，采取相应措施，控制成本的形成过程。为了便于比较，揭示成本差异时所搜集的成本资料的口径应与成本标准的制定口径一致，避免出现两者不可比的现象。

4. 进行考核评价

通过对成本责任部门的考核与评价，奖优罚劣，促进成本责任部门不断改进工作，

实现降低成本的目标。同时，通过考核评价，发现目前成本控制中存在的问题，改进现行成本控制制度及措施，以便有效地进行成本控制。

第二节　标准成本控制

一、标准成本的概念和特点

标准成本起源于泰罗的"科学管理学说"，经过不断演进，已成为控制成本的有效工具。标准，即为一定条件下衡量和评价某项活动或事物的尺度。所谓标准成本，是指按照成本项目反映的、在已经达到的生产技术水平和有效经营管理条件下，应当发生的单位产品成本目标。它有理想标准成本、正常标准成本和现实标准成本三种类型。

理想标准成本，是企业的经营管理水平、生产设备状况、职工技术水平等条件都处于最佳状态，停工损失、废品损失、机器维修保养、工人休息停工时间等都不存在时的最低成本水平。由于这种成本的要求过高，只是一种纯粹的理论观念，即使企业全体员工共同努力，也难以达到，因此不宜作为现行标准成本。

正常标准成本，是根据过去一段时期实际成本的平均值，剔除其中生产经营活动中的异常因素，并考虑未来的变动趋势而制定的标准成本。这种标准成本把未来看作历史的延伸，是一种经过努力可以达到的成本，企业可以此为现行成本，但它的应用有局限性，企业只有在国内外经济形势稳定、生产发展比较平稳的情况下才能使用。

现实标准成本，是根据企业最可能发生的生产要素耗用量、生产要素价格和生产经营能力利用程度而制定的。由于这种标准包含企业一时还不能避免的某些不应有的低效、失误和超量消耗，因此它是经过努力可以达到的，既先进又合理、切实可行且接近实际的成本。

标准成本控制的核心是按标准成本记录和反映产品成本的形成过程与结果，并借以实现对成本的控制。其特点是：

（1）标准成本账户只计算各种产品的标准成本，不计算各种产品的实际成本。"生产成本""产成品""自制半成品"等成本账户均按标准成本入账。

（2）实际成本与标准成本之间的各种差异分别记入各成本差异账户，并根据它们对日常成本进行控制和考核。

（3）标准成本控制可以与变动成本法相结合，达到成本管理和控制的目的。

二、标准成本控制的程序

（1）正确制定成本标准；

（2）揭示实际消耗量与标准耗用量的差异；

（3）积累实际成本资料，并计算实际成本；

（4）比较实际成本与标准成本的差异，分析成本差异产生原因；

（5）根据差异产生的原因，采取有效措施，在生产经营过程中进行调整，消除不利差异。

三、标准成本的制定 ├─────────────────────

（一）标准成本的制定方法

制定标准成本有多种方法，最常见的有：

1. 工程技术测算法

它是根据一个企业现有的机器设备、生产技术状况，对产品生产过程中的投入产出比例进行估计而计算出来的标准成本。

2. 历史成本推算法

它是将过去发生的历史成本数据作为未来产品生产的标准成本，一般以企业过去若干期的原材料、人工等费用的实际发生额计算平均数，要求较高的企业往往以历史最好的成本水平来测算。

以上两种方法，各有优缺点。历史成本测算法省时省力，又易于做到，但它不能适应变化着的市场要求。

（二）标准成本的一般公式

产品的标准成本，根据完全成本法的成本构成项目，主要包括直接材料、直接人工和制造费用三个项目组成。无论是哪一个成本项目，在制定其标准成本时，都需要分别确定其价格标准和用量标准，两者相乘即为每一成本项目的标准成本，然后汇总各个成本项目的标准成本，就可以得出单位产品的标准成本。其计算公式如下：

某成本项目标准成本=该成本项目的标准用量×该成本项目的标准价格

单位产品标准成本=直接材料标准成本+直接人工标准成本+制造费用标准成本

（三）标准成本各项目的制定

1. 直接材料标准成本的制定

直接材料标准成本是由直接材料耗用量标准和直接材料价格标准两个因素决定的。直接材料耗用量标准是指企业在现有生产技术条件下，生产单位产品应当耗用的原料及主要材料数量，通常也称为材料消耗定额，一般包括构成产品实体应耗用的材料数量、生产中的必要消耗，以及不可避免的废品损失中的消耗等。

材料标准耗用量应根据企业产品的设计、生产和工艺的现状，结合企业的经营管理水平的情况和成本降低任务的要求，考虑材料在使用过程中发生的必要损耗（如切削、边角余料等），并按照产品的零部件来制定各种原料及主要材料的消耗定额。材料消耗标准一般应由生产技术部门制定提供，定额制度健全的企业，也可以依据材料消耗定额来制定。

材料标准价格是指以订货合同中的合同价格为基础，考虑未来各种变动因素，所确定的购买材料应当支付的价格，即标准单价。一般包括材料买价、运杂费、检验费和正常损耗等成本，它是企业编制的计划价格，通常由财务部门和采购部门共同制定。

确定了直接材料标准耗用量和标准价格后，将各种原材料标准耗用量乘以标准单价，就得到直接材料标准成本。其计算公式：

单位产品直接材料成本＝∑（各种材料标准用量×各种材料标准价格）

2. 直接人工标准成本的制定

直接人工标准成本是由直接人工工时耗用量标准和直接人工价格标准两个因素决定的。人工工时耗用量标准即直接生产工人生产单位产品所需要的标准工时，也称工时消耗定额，是指在企业现有的生产技术条件下，生产单位产品所需要的工作时间，包括对产品的直接加工工时、必要的间歇和停工工时以及不可避免的废品耗用工时等。人工工时耗用量标准通常需由生产技术部门和人力资源部门根据技术测定和统计调查资料来确定。直接人工价格标准是每一标准工时应分配的标准薪酬，即标准薪酬率，以职工薪酬标准来确定。确定了标准工时和薪酬率后，用下列公式计算单位产品直接人工标准成本：

单位产品直接人工标准成本＝人工标准工时×标准薪酬率

3. 制造费用标准成本的制定

由于制造费用无法追溯到具体的产品品种上，包括固定性制造费用和变动性制造费用，因此，不能按产品制定消耗额。通常以责任部门为单位，按固定费用和变动费用编制预算。制造费用的标准成本是由制造费用的标准价格和制造费用的标准用量决定的，制造费用价格标准即制造费用标准分配率，制造费用用量标准即工时用量标准。具体计算公式如下：

单位产品制造费用标准成本＝制造费用标准用量×制造费用标准分配率

制造费用标准分配率＝变动制造费用标准分配率＋固定制造费用标准分配率

变动制造费用标准分配率＝变动制造费用预算÷预算产量的标准工时

固定制造费用标准分配率＝固定制造费用预算÷预算产量的标准工时

4. 制定标准成本举例

【例 7-1】假定甲企业 20×8 年 A 产品预计消耗直接材料、直接人工、制造费用资料以及 A 产品标准成本计算如表 7-1 所示。

表 7-1　产品标准成本计算

产品：A 产品　　　　　　　　　　20×8 年×月×日

	原料号码	单位	数量	标准单价/元	部门1	部门2	合计/元		操作号码	标准时数	标准工资率	部门1	部门2	合计/元
直接材料	1-6	kg	5	10	50		50	直接人工	1-3	2	5	10		10
	3-5	kg	10	7		70	70		2-4	5	4		20	20
	4-7	kg	6	10		60	60		3-5	6	3		18	18
	直接材料成本合计/元				50	130	180		直接人工成本合计/元			10	38	48

	标准时数	标准分配率	部门1	部门2	合计		标准时数	标准分配率	部门1	部门2	合计
变动制造费用	2	3	6		6	固定制造费用	2	2	4		4
	11	4		44	44		11	3		33	33
	变动制造费用合计/元		6	44	50		固定制造费用合计/元		4	33	37

制造费用合计/元	87
产品标准成本合计/元	315

四、成本差异的计算与分析

这里的成本差异是指产品的实际成本与标准成本之间的差额。在生产经营过程中，实际发生的成本会高于或低于标准成本，它们间的差额就是成本差异，实际成本高于标准成本时的差额称为不利差异，低于标准成本的差额称为有利差异。实行标准成本控制就是要发扬有利差异，消除不利差异。但值得注意的是，有利差异对企业未必都是好事，不利差异也未必都是坏事，管理人员应进一步搜集资料加以具体分析，以便得出恰当的结论。

标准成本包括直接材料标准成本、直接人工标准成本、变动制造费用标准成本、固定制造费用标准成本，与此相对应，成本差异也有直接材料成本差异、直接人工成本差异、变动制造费用成本差异、固定制造费用成本差异，每一个标准成本项目均可分解为用量标准和价格标准，成本差异也分解为数量差异和价格差异，标准成本差异分析实际上就是运用因素分析法（又称连环替换法）的分析原理和思路对成本差异进行分析，同时遵循该法中的因素替换原则和要求，故进行标准成本的差异计算与分析应结合因素分析法加以考虑。

对成本差异的深入分析既要从成本项目、变动和固定成本、还要从用量和价格因素等着手，多方面、多角度，其根本动因在于找出引起差异的具体原因，做到分清、落实部门和人员的责任，使成本控制真正得以发挥。

成本差异的通用计算公式如图7-1所示。

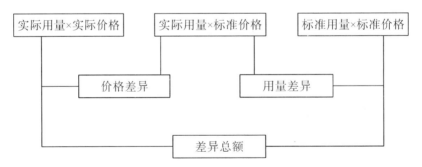

图7-1 成本差异的通用计算公式

（一）直接材料差异的计算与分析

直接材料成本差异是直接材料的实际成本与其标准成本之间的差额，包括材料用量差异和价格差异。由于直接材料的用量和价格指标是最接近人们一般理解中的用量和价格概念的，故比直接人工、制造费用的差异计算和分析更易于理解和接受。

直接材料的用量差异=（实际用量×标准价格）-（标准用量×标准价格）

= （实际用量-标准用量）×标准价格

=△用量×标准价格

导致直接材料用量差异的原因主要有设备故障、原材料质量不高、员工技术不熟练、产品质量标准变化、生产管理不力，等等。这些差异主要在生产过程中发生，应由生产部门负责。当然，也存在生产部门不可控的因素，如采购部门为了降低采购成本，降低了原材料的质量，这就不是生产部门的责任，应由采购部门负责。

导致直接材料价格差异的因素主要有采购批量、送货方式、购货折扣、材料品质、采购时间等。这些因素主要由采购部门控制，应该由采购部门负责。当然也存在例外情况，如生产中出现材料紧缺，必须紧急采购，价格就难以控制，造成采购成本提高，其责任又另当别论。

$$直接材料的价格差异 = （实际用量×实际价格）－（实际用量×标准价格）$$
$$= 实际用量×（实际价格－标准价格）$$
$$= 实际用量×\triangle 价格$$

【例7-2】某企业 A 产品本月实际产量为 120 件，材料消耗标准用量为 10 千克，每千克标准价格为 50 元，实际材料耗用量为 1 100 千克，实际单价为 51 元。其实际材料标准成本差异计算如下：

$$直接材料的实际成本 = 1 100×51 = 56 100 （元）$$
$$直接材料的标准成本 = 120×10×50 = 60 000 （元）$$
$$直接材料成本差异 = 56 100－60 000 = －3 900 （元）$$

其中：

$$数量差异 = （1 100－120×10）×50 = －5 000 （元）$$
$$价格差异 = 1 100×（51－50） = 1 100 （元）$$
$$验证：－5 000+1 100 = －3 900$$

上述计算结果说明，该企业材料数量差异为－5 000 元，表明生产部门管理得力或是生产技术水平提高等原因，节约了材料耗用量，降低了材料成本，为有利差异。价格差异为 1 100 元，这是由于市场价格的变化所带来的不利差异，导致材料成本的上升。

（二）直接人工差异的计算与分析

直接人工差异的确定与直接材料大致相同，不同之处在于直接人工的用量指标是"工时"，而"工时"可以反映工作效率的高低，所以其用量差异也称为人工效率差异；价格指标是"薪酬率"，所以其价格差异就是薪酬率差异。计算公式为：

$$直接人工效率差异(量差) = （实际工时×标准薪酬率）－（标准工时×标准薪酬率）$$
$$= （实际工时－标准工时）×标准薪酬率$$
$$= \triangle 工时×标准薪酬率$$
$$直接人工薪酬率差异(价差) = （实际工时×实际薪酬率）－（实际工时×标准薪酬率）$$
$$= 实际工时×（实际薪酬率－标准薪酬率）$$
$$= 实际工时×\triangle 薪酬率$$

薪酬率在聘用合同中有相关条款规定，实际支付与预算额一般不会出现差异，但当企业的人力资源管理变动时，会导致薪酬率差异，如在生产经营中出现降级或升级使用员工、员工人数的增减、总体薪酬水平变动等情况。

员工生产经验不足、原材料质量不合格、设备运转不正常、工作环境不佳等多种因素均会导致直接人工效率差异。通常情况下，效率差异由生产部门负责，但如果影响因素是生产部门的不可控因素，责任应由相关部门承担。

【例7-3】某企业 B 产品的直接人工成本差异如表7-2所示。

表7-2 B 产品的直接人工成本差异

项目	工时数/小时	薪酬率/元·小时$^{-1}$	金额/元
标准成本	5 200	11.8	61 360
实际成本	5 000	12.6	63 000
总差异/元	63 000−61 360=1 640		
效率差异	（5 000−5 200）×11.80=−2 360		
薪酬率差异	5 000×（12.6−11.8）=4 000		
验证	4 000+（−2 360）=1 640		

（三）变动制造费用的差异计算与分析

变动制造费用差异的确定与直接人工大致相同，用量指标也为"工时"，故用量差异也就是其效率差异；其价格指标是"制造费用分配率"，而费用分配率反映的是耗费水平的高低，故其价格差异也称为耗费差异。

变动制造费用效率差异（量差）
= （实际工时−标准工时）×变动制造费用标准分配率
=△工时×标准分配率
变动制造费用耗费差异（价差）
= 实际工时×（变动制造费用实际分配率−变动制造费用标准分配率）
= 实际工时×△分配率

变动制造费用耗费差异，可能是实际价格与变动制造费用预算不一致造成的，也可能是制造费用项目的过度使用或浪费造成的。

变动制造费用效率差异产生的原因与直接人工效率差异大致相同。

【例7-4】某产品变动制造费用实际发生额为 7 540 元，实际耗用直接工时 1 300 小时，产量 120 000 件，单位产品标准工时 0.01 小时，制造费用标准分配率 6 元/小时，变动制造费用差异计算如下：

标准成本 = 120 000×0.01×6=7 200 （元）
成本差异 = 7 540 − 7 200=340 （元）

其中，

效率差异 = （1 300−120 000×0.01）×6=600 （元）
耗费差异 = （7 540/1 300−6）×1 300=−260 （元）

验证：−260+600=340 （元）。

（四）固定制造费用的差异计算与分析

固定制造费用有两种计算分析方法，一是两因素差异分析法，二是三因素差异分析法。两因素差异分析法将固定制造费用差异分为耗费差异和数量差异，这里的数量差异又称为能量差异。计算公式如下：

固定制造费用成本差异=固定制造费用实际发生额-实际产量下标准固定制造费用

其中：耗费差异=固定制造费用实际发生额-固定制造费用预算额

能量差异=固定制造费用预算额-实际产量下标准固定制造费用

$$=（预算工时-实际产量下的标准工时）×固定制造费用标准分配率$$

固定制造费用包括管理人员薪酬、保险费、厂房设备折旧、税金等项目，这些项目在一定时期内不会随产量水平的变化而变动，因此，一般来讲，与预算成本差异不大。

如果企业出现固定制造费用数量差异，说明生产能力的利用程度与预算不一致。若生产能力得到超额利用，实际产量的标准工时会大于生产能量，形成有利差异；反之，则是生产能力没有得到充分利用，造成生产能力的闲置。

【例 7-5】某年 A 产品固定制造费用预算成本为 30 000 元，预算直接人工 1 000 小时，单位产品标准工时是 0.01 小时，固定制造费用标准分配率是 30 元/小时，预算产量 100 000 件，实际产量 90 000 件，实际工时 950 小时，实际发生制造费用 28 700 元。

要求：采用两因素差异分析法计算分析固定制造费用成本差异。

解：

$$总差异=28\ 700-90\ 000×0.01×30=1\ 700（元）$$

$$耗费差异=28\ 700-30\ 000=-1\ 300（元）$$

$$能量差异=30\ 000-90\ 000×0.01×30=3\ 000（元）$$

或

$$（100\ 000×0.01-90\ 000×0.01）×30=3\ 000（元）$$

$$验证：-1\ 300+3\ 000=1\ 700（元）。$$

三因素差异分析法就是进一步将能量差异分为效率差异和生产能力利用差异，再加上前面的耗费差异就构成了三种影响因素，耗费差异的计算与前面完全一致，另外两种差异的计算公式如下：

效率差异=（实际工时-实际产量下标准工时）×固定制造费用标准分配率

生产能力利用差异=（预算工时-实际工时）×固定制造费用标准分配率

注意：①预算工时是根据企业的生产能力水平确定的；②固定制造费用标准分配率亦称为固定制造费用预算分配率，因为其确定的依据是固定制造费用的预算成本及预算产量下的标准工时。

实际工时脱离标准工时反映的是效率的快慢和高低，故这类差异称为"效率差异"。预算工时与实际工时的不一致反映的是生产能力的利用程度。如实际工时低于预算工时说明生产能力存在闲置，尚未充分利用生产能力；如实际工时高于预算工时说明企业超负荷运转，存在生产能力的透支使用，故这类差异称为"生产能力利用差异"或"闲置能量利用差异"。"生产能力利用差异"无论是正数还是负数，即无论表现为节约还是超支，均是不利差异，这与其他差异的性质有所不同，在进行差异分析时应引起关注。恰当的做法是尽量充分利用生产能力开展生产经营活动，才是企业持续发展的战略选择，超负荷进行生产，虽然短期内能带来成本上的节约，表面上是成本发生的有利差异但无益于企业的长远发展，这种饮鸩止渴的短期化行为在进行成本差异分析时是必须警惕的。

【例 7-6】接【例 7-5】，假设 A 产品实际所耗工时为 990 工时。

要求：用三因素法计算固定制造费用成本差异。

解：　　　　总差异 = 28 700-90 000×0.01×30 = 1 700（元）

耗费差异 = 28 700-30 000 = -1 300（元）

效率差异 =（990-90 000×0.01）×30 = 2 700（元）

生产能力利用差异 =（1 000-990）×30 = 300（元）

验证：-1 300+2 700+300 = 1 700（元）。

第三节　质量成本控制

一、质量成本和质量成本控制的含义

（一）质量成本的概念

要明确质量成本的概念，首先应当先明确什么是质量。本节所述及的"质量"是指产品或服务能使消费者使用要求得到满足的程度，主要包括设计质量和符合质量两项内容。设计质量是指产品设计的性能、外观等指标符合消费者需要和需求的程度。符合质量是指实际所生产的产品符合设计要求的程度。设计质量与符合质量体现了产品或劳务的性能和效果。二者是一个有机统一的整体。高质量的产品或服务不仅要在性能上满足顾客的需求，还要在性能的实际效果上达到顾客的要求。一般来说，质量较高的产品或服务其成本较高，相应的市场价格也较高。

质量成本是指企业为保持或提高产品质量所发生的各种费用和因产品质量未达到规定水平所产生的各种损失的总称。质量成本是质量经济性与成本特殊性相结合的一个新的成本范畴。一方面，质量经济性要求质量与经济相结合，质量与成本相结合，以避免质量"不经济"的行为；另一方面，成本广义化趋势及其向质量领域延伸，构成成本应用的一个特殊领域。

（二）质量成本的种类

对质量成本进行分类，有多种划分标准。目前理论界较为认同的有以下两种：

（1）按质量成本的经济性质划分，可分为：①材料、燃料、动力、低耗品等材料成本要素，是质量管理过程中从事预防、鉴定、控制和提高产品质量所发生的各种材料、燃料、动力和低耗品等的耗费；②薪酬成本要素，是与产品质量活动有关人员的薪酬支出；③折旧成本要素，是提高产品质量专用机器、设备、仪器、仪表等固定资产折旧费和修理维护费用等；④其他质量成本要素，是以上没有包括的其他质量成本要素。

（2）按质量成本的经济用途划分，可分为：①预防成本项目，是用于保证和提高产品质量，防止产生废次品的各种预防性支出，包括：质量计划工作费用、产品评审费用、工序能力研究费用、质量审核费用、质量情报费用、人员培训费用和质量奖励费用等内容。②鉴定成本项目，是用于质量检测活动发生的各种费用支出，包括：原材料验收检测费、工序检验费、产品检验费、破坏性试验的产品试验费、检验设备的维护、保养费用及质量监督成本等内容。③内部损失成本项目，是产品出厂前，因质量未能达到规定标准而发生的损失，如报废损失、返修损失、复检损失、停工损失、事故分析处理费用、产品降级损失等。④外部损失成本项目，是产品出厂后，因质量未能达到规定标准而发生的损失，如索赔费用、退货损失、保修费用、折价损失、诉讼费用及企业信誉损失等。

（三）质量成本控制

质量成本控制是指企业根据预定的质量成本标准或目标，对质量成本形成过程中的一切耗费进行计算和审核，找出质量成本差异发生的原因，并不断予以纠正的过程。企业主要通过质量成本报告对质量成本实行控制。

随着经济全球化的深入发展，高新技术的不断涌现，消费者需求日益个性化，竞争环境日趋复杂，质量成本控制在企业的成本控制中的地位越来越高，必须将它纳入企业成本控制系统之中。

二、质量成本控制程序

要做好质量成本控制工作，必须建立完善的控制体系，它决定着质量成本控制的成效。质量成本控制体系是围绕质量成本控制程序来设计的。在日常的质量成本控制工作中，控制程序有以下几个步骤：

（1）建立健全全面质量管理的组织体系，确立生产流程中的质量成本控制点，作为质量成本控制的责任中心。在责任中心中，严格区分可控成本和不可控成本，分清责任，强化管理。如，鉴定成本由质检部门负责，对供应商的评估由采购部门负责，内部损失成本由生产部门负责，质量成本总额由质量管理部门负责。确定了质量成本责任中心，企业管理层才能将质量成本目标分解，进行控制和管理，并及时掌握质量成本的变化情况，采取有效措施。

（2）确定各质量成本项目的控制指标和偏差范围。成本控制总是以一定的基准为实际成本的对照物，这些基准就是各种不同的控制指标。进行质量成本控制，必须制定各质量成本项目允许的偏差范围作为控制依据，按照"例外管理"原则控制。

（3）实行全面质量成本控制，在产品的设计阶段、生产阶段、使用阶段，实施整个生命周期的全过程控制。

三、最优质量成本观

质量成本控制的目标是以最少的质量成本，生产出最优质的产品。最优产品所消耗的最低水平的成本，就是最优质量成本。它是评价质量成本控制绩效的理想指标，但很难达到。对于最优质量成本，存在传统观和现代观两种不同的认识。

（一）传统最优质量成本观

最优质量成本的传统观认为，控制成本（预防成本和鉴定成本）与故障成本（内部和外部损失成本）之间存在着一种此消彼长的关系，当控制成本增加，损失成本减少时，总质量成本水平也会随之下降并将稳定在某一个平衡点上。此时的质量水平被认为是传统观可接受的质量水平。

任何一项产品的规格指标或质量指标都是一个区间范围，不超过这个范围就属于合格产品，这就意味着企业允许不合格产品存在，并销售给顾客。对于企业，产品出现允许范围内的不合格是可以接受的，但对于顾客，买到不合格产品，其权益却是百分之百受到损害。因此，传统质量观具有明显的局限性。

传统观允许而且鼓励一定数量的次品生产。这种观点一直盛行至20世纪70年代才受到零缺陷观点的挑战。20世纪80年代中期，零缺陷模型向健全质量模型进一步推进，又一次向传统观发出挑战。根据健全观，生产与目标值有偏离的产品就会带来损失，而且偏离越大损失也越大，因此，只有努力改进质量，才能形成节约的潜力。

（二）现代最优质量成本观

现代最优质量成本观认为，预防成本和鉴定成本在增加到一定程度后，也可以降低，所以，随着预防成本和鉴定成本的增加和损失成本的下降，质量成本总水平不仅会下降，而且会持续下降，并不像传统观所描述的那样停留在最优平衡点上。随着全面质量管理卓有成效的实施和健全零缺陷状态的实现，预防成本、鉴定成本等可控成本可以先增后减，内外部损失成本有可能降至零，总质量成本亦可能继续下降，而产品质量却能不断提高。

（三）两种质量成本观的区别

（1）在接近健全零缺陷状态时，控制成本并非无限制地增加；
（2）随着接近健全状态，控制成本可能是先增后减；
（3）故障质量成本有可能降至零；
（4）传统观反映的是静态的质量成本，而现代观反映的则是动态的质量成本。

四、质量成本管理

现代质量成本观念形成之前，企业主要根据传统观念进行质量成本管理，重视生产过程中的产品质量，忽视售后服务质量，因此在这些方面的耗费也没有引起足够的重视。对企业而言，产品质量标准由企业自己制定，忽视国际化质量标准的存在，在经济全球化趋势日益强化的今天，这必然会影响企业的生存与发展。

现代质量管理是全面的质量管理，强调从产品的整个生命周期来考虑，强调全员参与，形成一个既重生产质量又重服务质量的完整体系。其特点是：
（1）质量成本控制是从产品的设计和投产开始，贯穿产品的整个生命周期。
（2）质量成本控制的最终目标是"零缺陷"。
（3）从战略的高度来权衡质量与成本的关系，兼顾企业的长远利益和短期利益，确定成本的合理结构。

五、质量成本控制业绩报告

为了全面反映质量成本管理的业绩，必须将质量成本控制中的有关信息及时向管理层汇报，以便于管理层决策。这种信息的传输主要采用内部报告的形式。

质量成本报告是衡量企业在某特定期间质量成本分布情况的报表，是用来反映一个企业在质量改进项目上进展程度的书面文件。质量成本报告并没有统一的格式，常随着编制目的的不同而有多种不同的类型。

不论企业采用何种方式编制质量成本报告，其内容不外乎强调各成本要素的比例关系（如预防成本与鉴定成本占质量成本的比率）及其衡量基础（如质量成本占销售收入或销售成本的比率）。

企业质量成本报告一般有短期质量成本报告、多期趋势质量成本报告和长期质量成本报告三种类型。

（一）短期质量成本报告

短期质量成本报告用来反映当期标准或目标的进展情况。每年，企业都必须制定短期质量标准，并据以制定计划以达到该质量目标水平。期末，短期业绩报告通过将当期的实际质量成本和预算质量成本进行比较，可以反映实际质量成本与预算质量成本之间的差距，从而找出短期质量改进的目标。参考格式如表7-3所示。

表 7-3　短期质量成本报告　　　　　　　　　　　　　单位：元

项目	实际成本	预算成本	差异
预防成本			
质量计划			
质量培训			
质量审核			
质量奖励			
产品评审			
预防成本合计			
鉴定成本			
原材料检验			
产品验收			
流程验收			
破坏性试验			
质量监督			
鉴定成本合计			
内部损失成本			
返修			
废料			
复检			
停工			
产品降级			
内部损失成本合计			
外部损失成本			
索赔			

表7-3(续)

项目	实际成本	预算成本	差异
保修 退货 折价 外部损失成本合计			
质量成本合计			

（二）多期趋势质量成本报告

多期趋势质量成本报告用来反映从质量改进项目实施起的进展情况。多期趋势质量成本报告可以反映质量成本的总体变化，从而可以对质量项目的总体趋势进行评估。

多期趋势质量成本报告是将期内质量改进项目的进展程度以图表的形式加以表达的报告。一般以横坐标表示期数，以纵坐标表示相应时间内的销售百分比，将多期质量成本占销售百分比描述在坐标图上，即可反映质量改进项目的执行情况。

质量成本趋势分析图如图7-2、图7-3所示。

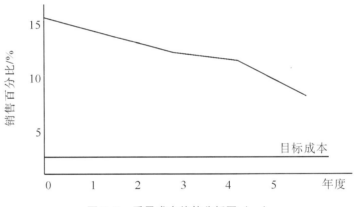

图7-2　质量成本趋势分析图（一）

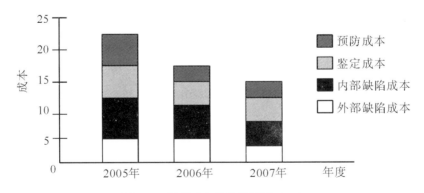

图7-3　质量成本趋势分析图（二）

（三）长期质量成本报告

长期质量成本报告用来反映长期标准或目标的进展情况。在每期期末，长期质量成本报告通过将该期的实际质量成本与企业期望最终达到的目标质量成本进行比较，提醒管理者牢记最终的质量目标，反映质量改进的空间，便于编制下一期的计划。

由于现代质量成本管理的目标是追求零缺陷，因而不应该存在缺陷成本。长期质量成本报告对当期的实际质量成本与达到零缺陷时允许的目标质量成本进行比较。如果目标成本选择恰当，则目标成本都是增值成本，而实际成本与目标成本的差异是非增值成本。因此，长期质量成本报告只是增值成本与非增值成本之间的差异报告。参考格式如表7-4所示。

表7-4　长期质量成本报告　　　　　　　　　　　单位：元

项目	实际成本	目标成本	差异
预防成本			
质量计划			
质量培训			
质量审核			
质量奖励			
产品评审			
预防成本合计			
鉴定成本			
原材料检验			
产品验收			
流程验收			
破坏性试验			
质量监督			
鉴定成本合计			
内部损失成本			
返修			
废料			
复检			
停工			
产品降级			
内部损失成本合计			
外部损失成本			
索赔			

表7-4(续)

项目	实际成本	目标成本	差异
保修			
退货			
折价			
外部损失成本合计			
质量成本合计			

本章小结

本章在介绍成本控制的概念、原则和程序的基础上，着重阐述标准成本的制定及如何进行标准成本的差异分析，对成本差异既分成本项目，又分变动和固定成本，还分用量和价格因素等进行多方面、多角度的深入分析。在了解质量成本和质量成本控制的含义及程序的基础上，展开分析最优成本观及质量成本管理和质量成本控制业绩报告等。

综合练习

一、单选题

1. 在成本差异分析中，与变动制造费用效率差异类似正确的是（   ）。

    A. 直接人工效率差异   B. 直接材料用量差异

    C. 直接材料价格差异   D. 直接材料成本差异

2. 固定制造费用效率差异体现的是（   ）。

    A. 实际工时与标准工时之间的差异

    B. 实际工时与预算工时之间的差异

    C. 预算工时与标准工时之间的差异

    D. 实际分配率与标准分配率之间的差异

3. 在成本差异分析中，与变动制造费用耗费差异类似的是（   ）。

    A. 直接人工效率差异   B. 直接材料价格差异

    C. 直接材料成本差异   D. 直接人工价格差异

4. 如果直接人工实际工资率超过了标准工资率，但实际耗用工时低于标准工时，则直接人工的效率差异和工资率差异的性质是（   ）。

    A. 效率差异为有利；工资率差异为不利

    B. 效率差异为有利；工资率差异为有利

C. 效率差异为不利；工资率差异为不利

D. 效率差异为不利；工资率差异为有利

5. 某企业甲产品 3 月实际产量为 100 件，材料消耗标准为 10 千克，每千克标准价格为 20 元；实际材料消耗量为 950 千克，实际单价为 25 元。直接材料的数量差异为（　　）。

    A. 3 750 元   B. 20 000 元

    C. -1 000 元   D. 4 750 元

6. 以下属于核定预防成本内容的是（　　）。

    A. 责任的成本

    B. 维持客户忠诚成本

    C. 对产品和服务进行检验、测试和对许多数据进行审核的成本

    D. 品质管理和经营成本

7. 关于品质改进，理解正确的是（　　）。

    A. 低头解决问题

    B. 与资金无关

    C. 一定要围绕整个公司的资金运营状况

    D. 能让现金流停滞

8. 以下项目中，不属于质量成本管理中鉴定成本的是（　　）。

    A. 质量监督成本   B. 破坏性试验成本

    C. 流程验收成本   D. 产品评审成本

二、多选题

1. 作为确定例外控制原则中的"例外"的标志有（　　）。

    A. 重要性   B. 一贯性

    C. 特殊性   D. 全面性

2. 成本控制的原则可概括为三条，即（　　）。

    A. 全面控制原则   B. 因地制宜原则

    C. 例外控制原则   D. 经济效益原则

3. 标准成本的类型有（　　）。

    A. 理想标准成本   B. 正常标准成本

    C. 现实标准成本   D. 基本标准成本

4. 材料用量差异产生的原因有（　　）。

    A. 设备故障   B. 原材料质量不高

    C. 员工技术不熟练   D. 生产管理不力

5. 对最优质量成本的不同认识有（　　）。

    A. 传统最优质量成本观   B. 近代最优质量成本观

    C. 现代最优质量成本观   D. 当代最优质量成本观

6. 成本形成过程的控制包括的主要方面有（　　）。

    A. 设计成本控制   B. 生产成本控制

C. 费用预算控制　　　　　　　　　　D. 质量成本控制

7. 实际工时脱离标准工时形成的成本差异，以下叫法正确的有（　　　）。

A. 效率差异　　　　　　　　　　B. 数量差异

C. 价格差异　　　　　　　　　　D. 耗费差异

8. 在固定制造费用差异分析中，预算工时与实际工时的不一致所引起的成本差异，以下说法正确的有（　　　）。

A. 反映的是生产能力的利用程度　　B. 可称为"生产能力利用差异"

C. 可称为"闲置能量利用差异"　　　D. 可称为"能量差异"

三、判断题

1. 变动性制造费用的价格差异就是其耗费差异。　　　　　　　　　　　（　　　）

2. 标准成本差异分析实际上就是运用因素分析法的分析原理和思路对成本差异进行的分析，同样遵循因素分析法中的因素替换规则。　　　　　　　　　　　（　　　）

3. 直接材料用量差异的影响因素均为生产部门的可控因素。　　　　　　（　　　）

4. 直接人工的效率差异应该全部由生产部门负责。　　　　　　　　　　（　　　）

5. 质量成本一般包括设计质量和符合质量两项内容。　　　　　　　　　（　　　）

6. 固定制造费用的能量差异也称为闲置能量差异。　　　　　　　　　　（　　　）

7. 现代最优质量成本观认为，故障质量成本有可能降至零。　　　　　　（　　　）

8. 质量成本控制的最终目标是"零缺陷"。　　　　　　　　　　　　　　（　　　）

9. 预防成本包括质量培训、产品评审、产品验收、流程验收等环节发生的成本。

（　　　）

10. 最优质量成本就是最优产品所消耗的最低水平成本。　　　　　　　（　　　）

四、实践练习题

1. 某企业生产产品需要一种材料，有关资料如下：

项目	A 材料
实际用量/千克	1 000
标准用量/千克	1 100
实际价格/元·千克$^{-1}$	50
标准价格/元·千克$^{-1}$	45

要求：计算这种材料的成本差异，并分析差异产生的原因。

2. 某企业本月固定制造费用的有关资料如下：

生产能力（预算工时）　　　　　　　　2 500 小时

实际耗用工时　　　　　　　　　　　　3 500 小时

实际产量的标准工时　　　　　　　　　3 200 小时

固定制造费用的实际数　　　　　　　　8 960 元

固定制造费用的预算数　　　　　　　　8 000 元

要求：（1）根据所给资料，计算固定制造费用的成本差异。

（2）采用三因素差异分析法，计算固定制造费用的各种差异。

3.某企业月固定制造费用预算总额为 100 000 元，固定制造费用标准分配率为 10 元/小时，本月固定制造费用实际发生额为 88 000 元，生产 A 产品 4 000 个，其单位产品标准工时为 2 小时/个，实际耗用工时 7 400 小时。

要求：用两因素差异分析法和三因素差异分析法分别进行固定制造费用的差异分析。

4.某企业生产产品需要两种材料，有关资料如下：

项目	甲材料	乙材料
实际用量/千克	3 000	2 000
标准用量/千克	3 200	1 800
实际价格/元·千克⁻¹	5	10
标准价格/元·千克⁻¹	4.5	11

要求：分别计算两种材料的成本差异，分析差异产生的原因。

第八章

作业成本法及应用

【学习目标】

掌握：作业成本法的概念和原理，作业成本法与传统成本核算方法的区别，作业成本法核算，作业管理。

熟悉：作业成本法的应用，作业成本法的局限性。

了解：作业成本法产生的背景，作业成本法的意义。

【关键术语】

作业成本法；资源；作业；作业中心；成本动因；资源成本库；作业成本库

第一节　作业成本法概述

一、作业成本法的概念及产生背景

（一）作业成本法的概念

作业成本法（activity based costing），简称"ABC 成本法"，又被称为"作业成本分析法""作业成本计算法""作业成本核算法"等，是以"作业消耗资源，产品消耗作业"为基本原理，对间接成本耗费的资源先按"资源动因"分配给作业形成作业成本，再将作业成本按"作业动因"分配给成本对象的成本计算方法。

作业成本法在成本界限确定及间接成本分配上有鲜明的特征，具体表现如下：

（1）并非所有的制造费用都计入产品成本，只有该项耗费受到与产品有关的决策影响时才会计入产品成本。例如，生产单位如生产车间的保安人员完全不受生产产品或不生产产品的影响，则在作业成本法下，车间保安人员的薪酬不允许计入产品成本。

（2）非制造费用可以计入产品成本。很多非制造费用同样是生产、销售、分销和服务特殊产品的一部分成本，例如支付给销售人员的佣金、装运费和保修费很容易追溯至单个产品，在作业成本法下可以计入产品成本。

（3）间接成本（包括制造费用和部分非制造费用）按动因不同进行两次归集和分配。作业耗费的资源按资源动因的不同形成资源成本库，然后按资源动因不同分配给不同的作业进而形成作业成本库，最后作业成本库再按作业动因分配给不同的产品和服务，最终形成产品及劳务的成本。

（二）作业成本法产生的背景

在 20 世纪后期，现代管理会计出现了许多重大变革，并取得了引人注目的新进展。这些新进展都是围绕管理会计如何让为企业塑造核心竞争能力而展开的。以"作业"为核心的作业成本法便是其中之一。科学技术和社会经济环境发生的重大变化，必然会影响企业成本核算方法。

1. 技术背景和社会背景

20 世纪 70 年代以来，高新技术和电子信息技术蓬勃发展，全球竞争日趋激烈。为提高生产率、降低成本、改善产品质量，企业的产品设计与制造工程师开始采用计算机辅助设计、辅助制造，最终其形成依托于计算机的一体化制造系统，实现了生产领域的高度计算机化和自动化。随后，计算机的应用延伸到了企业经营的各个方面，从订货开始，到设计、制造、销售等环节，均由计算机控制，企业成为受计算机控制的各个子系统的综合集合体。计算机化控制系统的建立，引发了管理观念和管理技术的巨大变革，准时制生产系统应运而生。准时制生产系统的实施，使传统成本计算与成本管理方法受到强烈的冲击，并直接导致了作业成本法的形成和发展。

高新技术在生产领域的广泛应用，极大地提高了劳动生产率，促进了社会经济的发展，随之，人们可支配收入增加，追求生活质量的要求也越来越高。人们不再热衷于大众型消费，转而追求彰显个性的差异化消费品。社会需求的变化，必然对企业提出新的、更高的要求。与此相适应，顾客生化生产—柔性制造系统取代以追求"规模经济"为目标的大批量传统生产就成了历史的必然。这样，适应产品品种单一化、常规化和数量化批量化的传统成本计算的社会环境就不存在了，变革传统的成本管理方法已是大势所趋。

2. 传统成本计算方法的不适应性

传统成本核算中，产品生产成本主要由直接材料、直接人工、制造费用构成，其中制造费用属于间接费用，必须按一定标准将其分配计入有关产品。传统成本计算方法通常以直接人工成本、直接人工工时、机器工时等作为制造费用的分配标准。这种方法在过去的制造环境下是比较适宜的。20 世纪 70 年代以后，生产过程高度自动化，随之，制造费用构成内容和金额发生了较大变化，与直接人工成本逐渐失去了相关性。随着技术和社会环境的巨变，传统成本核算方法逐渐显现出固有的缺陷，变得越来越不合时宜了，主要体现在以下几个方面：①制造费用激增，直接人工费用下降，成本信息可信性受到质疑。②与工时无关的费用增加，歪曲了成本信息。③简单的分配标准导致成本转移问题出现，成本信息失真。

正是在上述因素的综合作用下，以作业为基础的成本计算方法——作业成本法应运而生，并引起了人们的极大关注。

二、作业成本法的概念体系

作业成本法引入了许多新的概念，它们共同构成了作业成本法的概念体系。作业成本法的概念包括：资源、作业、作业中心、成本对象、成本动因。

（一）资源

资源（resource）是指企业在生产经营过程中发生的成本、费用项目的来源。它是企业为生产产品或者为了保证作业完整正常的执行所必须花费的代价。作业成本法下的资源是指为了作业或产出产品而发生的费用支出，即资源就是指各项费用的总和。制造行业中典型的资源项目有：原材料、辅助材料、燃料与动力费用、工资及福利费、折旧费、办公费、修理费、运输费等。在作业成本核算中，与某项作业直接相关的资源应该直接计入该项作业；但若某一资源支持多种作业，就应当使用成本动因将资源分配计入各项相应的作业中。在实际运用过程中，为了方便计算和统计，通常将具有相同或者类似性质的资源进行合并再将其划分为不同的资源库来进行计算。

（二）作业

1. 作业的含义

作业（activity）是相关的一系列任务的总称，或是指组织内为了某种目的而进行的消耗资源的活动。它代表了企业正在进行或已经完成的工作，是连接资源和成本核算对象的桥梁，是对成本进行分配和归集的基础，因而是作业成本法的核心。在现代企业中任何一项业务或产品，都是由若干的作业经过有序的结合而形成的产物，也就是相关作业通过连接进而形成一个完整的作业链，构建出一个业务或产品的价值链的过程，前一环节作业形成的价值转移至下一环节的作业，前一环节作业为下一环节作业服务并进行增值，直至形成最后的业务或者产品。

2. 作业的分类

根据企业业务的层次和范围，可将作业分为以下四类：单位水平作业、批别水平作业、产品水平作业和过程作业。

（1）单位水平作业（unit activity），是指使单位产品或顾客受益的作业。此种作业的成本一般与产品产量或销量呈正比例变动，例如直接人工成本、直接材料成本等成本项目。如果产量增加一倍，则直接人工成本也会增加一倍。

（2）批别水平作业（batch activity），是使一批产品受益的作业。批别水平作业的资源消耗往往与产品或劳务数量没有直接关系，而是取决于产品的批数。这类作业的成本与产品的批数成比例变动，而与每批的产量无关。如机器准备成本，当生产批数越多，机器准备成本就越多，但与产量多少无关。该类常见的作业如设备调试作业、生产准备作业、批产品检验作业、订单处理作业、原料处理作业等。

（3）产品水平作业（product activity），是为准备各种产品的生产而从事的作业。

这种作业的目的是服务于各项产品的生产与销售，其成本与数量和批量无关，但与生产产品的品种数成比例变动，例如对一种产品进行工艺设计、编制材料清单、测试线路、为个别产品提供技术支持等作业，都是产品水平的作业。

（4）过程作业（process activity），也称支持水平作业，是为了支持和管理生产经营活动而进行的作业。支持水平作业是为维持企业正常生产而使所有产品都受益的作业，作业的成本与产量、批次、品种数无关，而取决于组织规模与结构，如工厂管理、生产协调、厂房维修作业等。一般可将管理作业进一步分为车间管理作业（或事业部管理作业）与企业一般管理作业两个小类。

作业层次的分类能为作业成本信息的使用者和设计者提供帮助，因为作业层次与作业动因的选择有着内在的关系。可以看出，传统成本法只考虑了单位水平作业。一个企业往往有很多作业，如不采用有效的分类方法，很容易迷失在数据堆中。最常用的解决办法是把多个相关作业归入一个作业中心。

以酒店业为例，A 酒店的主要收入来源于客房作业中心。客房作业中心的作业流程为：客人到酒店，酒店迎宾将客人引导至前台。可以在网上或通过电话预订酒店房间，前台询问客人是否已经提前预订，随后登记办理入住手续。在客人入住期间，清洁员工按时打扫、清理、整理房间并更换房间物品。客人退房时，工作人员检查房间，符合规则后前台给客人办理退房手续并结账，清洁人员对房间进行打扫。根据上述客房作业中心的作业描述，整理出一个客房作业中心的作业清单（见表 8-1）。

表 8-1　A 酒店客房作业中心作业清单

作业中心	作业	作业描述
客房作业中心	迎宾送客	引导、接待客人、送客
	预订	接听电话、查看网站、确认预订、登记
	办理入住	安排客房、登记资料、收取押金、发放房卡
	查房	客人退房时、工作人员检查房间
	结账	退房、结账
	打扫房间	整理床上用品、打扫房间、清理垃圾
	配备客房用品	更换床上用品、更换洗浴用品和一次性洗漱用品

A 酒店的餐饮作业中心为酒店客人提供中餐和西餐，同时承办婚宴和各类聚会，迎合消费者的多种需求。餐饮作业中心虽然比不上客房作业中心带来的利润，但为了给客户更周到和齐全的服务，餐饮的作业也是必不可少的。餐饮作业中心的作业流程大致为：服务人员在客人到来之前铺好桌布，摆放好餐具。迎宾人员接待客人入座，服务员上茶水、小食，准备菜单给客人。客人完成点餐时将客人点的菜品完整地传至厨房，厨师完成菜品的烹制后，服务员及时上菜给客人，其间服务员做好餐间服务、增添茶水、更换餐具等，尽量满足客人提出的合理需求。待客人用餐完毕结账后，服务人员送客离店，随后及时清理桌面，收拾餐具。根据以上流程可以总结出餐饮作业中心的作业清单（见表 8-2）。

表 8-2　A 酒店餐饮作业中心作业清单

作业中心	作业	作业描述
餐饮作业中心	餐前准备	铺整桌布、摆放餐具、摆放桌椅
	迎宾送客	迎客、送客
	点菜	介绍菜品、下单
	烹饪	食材清洗、切割、原材料上浆、准备调料、配份、菜品打荷、烹制、摆盘
	出菜	传菜员将烹制好的菜品端出
	餐间服务	上菜、更换餐具、增添酒水
	结账	收银
	清理	撤餐具、重新整理桌椅、清洗餐具

（三）作业中心

作业中心（activity center）是一系列相互联系，能够实现某种特定功能的作业集合。作业中心提供有关每项作业的成本信息，每项作业所消耗资源的信息以及作业执行情况的信息。作业中心的划分遵循同质性原则，即性质相同的作业归并在一个作业中心，同时应考虑作业中心应具备一定的规模、企业对成本核算准确性的要求等因素。如果企业的作业流程比较清晰，且一个部门中的作业大多为同质性作业，那么可将企业中的每个部门作为一个作业中心。但考虑某些作业跨部门的特性，故还需单独将这些同质性相关作业从各部门中抽出，再根据作业中心划分的原则与应考虑的因素，归并形成有关的新作业中心。

通过把相关联或相类似的一系列作业合并为一个合适的作业中心，把这些作业所消耗的资源归集到这样的作业中心去，可以大幅减少成本计算的工作量，同时也可以保证最终计算结果的准确性。把相关的一系列作业消耗的资源费用归集到作业中心，就构成该作业中心的作业成本库，作业成本库是作业中心的货币表现形式。

（四）成本对象

成本对象（cost objects）是企业需要进行计量成本的对象，是作业成本分配的终点和归属。成本对象通常是企业生产经营的产品，此外还有产品、服务、顾客等。把成本准确地分配到各个成本对象，是进行成本管理和控制的基础。

（五）成本动因

成本动因（cost driver），又称作业成本驱动因素，是指引发成本的事项或作业，是引起成本发生与变化的内在原因，是对作业的量化表现。如研究开发费用的支出与研究计划的数量、研究计划上所费的工时或者研究计划的技术复杂性相关，那么它们就是研究开发费用的成本动因。

成本动因是决定成本发生、资源消耗的真正原因，通常选择作业活动耗用资源的计量标准来进行度量。出于可操作性考虑，成本动因必须能够量化。可量化的成本动因包括生产准备次数、零部件数、不同的批量规模数、工程小时数等。

1. 成本动因的特征

成本动因具有以下基本特征：

（1）隐蔽性。成本动因是隐蔽在成本之后的驱动因素，一般不易直接识别。这种隐蔽性的特性要求对成本行为进行深入的分析，才能把隐蔽在其后的驱动因素识别出来。

（2）相关性。成本动因与引发成本发生和变动的价值活动高度相关，价值活动是引起资源耗费的直接原因，只有通过作业链分析其相关性，才能正确选择成本动因。

（3）适用性。成本动因寓于各种类型作业、各种资源流动和各类成本领域之中。它具有较强的适用性，适用于分析各类作业、资源流动和成本领域的因果关系。

（4）可计量性。成本动因是成本驱动因素，是分配和分析成本的基础，一般易于量化。在作业成本法下，一切成本动因都可计量，因而可作为分配成本的标准。

2. 成本动因的分类

成本动因是引起成本发生的因素。成本动因可分为资源动因和作业动因。

（1）资源动因。资源动因是作业消耗资源的方式和原因，反映了作业和作业中心对资源的消耗情况，是资源成本分配到作业和作业中心的标准和依据。资源动因联系着资源和作业，反映作业量与资源消耗的因果关系，它把总分类账上的资源成本分配到作业。资源动因作为一种分配资源的标准，反映了作业对资源的耗费情况，也是作业成本法第一步骤资源分配至作业的核心和关键（见表8-3）。

表8-3　A酒店资源动因

资源项目库	明细	资源动因
餐饮原材料	食材、调料	—
低值易耗品	纸巾文具、客房一次性用品	—
人力成本	职工薪酬、奖金等	工时
折旧费	建筑、固定资产	面积
能源费	水电费	—
	燃气费	面积
通信费	电话、网络费	接待人次
清洁费	保洁费	接待人次
其他	除上述项目以外的费用	接待人次

（2）作业动因。作业动因是作业发生的原因，是将作业成本或作业中心的成本分配到产品、服务或顾客等成本对象的标准，也是将资源消耗与最终产出相沟通的中介。它计量各成本对象对作业的需求，反映成本对象与作业消耗的逻辑关系，并用来分配作业成本。通过分析作业动因与最终产出之间的联系，可以判断出该作业是否对产品的增值起到了作用。如果该作业对产品的生产起到了不可替代或者决定性的作用，该作业就是增值作业；反之，如果该作业在产品生产的过程中是可以被替代或者不必要

的，该作业则为非增值作业（见表8-4）。

表 8-4　A 酒店作业动因

作业中心	作业	作业动因
客房作业中心	打扫房间	房间数
	配备客房用品	次数
	预订	次数
	迎客	人次
	办理入住	人次
	检查房间	房间数
	结账	人次
	送客	人次
餐饮作业中心	餐前准备	桌数
	迎客	人次
	点菜	次数
	烹制	人次
	出菜	次数
	餐间服务	人次
	结账	人次
	送客	人次
	清理	桌数

成本动因种类如图 8-1 所示。

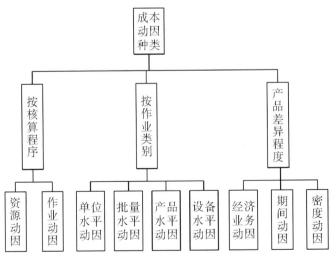

图 8-1　成本动因种类

根据资源动因分配资源成本、根据作业动因分配作业成本的情况，如图 8-2 所示。

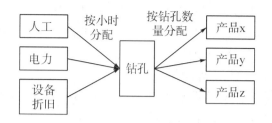

图 8-2　根据成本动因分配成本

成本动因改善了成本分摊方式，有利于更准确地计算成本，找到了成本动因也就找到了资源耗费的根本原因。因此其有利于消除浪费，改进作业。

三、作业成本法与传统成本计算法的区别

传统成本核算方法产生于 20 世纪的工业革命时期，由于当时正值大规模的工业化生产改革进行中，企业也以纺织、制造等以大批量连续的生产为主，产品种类往往比较单一，需要大量的工人参与直接生产，企业的成本主要集中于生产材料和直接人工，传统成本核算方法也正是基于此种生产经营方式而产生，它适用于产品结构简单且有大量直接人工参与的劳动密集型企业。而随着世界经济和科技的发展，各种有别于传统类型的企业逐渐诞生。作业成本法的理论也随之在 20 世纪 80 年代诞生，它提出了企业生产过程中间接费用的分配方法，适用于生产过程中间接费用所占比重较大，生产经营活动种类繁多，产品结构复杂的技术密集型或资金密集型企业。

1. 基本原理不同

传统成本核算方法的基本原理是企业所生产的产品按其消耗的时间或者产量线性地消耗所有成本费用，即计算的时候用生产总成本直接除以产品的总生产时间或者总产品数量来得到单位产品成本。因此，这样的计算方式导致其中的间接费用与直接费用在计算上没有直接的差别，也就是间接费用会按照与直接费用相同的比例平均分配到各产品的单位成本中。但在实际的生产过程中每一种产品并不一定都是按照同一标准消耗间接费用，每种产品的生产可能都有自己单独的间接费用消耗数量和配比。

作业成本法的基本原理是"作业消耗资源、成本对象消耗作业"。它是在成本核算过程中加入作业的概念，通过作业作为连接资源和产品的桥梁，从消耗资源开始，以资源动因为标准将成本归集到作业或作业中心，然后将作业中心按作业动因标准分配至各成本核算对象中，使得成本费用根据不同的产品的消耗标准进行分摊。这样的分配方式比传统成本核算方法在成本结果的可靠性上有了很大进步。

2. 成本界限、范围不同

传统方法下所有的生产费用都最终计入产品成本，其分配原则是受益原则，为特定对象发生的对象化费用最终构成特定对象的成本；非生产费用如期间费用则与成本计算无关，不计入产品成本。

作业成本法下产品成本界限的标准则不同，其原则是"决策影响性及可追溯性"：

（1）并非所有的制造费用都计入产品成本，只有该项耗费受到与产品有关的决策影响时才会计入产品成本。例如，生产单位如生产车间的保安人员完全不受生产产品或不生产产品的影响，则在作业成本法下，车间保安人员的薪酬不允许计入产品成本。

（2）非制造费用可以计入产品成本。很多非制造费用同样是生产、销售、分销和服务特殊产品的一部分成本，例如支付给销售人员的佣金、装运费和保修费很容易追溯至单个产品，在作业成本法下可以计入产品成本。

3. 间接成本的认识和处理方法不同

这是传统成本核算方法和作业成本法最主要的不同之处。传统成本核算方法中，产品的成本一般包括与生产产品直接相关的人工、材料等的费用，对于组织、管理生产等的间接费用也采用与直接成本相同的标准平均计入单位产品成本，没有考虑不同产品对于间接费用耗用的不同，很容易造成成本的扭曲，严重影响成本信息的客观真实性。作业成本法则强调间接费用的分配不是简易的分摊，虽然其核算过程相对复杂和烦琐，但是能提供更加真实准确的成本信息。

4. 成本信息结果存在差异

传统成本核算方法由于没有考虑实际生产中产品与成本的比例消耗问题，可能产生使人高度误解的成本信息。作业成本法分配间接费用时着眼于费用、成本的来源，将间接费用的分配与产生这些费用的原因联系起来。在分配间接费用时，按照多样化的分配和分摊标准，使最终得到成本信息的准确性大大提高，降低了企业对成本信息错误解读的风险，为企业正确的管理决策提供数据支撑。

四、作业成本法的意义

从作业成本法产生的背景和在作业成本法基本特征的分析中，我们可以看到作业成本对于企业经营管理的重要作用。

1. 作业成本法可为适时生产和全面质量管理提供经济依据

作业成本法支持作业管理，而作业管理的目标是尽可能地消除非增值作业和提高增值作业的效率。这就要求采用适时生产系统和全面质量管理。适时生产系统要求零库存，消除与库存有关的作业，减少库存上的资源耗费。零库存的基本条件是生产运行畅通无阻，不能有任何质量问题，因此需要进行全面质量管理。这样作业成本计算、适时生产与全面质量管理三者同步进行，才能相辅相成，达到提高企业经济效益的目的。

2. 作业成本法有利于完善企业的预算控制与业绩评价

传统的费用分配方式单一而直接，使得以标准成本和费用计划为基础的预算控制和业绩评价缺乏客观性，使得相应的费用分析和业绩报告缺乏可信性，因此削弱了预算控制与业绩评价的作用与效果。采用作业成本法可以依据作业成本信息为作业和产品制定合理的成本费用标准，可以从多种成本动因出发分析成本费用节约或超支的真实原因。结合多种成本动因的形成数量和责任中心的作业成本与效率评价责任中心的业绩，可以为作业活动的改进和产品成本的降低提供思路和措施。

3. 作业成本法可以满足战略管理的需要

战略管理的核心是使企业适应自身的经营条件与外部的经营环境，使企业具有竞争优势，保持长久的生存和持续的发展。迈克尔·波特（Michael E. Porter）首先在其著名的《竞争优势》一书中所提出"价值链"理论认为，不断改进和优化"价值链"，尽可能提高"顾客价值"是提高企业竞争优势的关键。"价值链"理论是把企业看作最终满足顾客需要而设计成的"一系列"作业的集合体，形成一个由此及彼、由内到外的作业链（activity chain）。每完成一项作业都要消耗一定的资源，而作业的产出又会形成一定的价值，再转移到下一个作业，按此逐步推移，直到最终把产品提供给企业外部的顾客，以满足他们的需要。作业成本法将通过提供作业信息，改进作业管理，来提升企业价值链的价值，从而提升企业的竞争力，实现战略管理的预期目标。

第二节　作业成本法的基本原理和计算程序

一、作业成本法的基本原理

作业成本法的基本指导思想就是：作业消耗资源，产品消耗作业。作业成本法将着眼点和重点放在对作业的核算上。其基本思想是在资源和产品（服务）之间引入一个中介——作业，其关键是成本动因的选择和成本动因率的确定。

相对于传统成本计算法发生了根本性的变革。传统成本计算法将作业这一关键环节给掩盖了，直接把资源分配到产品上形成产品成本。作业成本法将成本计算的重点放在作业上，作业是资源和产品之间的桥梁。根据作业成本法的指导思想，制造费用的分配过程可以分为两个阶段：第一阶段把有关生产或服务的制造费用按照资源动因归集到作业中心，形成作业成本；第二阶段通过作业动因将作业成本库中的成本分配到产品或服务中去。

与传统成本计算方法相比，作业成本法对于直接成本的处理是完全相同的，但对间接成本按照成本动因进行了两次分配——先按资源动因分配到作业、再按作业动因分配到产品，这使得计算成本结果更为准确。作业成本法下，间接成本分配的两阶段，如图8-3所示：

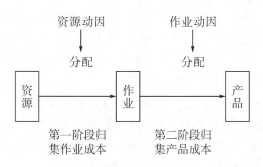

图8-3　分配间接成本的两个阶段

当企业管理深入到作业时就形成了作业管理，作业管理需要作业成本的信息，作业成本法由于其间接成本分配的中间环节是以作业为对象进行成本归集的，因此可以提供作业管理所需要的成本信息。作业管理对作业链上的作业进行分析、改进与调整，尽可能消除非增值作业，同时尽可能减少增值作业的资源消耗，由此促进企业价值链的价值增值，提高企业整体的经济效益。作业成本法所发现的成本动因是作业成本和产品成本形成的原因与方式，是决定作业成本和产品成本高低的关键因素。把握了这些因素就控制了成本形成的根源，就找到了成本控制的方式。作业成本法在产品成本计量的同时也计量了作业的成本，在寻找间接成本分配依据的同时也找到了控制成本的措施，因此作业成本法是一种成本计量与成本管理相结合的方法。

二、作业成本法计算程序

与传统的完全成本核算方法相比，作业成本法增加了作业层次，把间接成本的一次分配变为两次分配，将单一的数量分配标准改变为按照实际消耗情况确定的多种成本动因的分配标准，因而能够更为精细地核算产品成本，能够比较真实地反映产品和作业对于企业资源的实际消耗情况。

根据作业成本法的基本原理，作业成本法应用的一般程序步骤为：

（一）确认和计量各类资源耗费，将资源耗费归集到各资源库

每类资源都设立资源库，将一定会计期间所消耗的各类资源成本归集到各相应的资源库中。企业的任何一项生产经营活动都必然会发生一定数量的成本，对资源的确认就需要对企业的全部生产经营活动进行梳理，通过分解每一项经营活动来明晰生产过程中各项成本费用的产生原因、用途和计量单位，区分出能够产生增值的成本消耗和不能够产生增值的成本消耗，并将相似用途的资源合并为资源库。

（二）确认作业，划分作业中心

为了对作业进行合理的确认和划分，可以将企业描述成一个环环相扣、互相支持的作业链的集合，对企业的全部组织架构、生产经营流程和产品服务进行梳理和分析，并从整体进行观察，运用数学统计的方法对信息进行搜集和分析。

作业中心划分正确与否，是整个作业成本系统设计成功与否的关键。作业的划分和制定的详尽程度并没有统一的标准，这需要衡量企业的规模和管理者的需要等多方面因素而决定，一般认为作业划分得越细致，最后能够得到的成本信息也就更加真实。但是同时根据作业成本法的计算原理，分解的作业数越多，分析计量的成本也就越高，作业数的增加会使得成本分配归集的工作量呈几何级数增长，所以作业划分过于细致的话是并不利于企业的成本管理。作业与最终产品之间的关系也会变得异常复杂，从而影响最终的成本信息。为了简化作业成本计算，通常在确认作业的时候，将作业的数目控制适中。既不会由于过于细致产生过大的分析工作量，也不会由于过于粗糙影响成本分析的准确性，而之后将具有相同或者相似作用和功能的作业组合起来，形成若干个作业中心，用以归集每一类型作业的成本。

（三）确定资源动因，建立作业成本库

资源动因反映了作业对资源的消耗情况，作业量的多少决定了资源的耗用量，资源的耗用量和最终的产出量没有直接关系。企业的资源耗费有以下几种情况：

（1）某项资源耗费如直观地被确定为某一特定产品所消耗，则直接计入该特定产品成本，该资源动因也就是作业动因，如产品的设计图纸成本。

（2）如某项作业可以从发生领域上划分为作业消耗，则可以直接计入各作业成本

库，此时资源动因可以认为是作业专属耗费，如各作业中心按实际支付的工资额来归集工资费用。

（3）如某项资源耗费从最初的消耗上呈混合耗费形态，则需要选择合适的量化依据。将资源耗费到各作业，这个量化的依据就是资源动因。例如企业车辆的折旧、保险费通过车辆行驶的里程来分配。根据各项作业所消耗的资源动因，将各资源库汇集的价值分配到各作业成本库。

（四）确认各作业动因，分配作业成本

作业动因是作业成本库和产品或劳务联系的中介。选择作业动因要考虑作业动因的数据是否易于获得。为了便于分析成本动因可以按照前述的作业层次来进行分析。作业成本计算中最难的部分是确定和选择合适的成本动因。原因之一是作业动因并不是很明显。例如，电话联系客户这一作业动因可能是过期的发票数、电话次数、或其他的度量。进一步说，明显的动因可能是过期发票数，但根本原因可能是质次的货物，是客户延迟付款。另一个潜在的陷阱是，动因是明显且重要的，但动因的数据却不容易取得。数据在任何地方都没有被记录，或是没有可以利用的资源，从现有的数据系统中无法提取这个动因数据，所以可能需要使用别的成本动因。选择作业动因应尽量限制动因数量，从 10 个或 20 个成本较大的作业中选择最合适的作业动因。对于一些低成本作业，花费大量时间和精力来获取这几个复杂的动因，其收益与麻烦相比是不值得的。对于这些作业，从作业列表的其他的作业中选个"最合适"的动因相匹配，或者认为这些作业与客户或产品没有关系，并把它们作为不分配的作业成本来对待。

作业成本法计算程序如图 8-4 所示：

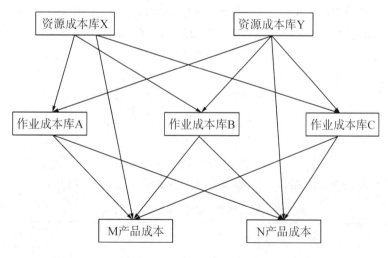

图 8-4　作业成本法计算程序

【例 8-1】某企业生产 L、M、N 三种产品，某月发生间接成本总计为 95 700 元，产品生产划分为备料、加工、组装和检验四项作业。作业耗费资源及产品耗费作业的具体情况见表 8-5、表 8-6、表 8-7。

表 8-5　资源耗费与资源动因　　　　　　　　金额单位：元

项目	电费 56 000	保险费 4 000	折旧费 27 000	工厂管理 8 700
资源动因	用电度数	工资额	设备价值	人员数量

表 8-6　作业与资源动因量

项目	备料	加工	组装	检验	合计
用电度数/度	5 000	54 000	17 000	4 000	80 000
工资额/元	3 000	5 000	11 000	1 000	20 000
设备价值/元	10 000	60 000	15 000	5 000	90 000
人员数量/人	50	500	300	20	870

表 8-7　产品与作业动因量

项目	备料 材料成本/元	加工 机器小时/小时	组装 产品数量/件	检验 抽样件数/件
L 产品	5 000	2 000	800	700
M 产品	8 000	3 000	1 000	1 000
N 产品	2 200	1 180	9 000	3 000
合计	15 200	6 180	10 800	4 700

要求：1. 计算备料、加工、组装和检验四项作业的作业成本；2. 计算 L、M、N 产品负担的间接成本；3. 据此说明作业成本法分配间接成本有何特点。

1. 计算备料、加工、组装和检验的作业成本

解答：（1）计算资源动因率：

$$电费 = 56\ 000 \div 80\ 000 = 0.7（元/度）$$

$$保险费 = 4\ 000 \div 20\ 000 = 0.2（元/元）$$

$$折旧费 = 27\ 000 \div 90\ 000 = 0.3（元/元）$$

$$工厂管理 = 8\ 700 \div 870 = 10（元/人）$$

（2）将资源耗费分配给作业，如表 8-8、表 8-9、表 8-10 所示。

表 8-8　资源耗费分配给作业形成作业成本　　　　　　　　单位：元

项目	备料	加工	组装	检验	合计
电费	3 500	37 800	11 900	2 800	56 000
保险费	600	1 000	2 200	200	4 000
折旧费	3 000	18 000	4 500	1 500	27 000
工厂管理	500	5 000	3 000	200	8 700
合计	7 600	61 800	21 600	4 700	95 700

表 8-9　计算作业动因率

项目	备料/（元·元）	加工/（元·小时）	组装/（元·件）	检验/（元·件）
作业动因率	7 600÷15 200＝0.5	61 800÷6 180＝10	21 600÷10 800＝2	4 700÷4 700＝1

表 8-10　计算产品负担的间接成本　　　　　　　单位：元

项目	备料	加工	组装	检验	合计
L 产品	2 500	20 000	1 600	700	24 800
M 产品	4 000	30 000	2 000	1 000	37 000
N 产品	1 100	11 800	18 000	3 000	33 900
合计	7 600	61 800	21 600	4 700	95 700

通过本例题可以看出，作业成本法期末分配间接成本的特点是——按不同的成本动因进行两次分配：先将资源耗费按资源动因分配给作业形成作业成本，再按作业动因将作业成本分配给产品形成产品成本。与传统方法下按单一标准只进行一次分配相比，分配结果更具合理性和准确性，有效避免了成本信息的失真。

【例 8-2】某企业生产 A、B 两种产品，有关产量、机器小时、直接成本、间接成本数据如表 8-11 所示，生产经营 A、B 两种产品的相关作业及其动因的数据如表 8-12、表 8-13 所示。

表 8-11　A、B 两种产品的产量及成本资料

项目	A 产品	B 产品
产量/件	100	8 200
单位产品机器小时/小时·件$^{-1}$	3	2
单位产品人工成本/元·件$^{-1}$	50	55
单位产品材料成本/元·件$^{-1}$	95	90
制造费用总额	395 800	

表 8-12　制造费用的作业资料

作业	作业动因	作业成本/元	作业动因量		
			A	B	合计
机器调试	调试次数/次	16 000	10	6	16
签订订单	订单份数/份	62 000	15	10	25
机器运行	机器小时/小时	233 800	300	16 400	16 700
质量检查	检验次数/次	84 000	30	20	50
合计		395 800			

表 8-13　A、B 两种产品作业成本法的制造费用分配　　金额单位：元

作业	作业动因率	作业动因量		制造费用分配		
		A	B	A	B	合计
机器调试/次	1 000	10	6	10 000	6 000	16 000
签订订单/份	2 480	15	10	37 200	24 800	62 000
机器运行/小时	14	300	16 400	4 200	229 600	233 800
质量检查/次	1 680	30	20	50 400	33 600	84 000
合计				101 800	294 000	395 800

1. 表 8-13 采用作业成本法对 A、B 两种产品进行制造费用的分配，其具体计算如下：

（1）机器调试作业动因率 = 16 000÷（10+6）= 1 000（元/次）

签订订单作业动因率 = 62 000÷（15+10）= 2 480（元/份）

机器运行作业动因率 = 233 800÷（300+16 400）= 14（元/小时）

质量检查作业动因率 = 84 000÷（30+20）= 1 680（元/次）

（2）A 产品最终承担制造费用 = 10 000+37 200+4 200+50 400 = 101 800（元）

B 产品最终承担制造费用 = 6 000+24 800+229 600+33 600 = 294 000（元）

（3）单位 A 产品承担制造费用 = 101 800÷100 = 1 018（元/件）

单位 B 产品承担制造费用 = 294 000÷8 200 = 35.85（元/件）

2. 传统制造费用以机器小时为数量基础将制造费用在 A、B 两种产品中分配，参考表 8-14、表 8-15。

（1）传统制造费用分配率 = 395 800÷（3×100+2×8 200）= 23.7（元/小时）

（2）分配给 A 产品的制造费用 = 23.7×（3×100）= 7 110（元）

分配给 B 产品的制造费用 = 23.7×（2×8 200）= 388 680（元）

（3）单位 A 产品承担制造费用 = 7 110÷100 = 71.1（元/件）

单位 B 产品承担制造费用 = 388 680÷8 200 = 47.4（元/件）

表 8-14　制造费用分配表

20××年×月 30 日

分配对象	分配标准/机器小时	分配率	分配金额/元
A 产品 B 产品	3×100 = 300 2×8 200 = 16 400		7 110 388 680
合计	16 700	23.7	395 800

表 8-15　两种方法产品单位成本计算结果比较

20××年×月 30 日　　　　　　　　　　　　　单位：元

成本项目	传统方法		作业成本法	
	A 产品	B 产品	A 产品	B 产品
直接材料	95	90	95	90

表8-15(续)

成本项目	传统方法		作业成本法	
	A 产品	B 产品	A 产品	B 产品
直接人工	50	55	50	55
制造费用	71.1	47.4	1 018	35.85
合计	216.1	192.5	1 163	180.89

从【例8-2】看出不同的成本计算方法下小批量生产的产品成本相差非常悬殊，人为地按照单一的数量化分配基础进行制造费用的分配会造成严重的产品成本失真。

第三节　作业成本法的应用

一、作业成本法在企业的实际应用

作业成本法的产生，标志着成本管理告别了传统的模式，向现代成本管理模式迈出了关键性的一步。作业成本法在美国兴起，也得到了实践的验证，迅速地在欧美发展。一些知名的跨国公司如通用电气、国际商用机器公司、福特、惠普、宝洁、西门子等公司已经采用了作业成本法。此外，在美国的部分商业银行、快递公司等也得到了应用。

作业成本法在20世纪90年代之后，得到了实务界的大力推广，不仅应用于成本核算，还应用于企业管理中的其他领域。许多企业应用作业成本法进行库存估价、产品定价、制造或采购决策、预算、产品设计、业绩评价及客户盈利分析等方面。

【案例一】某农机厂作业成本法实施案例

该企业是国有企业，采用多品种小批量生产模式，产品以销定产，传统成本法下制造费用超过人工费用的200%，成本控制不力，企业决定实施作业成本法。根据企业的工艺流程，确定了32个作业，以及各作业的作业动因。作业动因主要是人工工时，其他作业动因有运输距离、准备次数、零件种类数、订单数、机器小时、客户数等，通过计算，发现了传统成本法的成本扭曲：最大差异率达到46.5%。根据作业成本法提供的信息，为加强成本控制，针对每个作业制定目标成本，使得目标成本可以细化到班组，增加了成本控制的有效性。通过对成本信息的分析，发现生产协调、检测、修理和运输作业不增加顾客价值，这些作业的执行人员归属一个分厂管理，但是人员分布在各个车间，通过作业分析，发现大量的人力资源的冗余，可以裁减一半的人员，并减少相关的资源支出。通过分析还发现运输作业由各个车间分别提供，但是都存在能力剩余，将运输作业集中管理，可以减少三四台叉车。另外，正确的成本信息对于销售的决策也很重要，根据作业成本信息以及市场行情，企业修订了部分产品的价格。

【案例二】某按键生产企业作业成本法实施案例

1. 企业背景及问题的提出

某公司公司为生产硅橡胶按键的企业，主要给遥控器、普通电话、移动电话、计算器和电脑等电器设备提供按键。1985年11月由新加坡厂商设厂生产，1999年为美国ITT工业集团控股。该公司年总生产品种约6 000种，月总生产型号300多个，每月总生产数量多达2 000万件，月产值为人民币1 500万元，员工约1 700人。企业的生产特点为品种多、数量大、成本不易精确核算。

该公司在成本核算和成本管理方面大致经过两个阶段：

第一阶段（1980—1993年）：无控制阶段。1994年以前，国内外硅橡胶按键生产行业的竞争很少，基本上属于一个卖方市场，产品的质量和价格完全控制在生产商手里，厦门三德兴公司作为国内主要的硅橡胶按键的生产商之一，在生产管理上最主要的工作是如何尽可能地增加产量，基本上没有太多地考虑成本核算与成本管理的问题。

第二阶段（1994—2000年底）：传统成本核算阶段。从1994年开始，一方面，硅橡胶按键行业的竞争者增多，例如台湾大洋、旭利等企业的加入；另一方面，由于通信电子设备的价格下降，硅橡胶按键产品的价格也不断下降，1994年硅橡胶按键价格跌了近20%。硅橡胶按键市场逐渐变为买方市场。成本核算问题突出表现出来，此时公司才开始意识到成本核算问题的重要性。在这个阶段，公司主要采用传统成本法进行核算，即首先将直接人工和直接材料等打入产品的生产成本里，再将各项间接资源的耗费归集到制造费用账户，然后再以直接人工作为分配基础对整个制造过程进行成本分配。

分配率的计算公式为：

分配率＝单种产品当月所消耗的直接人工÷当月公司消耗的总直接人工

由此分配率可得到各产品当月被分配到的制造成本，再除以当月生产的产品数量，从中可以得到产品的单位制造成本，将单位制造成本与直接原材料和直接人工相加即得到产品的单位生产总成本。企业简单地将产品的单位总成本与产品单价进行比较，从中计算出产品的盈亏水平。

1997年下半年的亚洲金融风暴造成整个硅橡胶按键市场需求量的大幅度下降，硅橡胶按键生产商之间的竞争变得异常激烈，产品价格一跌再跌，产品价格已经处在产品成本的边缘，稍不注意就会亏本。因此，对订单的选择也开始成为一项必要的决策。该公司的成本核算及管理变得非常重要和敏感。此时，硅橡胶按键已经从单纯的生产过程转向生产和经营过程。一方面，生产过程复杂化了，公司每月生产的产品型号多达数百个，且经常变化，每月不同，其中消耗物料达上千种，工时或机器台时在各生产车间很难精确界定，已经无法按照传统成本法对每个产品分别进行合理、准确的成本核算，也无法为企业生产决策提供准确的成本数据；另一方面，企业中的行政管理、技术研究、后勤保障、采购供应、营销推广和公关宣传等非生产性活动大大增加，为此类活动而发生的成本在总成本中所占的比重不断提高，而此类成本在传统成本法下又同样难以进行合理的分配。如此一来，以直接人工为基础来分配间接制造费用和非生产成本的传统成本法变得不适用，公司必须寻找其他更为合理的成本核算和成本管理方法。

2. 作业成本法在企业的实际运用

具体来说，公司实施的作业成本法包括以下三个步骤：

（1）确认主要作业，明确作业中心。

作业是在企业内与产品相关或对产品有影响的活动。企业的作业可能多达数百种，通常只能对企业的重点作业进行分析。根据公司产品的生产特点，从公司作业中划分出备料、油压、印刷、加硫和检查五种主要作业。其中，备料作业的制造成本主要是包装物，油压作业的制造成本主要是电力的消耗和机器的占用，印刷作业的成本大多为与印刷相关的成本与费用，加硫作业的制造成本则主要为电力消耗，而检查作业的成本主要是人工费用。各项制造成本先后被归集到上述五项作业中。

（2）选择成本动因，设立成本。

公司备料、油压、印刷、加硫和检查等五项主要作业的成本动因选择如下：

备料作业。该作业很多工作标准或时间的设定都是以重量为依据。因此，该作业的制造成本与该作业产出半成品的重量直接相关，也就是说，产品消耗该作业的量与产品的重量直接相关。所以选择"产品的重量"作为该作业的成本动因。

油压作业。该作业的制造成本主要表现为电力的消耗和机器的占用，这主要与产品在该作业的生产时间有关，即与产品消耗该作业的时间有关。因此，选择"油压小时"作为该作业的成本动因。

印刷作业。从工艺特点来看，该作业主要与印刷的道数有关，因此，选择"印刷道数"作为该作业的成本动因。

加硫作业。该作业两个特点，一方面，该作业的制造成本主要为电力消耗，而这与时间直接相关；另一方面，该作业产品的加工形式为成批加工的形式。因此，选择该批产品的"加硫小时"作为该作业的成本动因。

检查作业。该公司的工资以绩效时间为基础，因此选择"检查小时"作为该作业的成本动因。

此外，公司还有包括工程部、品管部以及电脑中心等基础作业。根据公司产品的特点，产品直接材料的消耗往往与上述基础作业所发生的管理费用没有直接相关性，所以在基础作业的分配中没有选择直接材料，而是以"直接人工"为基础予以分配。

（3）最终产品的成本分配。

根据所选择的成本动因，对各作业的动因量进行统计，再根据该作业的制造成本求出各作业的动因分配率，将制造成本分配到相应的各产品中去。然后根据各产品消耗的动因量算出各产品的总作业消耗及单位作业消耗。最后将算出的单位作业消耗与直接材料和直接人工相加得出各个产品的实际成本状况。

由于公司总生产品种6 000多种，月总生产型号达378种，所以主要列出该公司有代表性产品型号各自在传统成本法与作业成本法下分配制造成本上的差别。

3. 传统成本法与作业成本法实地研究结果的比较

根据上述步骤，选择公司在2000年9月份的生产数据，对378种型号的产品分别进行计算。可以看出：

（1）传统成本法对成本的核算与作业成本法对成本的核算有相当大的差异。作业成本法是根据成本动因将作业成本分配到产品中去，而传统成本法则是用数量动因将成本分配到产品里。按照传统成本法核算出来的成本停止那些亏本产品型号的生产事实上可能将是一个错误的决策。

（2）在传统成本法下完全无法得到的各作业单位和各产品消耗作业的信息却可以在作业成本法中得到充分的反映。公司从而可以分析在那些亏本的产品型号中，究竟是哪些作业的使用偏多，进而探讨减少使用这些作业的可能性。比如对于与传统成本法相比较成本较高的"20578940"型号产品，可以看出其主要的消耗在油压和加硫两项作业上，这样公司就可以考虑今后如何改善工艺，减少此类产品在这两项作业上的消耗，从而减少产品成本。

（3）对于在传统成本法中核算为亏本而在作业成本法下不亏本的产品型号，可以通过作业成本法来了解成本分配的信息。比如型号为"3DS06070ACAA"的产品在传统成本法中分配到的每单位制造成本为 0.014 99 美元，而在作业成本法中每单位制造成本却仅为 0.000 54 美元。从此型号的各项作业消耗实际上都很小，主要是直接人工消耗相对较大，但按照传统成本法以直接人工作为分配基础，就导致该型号产品分摊到过多的并非其所消耗的制造成本，因而出现成本虚增，传递了错误的成本信号，容易导致判断和决策上的失误。

（4）通过作业成本法的计算，我们还可以了解到在公司总的生产过程中，哪一类作业的消耗最多，哪一类作业的成本最高，从而知道从哪个途径来降低成本，提高生产效率。

油压作业的单位动因成本最高，其作业的总成本也最大。印刷作业的成本动因量及作业总成本次之。因此，今后应对这两个作业从不同的角度来考虑如何予以进行改善，比如通过增加保温，减少每小时电力消耗的方法来降低油压作业每小时作业的成本；通过合并工序来减少印刷作业的动因量。如此，通过加强成本核算与成本管理把企业的管理水平提高到作业管理层次上来。

【案例三】

S 公司的两条高产量生产线最近遇到了很强的竞争压力，迫使管理层将其产品价格降至目标价格以下。经研究发现，是传统的生产成本法扭曲了产品的价格，那具体问题出在什么地方？

S 公司制造三种复杂的阀门，这些产品分别被称为 Ⅰ 号、Ⅱ 号、Ⅲ 号阀门。Ⅰ 号阀门是 3 种产品中最简单的，该公司每年销售 10 000 个 Ⅰ 号阀门；Ⅱ 号阀门仅仅比 Ⅰ 号阀门复杂一点，公司每年销售 20 000 个 Ⅱ 号阀门；Ⅲ 号阀门是最复杂的、低销量产品，每年仅销售 4 000 个。公司采用分批成本法计算每种产品的成本。相关的基础数据如表 8-16 所示。

表 8-16　产品相关数据资料

生产项目	Ⅰ 号阀门	Ⅱ 号阀门	Ⅲ 号阀门
产量	10 000	20 000	4 000
批次	1 批，每批 10 000 个	4 批，每批 5 000 个	10 批，每批 400 个

表8-16(续)

生产项目	Ⅰ号阀门	Ⅱ号阀门	Ⅲ号阀门
直接材料	50元/个	90元/个	20元/个
直接人工	每个3小时	每个4小时	每个2小时
准备时间	每批10小时	每批10小时	每批10小时
机器时间	每个1小时	每个1.25小时	每个2小时

公司制造费用的预算额为3 894 000元，制造费用根据直接人工小时确定的预定分配率进行分配。直接人工和准备人工成本为每小时20元。①计算传统成本法下每种产品的单位成本。②如果公司的目标售价为单位成本的125%，每种产品的目标售价为多少？③假如市场上Ⅰ号阀门的售价为261.25元，Ⅱ号阀门的售价为328元，Ⅲ号阀门的售价为250元，对该公司有什么影响？④问题出在哪里？（见表8-17和表8-18）

表8-17 制造费用分配率　　　　　　　　金额单位：元

制造费用预算额	3 894 000
直接人工小时预算额：	
Ⅰ号阀门	30 000
Ⅱ号阀门	80 000
Ⅲ号阀门	8 000
合计	118 000
预算费用分配率/元/小时	33

表8-18 每种产品的单位成本、目标售价　　　　　　单位：元

	Ⅰ号阀门	Ⅱ号阀门	Ⅲ号阀门
直接材料	50	90	20
直接人工	60	80	40
制造费用	99	132	66
合计	209	302	126
目标售价	261.25	377.50	157.50
市场售价	261.25	328.00	250.00

S公司讨论了作业成本法，将制造费用（3 894 000元）进一步按作业进行细分，辨认了8个作业成本库，收集的相关数据如下：

机器成本库：共计1 212 600元，包括与机器有关的各种制造费用，如维护、折旧、计算机支持、润滑、电力、校准等，该成本与生产产品的机器小时有关；

生产准备成本库：共计3 000元，包括为产品制造进行准备的各种费用，生产准备成本与批次有关；

收货和验收成本库：共计200 000元，其中Ⅰ号阀门、Ⅱ号阀门、Ⅲ号阀门消耗的

比例分别为 25%、45%、30%；

材料处理成本库：总计为 600 000 元，其中 I 号阀门、II 号阀门、III 号阀门消耗的比例分别为 7%、30%、63%；

质量保证成本库：共计 421 000 元，其中 I 号阀门、II 号阀门、III 号阀门消耗的比例分别为 20%、40%、40%；

包装和发货成本库：共计 250 000 元，其中 I 号阀门、II 号阀门、III 号阀门消耗的比例分别为 4%、30%、66%；

工程成本库：共计 700 000 元，包括工程师的薪水、工程用料、工程软件、工程设备折旧，该成本消耗比例同收货和验收成本；

机构（生产能力）成本库：共计 507 400 元，包括工厂折旧、工厂管理、工厂维护、财产税、保险费等，该成本与直接人工有关。

机器成本库的成本分配：

分配率＝机器成本预算总额÷机器小时预算总额

＝1 212 600÷43 000＝28.2（元/机器小时）

I 号阀门分配：28.2×1＝28.2（元/个）

II 号阀门分配：28.2×1.25＝35.25（元/个）

III 号阀门分配：28.2×2＝56.4（元/个）

生产准备成本库的成本分配：

分配率＝生产准备成本预算总额÷批次预算总额

＝3 000÷15＝200（元/批）

I 号阀门分配：200÷10 000＝0.02（元/个）

II 号阀门分配：200÷5 000＝0.04（元/个）

III 号阀门分配：200÷400＝0.50（元/个）

收货和检验成本库的成本分配：

I 阀门分配：200 000×6%÷10 000＝1.20（元/个）

II 号阀门分配：200 000×24%÷20 000＝2.40（元/个）

III 号阀门分配：200 000×70%÷4 000＝35（元/个）

材料处理成本库的成本分配：

I 号阀门分配：600 000×7%÷10 000＝4.20（元/个）

II 号阀门分配：600 000×30%÷20 000＝9.00（元/个）

III 号阀门分配：600 000×63%÷4 000＝94.50（元/个）

质量保证成本库的成本分配：

I 号阀门分配：421 000×20%÷10 000＝8.42（元/个）

II 号阀门分配：421 000×40%÷20 000＝8.42（元/个）

III 号阀门分配：421 000×40%÷4 000＝42.10（元/个）

包装和发货成本库的成本分配：

I 号阀门分配：250 000×4%÷10 000＝1.00（元/个）

II 号阀门分配：250 000×30%÷20 000＝3.75（元/个）

III 号阀门分配：250 000×4%÷4 000＝41.25（元/个）

工程成本库的成本分配：

Ⅰ号阀门分配：700 000×25%÷10 000＝17.50（元/个）

Ⅱ号阀门分配：700 000×45%÷20 000＝15.75（元/个）

Ⅲ号阀门分配：700 000×30%÷4 000＝52.50（元/个）

机构成本库的成本分配：

分配率＝机构成本总额÷直接人工小时总额

＝507 400÷118 000＝12.9（元/直接人工小时）

Ⅰ号阀门分配：12.9×3＝12.9（元/个）

Ⅱ号阀门分配：12.9×4＝17.2（元/个）

Ⅲ号阀门分配：12.9×2＝8.6（元/个）

根据以上的分配结果，将三种产品单位成本汇总，见表8-19。

表8-19 作业成本法下M公司三种产品的单位成本　　　　单位：元

项目	Ⅰ号阀门	Ⅱ号阀门	Ⅲ号阀门
直接材料	50	90	20
直接人工	60	80	40
制造费用：			
机器	28.20	35.25	56.40
生产准备	0.02	0.04	0.50
收货和检验	1.2	2.40	35.00
材料处理	4.20	9.00	94.50
质量保证	8.42	8.42	42.10
包装和发货	1.00	3.75	41.25
工程	17.50	15.75	52.50
机构	12.90	17.20	8.60
制造费用合计	73.44	91.81	330.85

三种产品的单位成本及目标售价见表8-20。

表8-20 每种产品的单位成本、目标售价　　　　单位：元

项目	Ⅰ号阀门	Ⅱ号阀门	Ⅲ号阀门
直接材料	50	90	20
直接人工	60	80	40
制造费用	73.44	91.81	330.85
单位成本	183.44	261.81	390.85
目标售价	229.30	327.26	488.56
市场售价	261.25	328.00	250.00

通过以上的计算结果可知，Ⅲ号阀门的成本远远超出其售价，出售该产品会发生亏损。而采用传统的成本核算方法，出售Ⅲ号阀门会有 90 多元的毛利，与事实不符，成本失真比较严重。可见，采用作业成本法可以真实反映产品的成本，为企业做出正确决策提供依据。比如本例，如果没有其他原因，S 企业可以停止Ⅲ号阀门的生产，因为它是亏损产品。

作业成本法在国外应用已非常广泛。相关调查显示，美国有超过 50%的企业采用了作业成本法。作业成本法不仅仅适用于制造行业，也适用于所有行业，如金融机构、保险机构、医疗卫生服务等公共部门，以及会计师事务所、财务公司、咨询类社会中介机构等。国内在非制造行业的典型应用案例就是计算铁路运输成本。随着我国一些先进的制造企业开始推广使用作业成本法，铁路运输、物流、教育、传媒、航空、医疗、保险等行业或部门的企业也开始展开试点并取得了一些成功的经验。作业成本法在企业具体应用过程中，也开始超越单一的精确计算成本的职能，在生产决策、企业定价决策、企业内部转移价格的制定、供应商的选择与评价、客户关系管理等方面发挥着管理的职能，开始了多方位的作业成本管理的实践探索。

随着我国企业现代化程度的提高，实施作业成本法的条件日趋成熟，这种先进的成本核算模式一定会有更加广阔的前景。

二、作业成本法的应用的关键点

（一）目标必须明确

作业成本法的目标就是能获得更精确的成本信息，所有作业成本法项目在实施过程中应牢记这一特殊目的。其目的能重新设计或改进生产过程，影响产品设计决定，使产品组合更合理，或更好地管理客户关系。作业成本法实施不能过于复杂，它的实施应当充分考虑成本效益原则。

（二）最高管理层统一指挥

作业成本法的实施也不能缺少最高管理层的支持。一个由各职能部门的主管所组成的最高管理层委员会能使这些支持制度化，每月定期开会讨论项目过程，提出如何改进模式的建议，一旦该模式固定时将会对决策的制定产生重要影响。除了会计人员之外，该部门还应包括生产、市场（销售）、工程和系统方面的人员。这样，成本动因组织的专家们能够合并于模式的设计和每一组织人员在他们的部门和组织内对项目进行支持。

（三）作业成本模式的设计要完善

一个既复杂又难以维护的作业成本法管理系统，对管理人员来说会难以理解和操作。因此，作业成本模式的设计应像任何其他设计和工程项目一样，持续适当的权衡会使系统的基本功能以最小的附加成本完成任务。完善的作业成本模式设计能避免过于复杂的系统问题或无法辨认出成本项目（产品和顾客）、作业和资源之间的因果关系。

（四）要赢得全面的支持

虽然作业成本法比原有成本系统产生更精确的成本信息，更能指导生产经营，但并非所有的管理人员都欢迎技术上的革新。个人和部门的抵制是因为害怕作业成本法的实施会暴露出无利润的产品、无利润的顾客、无效率的作业和过程、无用的生产能力。因此，能否赢得下属的广泛支持将是作业成本法能否顺利实施的关键。

（五）推广应用要个性化

经过多年的经济高速增长后，我国的企业无论从产品的数量、质量，还是技术含量，都得到了很大提高。但就总体而言，我国大部分企业还处于大批量、低技术含量的劳动密集型生产阶段。这些企业应用作业成本法的环境远未成熟，如果一味推广，必然是"揠苗助长"，欲速则不达。因此，作业成本法还只能在一些多品种、少批量生产的实行多元化经营的管理先进的企业推广。

三、作业成本法的适用与局限性

与传统成本计算方法相比，作业成本法的创新主要有两点：一是在成本分配方法上引入了成本动因概念，将传统的单一数量分配基准改为财务变量与非财务变量相结合的多元分配基准，增强了成本信息的准确性；另一点是它强调成本的全程战略管理，将成本控制事业延伸到市场需求和设计阶段，注重优化作业链和增加顾客价值，提升企业的管理层次。作业成本法的应用有其特定条件和环境，并非对每个企业都适宜。采用作业成本法时应注意以下几点：

（一）不是所有企业都适用作业成本法

作业成本法产生的背景是在新科技革命基础上的高度自动化的适时制采购与制造系统，以及与其密切相关的零库存、单元制造、全面质量管理等管理观念与技术。在现代化制造企业中，产品日趋多样化和小批量生产，直接人工成本大大下降，固定制造费用大比例上升。而传统的"数量基础成本计算"使产品成本信息严重失真，导致作业成本法的应运而生。因此，作业成本法的运用必须有一定的适用环境，并非适用于各种类型的企业，它的选择必须考虑企业的技术条件和成本架构。

（二）采用作业成本法时要考虑其实施成本

任何一个成本系统并不是越准确越好，除了考虑其适用范围，还须考虑其实施的成本和效益。作业成本法需要对大量的作业进行分析、确认、记录和计量，增加了成本动因的确定、作业成本库的选择和作业成本的分配等额外工作，因此其实施的成本是比较高的。从成本效益平衡的角度出发，并非任何企业采用作业成本法所增加的效益都会大于实施成本。另外，工艺复杂的企业中，其作业通常多达几十种，甚至上百种、上千种，对这么多作业进行分析是不必要的也是不现实的。如果企业打算实施作业成本法，根据成本效益原则和重要性原则，只能对那些相对于顾客价值和企业价值而言比较重要的作业进行分析，若想面面俱到只能得不偿失。

（三）作业成本法本身存在不完善

作业成本法的计量和分配带有一定的主观性。成本动因的选择并没有给出严谨的判断方法，需要靠执行者对作业理解的程度和经验判断加以确定，这不可避免地影响成本信息的真实性；作业成本法并没有解决诸如厂房折旧费、行政性工资费用等与作业活动无关的间接费用分配问题，仍然采用按机器工时分配厂房折旧，按人工工时分配行政性工资。这实际上仍未避免生产量对产品成本的影响，仍未完全解决传统成本计算方法存在的问题。作业成本法所提供的历史性的、具有内部导向性的信息价值的利用还没有被揭示出来，该方法能否起到改善企业盈利水平的作用还未得到验证，并且，这种方法实施细节烦琐，计算结果也未与传统方法有太大差别。因此，其新颖性、有用性受到人们的质疑。

作业成本法的产生与发展适应高新技术制造环境下正确计算产品成本的要求，它为改革间接费用的分配等问题提供了新的思路和方法。随着我国企业的国际化经营，拓宽了企业价值链的空间范围，亦要求现代成本管理扩展空间范围，为企业价值链优化提供有用信息，作业成本法正适应了这种世界经济发展的需要。另外，作业成本将成本分为增值作业和非增值作业，有利于我们树立顾客第一的经营思想。适时生产方式需要作业成本计算系统为其提供有效的相对准确的成本信息。多年来，我国成本会计学家始终在探索我国成本管理的模式，并取得了丰富的研究成果，有着深厚的理论积累。另外，通过近 20 年的教育和培养，我国会计人员的素质也在不断地提高，加之多年来先进管理思想的导入，企业会计人员能很快理解并运用作业成本法，为作业成本管理的推广打下了基础。

随着科学技术的飞速发展，我国企业的生产组织和生产技术条件正在发生着深刻变化，这就为企业采用适时制生产方式和弹性制造系统，实施全面质量管理提供了物质条件，从而也为作业成本的推行提供了现实基础。

本章小结

作业成本法，简称 ABC 成本法，又称作业成本分析法、作业成本计算法，作业成本核算法等，是以"作业消耗资源，产品消耗作业"为基本原理，对间接成本消耗的资源先按"资源动因"分配到作业，再将作业成本按"作业动因"分配给成本对象的成本计算方法。

作业成本法的基本指导思想是：作业消耗资源、产品消耗作业。因而作业成本法将着眼点和重点放在对作业的核算上。其基本思想是在资源和产品（服务）之间引入一个中介——作业，其关键是成本动因的选择和成本动因率的确定。

与传统的完全成本核算方法相比，作业成本法增加了作业层次，把间接成本的一次分配变为两次分配，将单一的数量分配标准改变为按照实际消耗情况确定的多种成本动因的分配标准，因而能够更为精细地核算产品成本，能够比较真实地反映产品和作业对于企业资源的实际消耗情况。

综合练习

一、思考题

1. 什么是作业成本法？运用作业成本法有什么意义？
2. 什么是成本动因？有哪些特征？
3. 应用作业成本法计算产品成本要经过哪些步骤？
4. 解释作业成本法的局限性。

二、实践练习题

1. 某企业生产甲、乙两种产品，有关资料如下：

产量及直接成本等资料表

项目	甲产品	乙产品
产量/件	20 000	50 000
定购次数/次	4	8
机器制造工时/小时	40 000	150 000
直接材料成本/元	2 200 000	2 500 000
直接人工成本/元	300 000	750 000

制造费用明细及成本动因表

项目	制造费用金额/元	成本动因
材料验收成本	36 000	定购次数
产品验收成本	42 000	定购次数
燃料与水电成本	43 700	机器制造工时
开工成本	21 000	定购次数
职工福利成本	25 200	直接人工成本
设备折旧	32 300	机器制造工时
厂房折旧	20 300	产量
材料储存成本	14 100	直接材料成本
车间管理人员工资	9 800	产量
合计	244 400	

要求：

（1）分别用传统成本计算法与作业成本法求出甲、乙两种产品所应负担的制造费用，其中传统方法选择按机器制造工时为比例分配制造费用填表；

制造费用分配表

20××年×月 31 日

分配对象	分配标准/机器工时	分配率	分配金额/元
甲产品 乙产品			
合计			

（2）分别用传统成本计算法与作业成本法计算甲、乙两种产品的总成本和单位成本；

作业成本分配表

20××年×月 31 日　　　　　　　　　　　　　金额单位：元

作业成本库	作业动因率	作业动因量		作业成本分配		
		甲	乙	甲	乙	合计
合计						

（3）比较两种方法计算结果的差异，并说明其原因填表。

两种方法产品成本计算结果比较

20××年×月 31 日　　　　　　　　　　　　　单位：元

成本项目	传统方法		作业成本法	
	甲产品	乙产品	甲产品	乙产品
直接材料				
直接人工				
制造费用				
合计				
单位成本				

2. 某公司生产产品×需使用的一种主要零部件 A 的价格上涨到每件 10.6 元，这种零件每年需要 10 000 件。由于公司有多余的生产能力且无其他用途，只需再租用一台设备即可制造这种零件，设备的年租金为 40 000 元。管理人员对零件自制或外购进行了决策分析。

（1）根据传统成本计算法提供的信息，这种零件的预计制造成本如下表所示：

单位：元

项目	单位零件成本	成本总额
直接材料	0.6	
直接人工	2.4	
变动制造费用	2.6	
共耗固定成本		30 000

（2）经过作业成本计算，管理人员发现有一部分共耗固定成本可以归属到这种零件，其预计制造成本如下表所示：

项目	成本动因	单位作业成本/元	作业量
装配	机器小时/小时	28.22	800
材料采购	订单数量/张	10.00	600
物料处理	材料移动/次数	60.00	120
起动准备	准备次数/次数	0.20	200
质量控制	检验小时/小时	21.05	100
产品包装	包装次数/次	25.00	20

要求：分别采用传统成本计算法和作业成本计算法对零件进行自制和外购的分析并做决策。

第九章

责任会计

【学习目标】

掌握：各责任中心的定义和特征、内部转移价格的类型和特点、各责任中心考核指标的计算及应用。

熟悉：责任会计定义、责任会计的内容与核算原则。

了解：责任预算和责任报告的编制、员工激励机制的方式和原则。

【关键术语】

责任中心；投资中心；利润中心；成本中心；内部转移价格；市场价格；协商价格；双重价格；成本转移价格；责任预算；责任报告

第一节　责任会计及责任中心

一、责任会计的定义

责任会计是指以企业内部建立的各级责任中心为主体，以责、权、利的协调统一为目标，利用责任预算为控制的依据，通过编制责任报告进行业绩评价的一种内部会计控制制度。

二、责任会计的内容

责任会计是现代分权管理模式的产物，它是通过在企业内部建立若干个责任中心，并对其分工负责的经济业务进行规划与控制，从而实现对企业内部各责任单位的业绩考核与评价。责任会计的要点就在于利用会计信息对各分权单位的业绩进行计量、控制与考核。其主要内容包括以下几个方面：

1. 合理划分责任中心，明确规定权责范围

实施责任会计，首先要按照分工明确、责任易于区分、成绩便于考核的原则，合理划分责任中心。所谓责任中心，是指企业具有一定权力并承担相应工作责任的各级组织和各个管理层次。其次必须依据各个责任中心生产经营的具体特点，明确规定其权责范围，使其能在权限范围内独立自主地履行职责。

2. 编制责任预算，确定各责任中心的业绩考核标准

编制责任预算，使企业生产经营总体目标按责任中心规划进行分解、落实和具体化，作为它们开展日常经营活动和评价其工作成果的基本标准。业绩考核标准应当具有可控性、可计量性和协调性等特征。即其考核的内容只应为责任中心能够控制的因素，考核指标的实际执行情况要能比较准确地计量和报告，并能使各个责任中心在完成企业总的目标中明确各自的目标和任务，以实现局部和整体的统一。

3. 区分各责任中心的可控和不可控费用

对各个责任中心工作成果的评价与考核，应限于能为其工作好坏所影响的可控项目，不能把不应由它负责的不可控项目列为考核项目。为此，要对企业发生的全部费用一一判别责任归属，分别落实到各个责任中心，并根据可控制费用来科学地评价各责任中心的业绩。

4. 合理制定内部转移价格

为分清经济责任、正确评价工作成果，各责任中心相互提供的产品和劳务，应根据各责任中心经营活动的特点，合理地制定内部转移价格并据以计价结算。所制定的内部转移价格必须既有助于调动各个方面生产经营的主动性、积极性，又有助于实现局部和整体之间的目标一致。

5. 建立健全严密的记录、报告系统

建立健全严密的记录、报告系统就是要建立一套完整的日常记录、计算和考核有关责任预算执行情况的信息系统，以便为计量和考核各责任中心的实际经营业绩提供可靠依据，并能对实现责任中心的实际工作业绩起反馈作用。一个良好的报告系统，应当具有相关性、适时性和准确性等特征，即报告的内容要能适合各级主管人员的不同需要，只列示其可控范围内的有关信息；报告的时间要适合报告使用者的需要；报告的信息要有足够的准确性，保证评价和考核的正确性和合理性。

6. 制定合理而有效的奖惩制度

也就是要制定一套完整、合理、有效的奖惩制度，根据责任单位实际工作成果的好坏进行奖惩，做到功过分明、奖惩有据。如果一个责任中心的工作成果因其他责任单位的过失而受到损害，则应由责任单位赔偿。该制度应有助于实现权、责、利的统一。

7. 评价和考核实际工作业绩

根据原定业绩考核标准对各责任中心的实际工作成绩进行比较，据以找出差异，分析原因，判明责任，采取有效措施巩固成绩，改正缺点，及时通过信息反馈来保证生产经营活动沿着预定的目标进行。

8. 定期编制业绩报告

通过定期编制业绩报告，对各个责任中心的工作成果进行全面的分析、评价，并按成果的好坏进行奖惩，以促使各个责任中心相互协调并卓有成效地开展有关活动，共同为最大限度地提高企业生产经营的总体效益而努力。

三、责任会计的核算原则

责任会计是用于企业内部控制的会计，企业可以根据各自的不同特点确定其责任会计的具体形式。但是，无论采用何种责任会计形式，在组织责任会计核算时，都应遵循以下基本原则：

（一）责任主体原则

责任会计的核算应以企业内部的责任单位为对象，责任会计资料的搜集、记录、整理、计算对比和分析等工作，都必须按责任单位进行，以保证责任考核的正确进行。

（二）目标一致原则

企业责任单位内部权责范围的确定、责任预算的编制以及责任单位业绩的考评，都应始终注意与企业的整体目标保持一致，避免因片面追求局部利益而影响整体利益，促使企业内部各责任单位协调一致地为实现企业的总体目标而努力工作。

（三）可控性原则

对各责任中心所赋予的责任，应以其能够控制为前提。在责任预算和业绩报告中，各责任中心只对其能够控制的因素的指标负责。在考核时，应尽可能排除责任中心不能控制的因素，以保证责、权、利关系的紧密结合。

（四）激励原则

责任会计的目的之一在于激励管理人员提高效率和效益，更好地完成企业的总体目标。因此，责任目标和责任预算的确定应是合理的、切实可行的，经过努力完成目标后所得到的奖励和报酬与所付出的劳动相比是值得的，这样就可以不断地激励各责任中心为实现预算目标而努力工作。

（五）反馈原则

为了保证责任中心对其经营业绩的有效控制，必须及时、准确、有效地反馈生产经营过程中的各种信息，这种反馈主要应包括两个方面：一是向各责任中心反馈，使其能够及时了解预算的执行情况，不断调整偏离目标或预算的差异，实现规定的目标；二是向其上一级责任中心反馈，以便上一级责任中心能及时了解所辖范围内的情况。

四、责任中心的含义及特征

（一）责任中心的定义

责任中心（responsibility center），是指承担一定经济责任，并拥有相应管理权限和享受相应利益的企业内部责任单位的统称。

企业为了保证预算的贯彻落实和最终实现，必须把总预算中确定的目标和任务，按照责任中心逐层进行指标分析分解，形成责任预算，使各个责任中心据以明确目标和任务；在此基础上，进一步考核和评价责任预算的执行情况。由此可见，责任中心是责任会计核算的主体，科学地划分不同责任层次，建立分工明确，相互关系协调的责任中心体系，是推行责任会计制度、确保其有效运作的前提。

（二）责任中心的特征

责任中心通常同时具备以下特征：

1. 责任中心是一个责、权、利结合的实体

作为责任会计的主体，每个责任中心都要对一定的财务指标承担责任。同时，赋予责任中心与其所承担责任的范围和大小相适应的权力，并规定相应的业绩考核标准和利益分配标准。

2. 责任中心具有承担经济责任的条件

所谓具有承担经济责任的条件，有两方面的含义：一是责任中心具有履行经济责任中各条款的行为能力，二是责任中心一旦不能履行经济责任，能对其后果承担责任。每个责任中心所承担的具体经济责任必须能落实到具体的管理者头上。

3. 责任中心所承担的责任和行使的权力都应是可控的

每个责任中心只能对其责权范围内可控的成本、收入、利润和投资等相应指标负责，在责任预算和业绩考核中也只应包括它们能控制的项目。可控是相对于不可控而言的，不同的责任层次，其可控的范围不同。一般而言，责任层次越高，其可控范围也就越大。

4. 责任中心具有相对独立的经营业务和财务收支活动

它是确定经济责任的客观对象及责任中心得以存在的前提条件。

5. 责任中心便于进行责任核算、业绩考核与评价

责任中心不仅要划清责任而且要能够进行单独的责任核算。划清责任是前提，单独核算是保证。只有既划清责任又能进行单独核算的企业内部单位，才能作为一个责任中心。

（三）责任中心的类型及考核指标

根据企业内部责任单位的权责范围及业务活动的特点不同，可以将企业内部的责任中心分为成本中心、利润中心和投资中心三大层次类型。

1. 成本中心

（1）成本中心的含义。

成本中心（cost center）是指只对其成本或费用承担责任的责任中心，它处于企业的基础责任层次。由于成本中心不会形成可以用货币计量的收入，因而不应当对收入、利润或投资负责。

成本中心的范围最广，一般来说，凡企业内部有成本发生、需要对成本负责，并能实施成本控制的单位，都可以成为成本中心。工业企业上至工厂一级，下至车间、工段、班组，甚至个人都有可能成为成本中心。总之，成本中心一般包括负责产品生产的生产部门、劳务提供部门以及给予一定费用指标的管理部门。

（2）成本中心的类型。

按照成本中心控制的对象的特点，可将成本中心分为技术性成本中心（engineered cost center）和酌量性成本中心（discretionary cost center）两类。

①技术性成本中心。

技术性成本中心又称标准成本中心、单纯成本中心或狭义成本中心，是指把生产实物产品而发生的各种技术性成本作为控制对象的成本中心。该类中心不需要对实际产出量与预算产量的变动负责，往往通过应用标准成本制度或弹性预算等手段来控制产品成本。

②酌量性成本中心。

酌量性成本中心又称费用中心，是指把为组织生产经营而发生的酌量性成本或经营费用作为控制对象的成本中心。该类中心一般不形成实物产品，不需要计算实际成本，往往通过加强对预算总额的审批和严格执行预算标准来控制经营费用开支。

（3）成本中心的特点。

成本中心相对于其他层次的责任中心有其自身的特点，主要表现在：

①成本中心只考评成本费用不考评收益。

成本中心一般不具有经营权和销售权，其经济活动的结果不会形成可以用货币计量的收入；有的成本中心可能有少量的收入，但从整体上讲，其产出与投入之间不存在密切的对应关系，因而，这些收入不作为主要的考核内容，也不必计算这些货币收入。因此，成本中心只以货币形式计量投入，不以货币形式计量产出。

②成本中心只对可控成本承担责任。

成本（含费用）按其是否具有可控性（即其责任主体是否控制）可划分为可控成本（controllable cost）与不可控成本（uncontrollable cost）两类。

具体来说，可控成本必须同时具备以下四个条件：

第一，可以预计，即成本中心能够事先知道将发生哪些成本以及在何时发生；

第二，可以计量，即成本中心能够对发生的成本进行计量；

第三，可以施加影响，即成本中心能够通过自身的行为来调节成本；

第四，可以落实责任，即成本中心能够将有关成本的控制责任分解落实，并进行考核评价。

凡不能同时具备上述四个条件的成本通常为不可控成本。

属于某成本中心的各项可控成本之和构成该成本中心的责任成本。从考评的角度看，对成本中心工作成绩的好坏评价，应以可控成本作为主要依据，不可控成本核算只有参考意义。在确定责任中心成本责任时，应尽可能使责任中心发生的成本成为可控成本。

成本的可控与不可控是以一个特定的责任中心和一个特定的时期作为出发点的，这与责任中心所处管理层次的高低、管理权限及控制范围的大小和运营期间的长短有直接关系。因而，可控成本与不可控成本可以在一定的时空条件下发生相互转化。

首先，成本的可控与否，与责任中心的权力层次有关。某些成本对于较高层次的责任中心来说是可控的，对于其下属的较低层次的责任中心而言，可能是不可控的。对整个企业来说，几乎所有的成本都是可控的，而对于企业下属各层次、各部门乃至个人来说，则既有各自的可控成本，又有各自的不可控成本。

其次，成本的可控与否，与责任中心的管辖范围有关。某项成本对某一责任中心来说是不可控的，而对另一个责任中心来说则可能是可控的。这不仅取决于该责任中心的业务内容，也取决于该责任中心所管辖的业务内容的范围。如产品试制费，从产品生产部门看是不可控的，而对新产品试制部门来说，就是可控的。但如果新产品试制也归口由生产部门进行，则试制费又成了生产部门可控成本。

再次，某些成本从短期来看是不可控的成本，从较长的期间看，又成了可控成本。如现有生产设备的折旧，就具体使用它的部门来说，其折旧费用是不可控的；但是，当现有设备不能继续使用，要用新的设备来代替它时，是否发生新设备的折旧费又成为可控成本了。

最后，随着时间的推移和条件的变化，过去某些可控的成本项目，可能转变为不可控成本。

一般说来，成本中心的变动成本大多是可控成本，而固定成本大多是不可控成本；各成本中心直接发生的直接成本大多是可控成本，其他部门分配的间接成本大多是不可控成本。但在实际工作中，必须以发展的眼光看问题，要具体情况具体分析，不能一概而论。

③成本中心只对责任成本进行考核和控制。

责任成本（responsibility cost）是各成本中心当期确定或发生的各项可控成本之和，又可分为预算责任成本（budgetary responsibility cost）和实际责任成本（actual responsibility cost）。前者是指根据有关预算所分解确定的各责任中心应承担的责任成本，后者是指各责任中心由于从事业务活动实际发生的责任成本。

对成本费用进行控制，应以各成本中心的预算责任成本为依据，确保实际责任成本不会超过预算责任成本；对成本中心进行考核，应通过各成本中心的实际责任成本与预算责任成本进行比较，确定其成本控制的绩效，并采取相应的奖惩措施。

（4）成本中心考核。

一般是在事先编制的责任成本预算的基础上，通过提交责任报告将责任中心发生的责任成本与其责任成本预算进行比较而实现的。实际数大于预算数的差异是不利差异，用"+"号表示，反之，用"-"号表示。

$$成本（费用）降低额=预算责任成本-实际责任成本$$
$$成本（费用）降低率=成本（费用）降低额÷预算责任成本×100\%$$

【例 9-1】某成本中心的有关项目的实际指标如表 9-1 所示。

要求：考核评价该中心的预算执行情况。

表 9-1　某成本中心责任成本报告　　　　　　　　单位：元

项目	实际	预算	差异
下属中心转来的责任成本			
甲工段	11 400	11 000	+400
乙工段	13 700	14 000	−300
合计	25 100	25 000	+100
本中心的可控成本			
间接人工	1 580	1 500	+80
管理人员工资	2 750	2 800	−50
设备折旧费	2 440	2 440	+40
设备维修费	1 300	1 200	+100
合计	8 070	7 900	+170
本责任中心的责任成本合计	33 170	32 900	+270

由于本中心本身发生的可控成本超支 170 元（主要是因为设备维修费用超支了 100 元），甲工段超支了 400 元，它们都没有完成责任预算，最终导致该中心责任成本超支了 270 元。乙工段节约 300 元成本，超额完成了预算。

2. 利润中心

（1）利润中心的含义。

利润中心（profit center）是指对利润负责的责任中心。由于利润是收入与成本费用之差，因而，利润中心既要对成本负责，又要对收入负责。

利润中心往往处于企业内部的较高层次，是对产品或劳务具有生产经营决策权的企业内部部门，如分厂、分店、分公司等具有独立经营权的部门。

与成本中心相比，利润中心的权力和责任都相对较大，它不仅要绝对地降低成本，而且更要寻求收入的增长，并使之超过成本的增长。通常利润中心对成本的控制是结合对收入的控制同时进行的，它强调成本的相对节约。

（2）利润中心的类型。

按照收入来源的性质不同，利润中心可分为自然利润中心（physical profit center）与人为利润中心（suppositional profit center）两类。

①自然利润中心。

自然利润中心是指可以直接对外销售产品并取得收入的利润中心。这类利润中心虽然是企业内部的一个责任单位，但它本身直接面向市场，具有产品销售权、价格制定权、材料采购权和生产决策权，其功能与独立企业相近。最典型的形式就是公司内的事业部，每个事业部均有销售、生产、采购的能力，有很大的独立性，能独立地控制成本、取得收入。

②人为利润中心。

人为利润中心是只对内部责任单位提供产品或劳务而取得"内部销售收入"的利润中心。这种利润中心一般不直接对外销售产品。成立人为利润中心应具备两个条件：

一是该中心可以向其他责任中心提供产品（含劳务）；二是能为该中心的产品确定合理的内部转移价格，以实现公平交易、等价交换。

（3）利润中心的成本计算。

利润中心要对利润负责，需要以计算和考核责任成本为前提。只有正确计算利润，才能为利润中心业绩考核与评价提供可靠的依据。对利润中心的成本计算，通常有两种方式可供选择：

①利润中心只计算可控成本，不分担不可控成本，即不分摊共同成本。

这种方式主要适用于共同成本难以合理分摊或无须进行共同成本分摊的情形。按这种方式计算出来的盈利不是通常意义上的利润，而是相当于"边际贡献总额"。企业各利润中心的"边际贡献总额"之和减去未分配的共同成本，经过调整后才是企业的利润总额。采用这种成本计算方式的"利润中心"，实质上已不是完整和原来意义上的利润中心，而是边际贡献中心。人为利润中心适合采取这种计算方式。

②利润中心既计算可控成本，又计算不可控成本。

这种方式适用于共同成本易于合理分摊或不存在共同成本分摊的情形。这种利润中心在计算时，如果采用变动成本法，应先计算出边际贡献，再减去固定成本，才是税前利润；如果采用完全成本法，利润中心可以直接计算出税前利润。各利润中心的税前利润之和，就是企业的利润总额。自然利润中心适合采取这种计算方式。

（4）利润中心的考核指标。

利润中心的考核指标为利润，通过比较一定期间实际实现的利润与责任预算所确定的利润，可以评价其责任中心的业绩。但由于成本计算方式不同，各利润中心的利润指标的表现形式也不相同。

①当利润中心不计算共同成本或不可控成本时，其考核指标是：

$$\begin{array}{l}\text{利润中心}\\\text{边际贡献总额}\end{array} = \begin{array}{l}\text{该利润中心}\\\text{销售收入总额}\end{array} - \begin{array}{l}\text{该利润中心可控成本}\\\text{总额（或变动成本总额）}\end{array}$$

值得说明的是，如果可控成本中包含可控固定成本，就不完全等于变动成本总额。但一般而言，利润中心的可控成本大多只是变动成本。

②当利润中心计算共同成本或不可控成本，并采取变动成本法计算成本时，其考核指标主要是以下几种：

$$\begin{array}{l}\text{利润中心}\\\text{边际贡献总额}\end{array} = \begin{array}{l}\text{该利润中心}\\\text{销售收入总额}\end{array} - \begin{array}{l}\text{该利润中心}\\\text{变动成本总额}\end{array}$$

$$\begin{array}{l}\text{利润中心负责人}\\\text{可控利润总额}\end{array} = \begin{array}{l}\text{该利润中心}\\\text{边际贡献总额}\end{array} - \begin{array}{l}\text{该利润中心负责人}\\\text{可控固定成本总额}\end{array}$$

$$\begin{array}{l}\text{利润中心}\\\text{可控利润总额}\end{array} = \begin{array}{l}\text{该利润中心负责人}\\\text{可控利润总额}\end{array} - \begin{array}{l}\text{该利润中心负责人}\\\text{不可控固定成本总额}\end{array}$$

$$\begin{array}{l}\text{公司}\\\text{利润总额}\end{array} = \begin{array}{l}\text{各利润中心}\\\text{利润总额之和}\end{array} - \begin{array}{l}\text{可控公司不可分摊的各种}\\\text{管理费用、财务费用}\end{array}$$

为了考核利润中心负责人的经营业绩，应针对经理人员的可控成本费用进行考核和评价。这就需要将各利润中心的固定成本进一步区分为可控的固定成本和不可控的固定成本。主要考虑某些成本费用可以划归、分摊到有关利润中心，却不能为利润中心负责人所控制，如广告费、保险费等。在考核利润中心负责人业绩时，应将其不可控的固定成本从中扣除。

【例9-2】利润中心考核指标的计算。

已知：某企业的第一车间是以个人为利润中心。本期实现内部销售收入600 000元，变动成本为360 000元，该中心负责人可控固定成本为50 000元，中心负责人不可控但应由该中心负担的固定成本为80 000元。

要求：计算该利润中心的实际考核指标，并评价该利润中心的利润完成情况。

解：依题意，

利润中心边际贡献总额=600 000-360 000=240 000（元）

利润中心负责人可控利润总额=240 000-50 000=190 000（元）

利润中心可控利润总额=190 000-80 000=110 000（元）

评价：

计算结果表明该利润中心各项考核指标的实际完成的情况。为对其完成情况进行评价，需要将各指标与责任预算进行对比和分析，并找出产生差异的原因。

3. 投资中心

（1）投资中心的含义。

投资中心（investment center）是指对投资负责的责任中心。其特点是不仅要对成本、收入和利润负责，还要对投资效果负责。

由于投资的目的是获得利润，因而投资中心同时也是利润中心，但它又不同于利润中心。其主要区别有二：一是权利不同，利润中心没有投资决策权，它只能在项目投资形成生产能力后进行具体的经营活动；投资中心则不仅在产品生产和销售上享有较大的自主权，而且能相对独立地运用所掌握的资产，有权购建或处理固定资产，扩大或缩减现有的生产能力。二是考核办法不同，考核利润中心业绩时，不联系投资多少或占用资产的多少，即不进行投入产出的比较；而在考核投资中心的业绩时，必须将所获得的利润与所占用的资产进行比较。

投资中心是处于企业最高层次的责任中心，它具有最大的决策权，也承担最大的责任。投资中心的管理特征是较高程度的分权管理。一般而言，大型集团所属的子公司、分公司、事业部往往都是投资中心。在组织形式上，成本中心一般不是独立法人，利润中心可以是也可以不是独立法人，而投资中心一般是独立法人。

由于投资中心要对其投资效益负责，为保证其考核结果的公正、公平和准确，各投资中心应对其共同使用的资产进行划分，对共同发生的成本进行分配，各投资中心之间相互调剂使用的现金、存货、固定资产等也应实行有偿使用。

（2）投资中心的考核指标。

投资中心考核与评价的内容是利润及投资效果。因此，投资中心除了考核和评价利润指标外，更需要计算、分析利润与投资额的关系性指标，即投资利润率和剩余收益。

①投资利润率。

投资利润率（return on investment，ROI），又称投资报酬率，是指投资中心所获得的利润与投资额之间的比率。其计算公式是：

$$投资利润率=利润÷投资额×100\%$$

投资利润率还可进一步展开：

$$投资利润率=\frac{销售收入}{投资额}×\frac{利润}{销售收入}$$

$$=总资产周转率×销售利润率$$

$$=总资产周转率×销售成本率×成本费用利润率$$

以上公式中投资额是指投资中心可以控制并使用的总资产，所以该指标也可以称为总资产利润率。它主要说明投资中心运用每一元资产对整体利润贡献的大小，主要用于考核和评价由投资中心掌握、使用的全部资产的盈利能力。

为了考核投资中心的总资产运用状况，也可以计算投资中心的总资产息税前利润率，其计算公式为

$$总资产息税前利润率=息税前利润÷总资产占用额×100\%$$

值得说明的是，由于利润或息税前利润是期间性指标，故上述投资额或总资产占用额应按平均投资额或平均占用额计算。

投资利润率指标能反映投资中心的综合盈利能力，具有横向可比性，其不足是缺乏全局观念。当一个投资项目的投资利润率低于某投资中心的投资利润率而高于整个企业的投资利润率时，虽然企业希望能接受这个投资项目，但该投资中心可能拒绝它；反之，该投资中心会接受这个投资项目。

为了弥补这一指标的不足，使投资中心的局部目标与企业的总体目标保持一致，可采用剩余收益指标来评价考核。

②剩余收益。

剩余收益（residual income，RI）是一个绝对数指标，是指投资中心获得的利润扣减最低投资收益后的余额。最低投资收益是投资中心的投资额（或资产占用额）按规定或预期的最低收益率计算的收益。其计算公式如下：

$$剩余收益=息税前利润-投资总额×规定或预期的最低投资收益率$$

如果考核指标是总资产息税前利润率时，则剩余收益计算公式应做相应调整，其计算公式如下：

$$剩余收益=息税前利润-总资产占用额×规定或预期的总资产息税前利润率$$

这里所说的规定或预期的最低收益率和总资产息税前利润率通常是指企业为保证其生产经营正常、持续进行所必须达到的最低收益水平，一般可按整个企业各投资中心的加权平均投资收益率计算。只要投资项目收益高于要求的最低收益率，就会给企业带来利润，也会给投资中心增加剩余收益，从而保证投资中心的决策行为与企业总体目标一致。

剩余收益指标具有两个特点：

第一，体现投入产出关系。由于减少投资（或降低资产占用）同样可以达到增加剩余收益的目的，因而与投资利润率一样，该指标也可以用于全面考核与评价投资中心的业绩。

第二，避免本位主义。剩余收益指标避免了投资中心的狭隘本位倾向，即单纯追

求投资利润而放弃一些有利可图的投资项目。因为以剩余收益作为衡量投资中心工作成果的尺度，可以促使投资中心尽量提高剩余收益，即只要有利于增加剩余收益绝对额，投资行为就是可取的，而不只是尽量提高投资利润率。

【例9-3】投资中心考核指标的计算。

已知：某企业有若干个投资中心，报告期整个企业的投资报酬率为14%，其中甲投资中心的投资报酬率为18%。该中心的经营资产平均余额为200 000元，利润为36 000元。预算期甲投资中心有一个追加投资的机会，投资额为100 000元，预计利润为16 000元，投资报酬率为16%，甲投资中心预期最低投资报酬率为15%。

要求：

（1）假定预算期甲投资中心接受了上述投资项目，分别用投资报酬率和剩余收益指标来评价考核甲投资中心追加投资后的工作业绩；

（2）分别从整个企业和甲投资中心的角度，说明是否应当接受这一追加投资项目。

解：

（1）投资报酬率＝（36 000+16 000）÷（20 0 000+100 000）×100%＝17.33%

剩余收益＝16 000-100 000×14%＝2 000（元）

显然，接受该投资项目使甲投资中心的投资报酬率降低了；但其剩余收益为2 000元，表明该项目仍有利可图。

（2）从企业来看，该项目投资报酬率16%大于企业的投资报酬率14%，且剩余收益为2 000>0。结论是：无论从哪个指标看，企业都应当接受该追加投资。

从甲投资中心来看，按投资报酬率指标，不应接受；但按剩余收益，则可接受。

4. 成本中心、利润中心和投资中心三者之间的关系

成本中心、利润中心和投资中心彼此并非孤立存在的，每个责任中心都要承担相应的经营责任。

最基层的成本中心应就经营的可控成本向其上层成本中心负责；上层的成本中心应就其本身的可控成本和下层转来的责任成本一并向利润中心负责；利润中心应就其本身经营的收入、成本（含下层转来成本）和利润（或边际贡献）向投资中心负责；投资中心最终就其经管的投资利润率和剩余收益向总经理和董事会负责。

总之，企业各种类型和层次的责任中心形成一个"连锁责任"网络，这就促使每个责任中心为保证经营目标一致而协调运转。

第二节　内部转移价格

一、内部转移价格的内涵及意义

内部转移价格（inter-company transfer price）简称"内部价格"，又称为"内部转让价格"或"内部移动价格"，是指企业内部各责任中心之间转移中间产品或相互提供劳务而发生内部结算和进行内部责任结转所使用的计价标准。

制定内部转移价格，有助于明确划分各责任中心的经济责任，有助于在客观、可

比、公正的基础上对责任中心的业绩进行考核与评价，以便协调各责任中心的各种利益关系，调节企业内部的各项业务活动，便于企业经营者作出正确的决策。

二、内部转移价格的作用

在责任会计系统中，内部转移价格主要应用于内部交易结算和内部责任结转。

（一）内部交易结算

企业内部的各个责任单位在生产经营活动过程中，经常发生各种既相互联系，又相互独立的业务活动，在管理会计中，将一个责任中心向另一个责任中心提供产品或劳务服务而发生的相关业务称为内部交易。内部交易结算是指在发生内部交易业务的前提下，由接受产品或劳务服务的责任中心向提供产品或劳务服务的责任中心支付报酬而引起的一种结算行为。

采用内部转移价格进行内部交易结算，可以使企业内部的两个责任中心处于类似于市场交易的买卖两极，起到与外部市场相似的作用。责任中心作为卖方即提供产品或劳务的一方必须不断改善经营管理，提高质量，降低成本费用，以其收入抵偿支出，取得更多的利润；而买方即产品或劳务的接受一方也必须在竞价后所形成的一定买入成本的前提下，千方百计降低自身的成本费用，提高产品或劳务的质量，争取获得更多的利润。

（二）内部责任结转

内部责任结转又称责任成本结转，简称责任结转，是指在生产经营过程中，对于因不同原因造成的各种经济损失，由承担损失的责任中心对实际发生或发现损失的责任中心进行损失赔偿的账务处理过程。

利用内部转移价格进行责任结转有两种情形：

一是各责任中心之间由于责任成本发生的地点与应承担责任的地点经常不同，而要进行责任转账。如生产车间所消耗原材料超定额是由于采购部门所供应的原材料质量不合格所致，应由购进部门负责，将这部分超定额成本消耗的成本责任转移至采购部门。

二是责任成本在发生的地点显示不出来，需要在下道工序或环节才能发现，这也需要转账。如前后两道工序都是成本中心，后道工序加工时，才发现前道工序转来的半成品是次品。针对这些次品所进行的筛选、整理、修补等活动而消耗的材料、人工和其他费用，均应由前一道工序负担。至于因这些次品而使企业发生的产品降价、报废损失，则应分析原因，分别转到有关责任中心的账户中去。

三、内部转移价格变动对有关方面的影响

很明显，在其他条件不变的情况下，内部转移价格的变化，会使交易双方当事人的责任中心的成本或收入发生相反方向的变化。但是从整个企业角度看，一方增加的成本可能正是另一方增加的收入，反之亦然。一增一减，数额相等、方向相反。因此，在理论上看，内部转移价格无论怎样变动，都不会改变企业的利润总额，所改变的只

是企业内部各责任中心的收入或利润的分配份额。

四、制定内部转移价格的原则

制定内部转移价格，必须遵循以下原则：

（一）全局性原则

制定内部转移价格必须强调企业的整体利益高于各责任中心的利益。内部转移价格直接关系到各责任中心的经济利益的大小，每个责任中心必然会最大限度地为本责任中心争取最大的价格好处。在局部利益彼此冲突的情况下，企业和各责任中心应本着企业利润最大化的要求，合理地制定内部转移价格。不能以邻为壑，在价格上互相倾轧。

（二）公平性原则

内部转移价格的制定应公平合理，充分体现各责任中心的工作态度和经营业绩，防止某些责任中心因价格优势而获得额外的利益，某些责任中心因价格劣势而遭受额外损失。所谓公平性，就是指各责任中心所采用的内部转移价格能使其努力经营的程度与所得到的收益相适应。

（三）自主性原则

在确保企业整体利益的前提下，只要可能，就应通过各责任中心的自主竞争或讨价还价来确定内部转移价格，真正在企业内部实现市场模拟，使内部转移价格能为各责任中心所接受。企业最高管理当局不宜过多地采取行政干预措施。

（四）重要性原则

重要性原则即内部转移价格的制定应当体现"大宗细致、零星从简"的要求，对原材料、半成品、产成品等重要物资的内部转移价格制定从细，而对劳保用品、修理用备件等数量繁多、价值低廉的物资，其内部转移价格制定从简。

五、内部转移价格的类型

内部转移价格主要包括市场价格、协商价格、双重价格和成本转移价格四种类型。

（一）市场价格

1. 市场价格的定义

市场价格（market price）是根据产品或劳务的市场价格作为基价的内部转移价格。以市场价格作为内部转移价格的方法，是假定企业内部各部门都立足于独立自主的基础之上，它们可以自由地决定从外界或内部进行购销。同时，产品有竞争性市场，可以提供一个客观的外在市场价格。其理论基础是：对于独立的企业单位进行评价，就看它们在市场上买卖的获利能力。以市场为基础制定内部转移价格，没有必要考虑消除由市价带来的竞争压力。

2. 市场价格的优点及应遵循的原则

以正常的市场价格作为内部转移价格有一个显著的优点，就是供需双方的部门都能按照市场价格买进或卖出它们所需和所供的产品。供需双方的部门经理在相互交易时，同外部人员一样进行交易。从公司的观点看，只要供应一方是按生产能力提供产品，也可将之视同为在市场中进行交易。另外，一个公司的两个责任中心相互交易，不管市场上是否存在同样的货物，内部进行买卖具有质量、交货期等易于控制，具有节省谈判成本等优点。因此，公司管理当局为了全公司的整体利益，应当鼓励进行内部转移。

采用市场价格制定转移价格时应遵循的基本原则为：除非责任中心有充分理由说明外部交易更为有利，否则各责任中心之间应尽量进行内部转移。具体表现为：

（1）购买的责任单位可以同外界购入相比较。如果内部单位要价高于市价，则可以舍内求外，而不必为此支付更多的代价。

（2）销售的责任单位不应从内部单位获得比向外界销售更多的收入。

这是正确评价各个利润（投资）中心的经营成果，并更好地发挥生产经营活动的主动性和积极性的一个重要条件。但必须注意的是，购买部门向外界购入，将会使企业的部分生产能力闲置，但同时又从向外界购入得到一定的益处。此时，就应将其向外界购买所得到的收益与企业生产能力闲置而受的损失进行比较，如果前者能抵补后者，则允许向外界购入；否则，次优方案必须服从最优方案。

直接以市价作为内部转移价格的主要困难在于：部门间提供的中间产品常常很难确定它们的市价，而且市场价格往往变动较大，或市场价格没有代表性。从业绩评价来说，以市价为内部转移价格，将对销售部门有利。这是因为，产品由企业内部供应，可以节省许多销售、商业信用方面的费用。而直接以市价为转移价格，则这方面所节约的费用将全部表现为销售单位的工作成果，购买单位得不到任何好处，所以会引起它们的不满。

3. 市场价格的适用范围

以市场价格为基础制定的内部转移价格适于利润中心或投资中心采用，当产品有外部市场，购销双方都有权自由对外销售产品和采购产品时，以市场价格作为转移价格仍不失为一种有效的方法。另外，企业的中间产品应该以完全竞争市场的市场价格为参考。

【例 9-4】甲公司是一家集团公司，拥有 20 个分权性投资中心。这些投资中心具有较大的自主权，包括产品定价、自主产品销售权。甲公司对这些投资中心按剩余收益（RI）指标进行业绩考评。甲公司的 A 分部生产某一零部件，既可以外售又可以内售给 B 分部。甲公司 B 分部将 A 分部出售给它的零部件进一步加工成工业产品出售。现作如下假定：

（1）从短期进行分析，忽略长期因素。

（2）在短期内，转移定价的确定不影响固定成本。

（3）各分部都自觉地追求自身贡献毛益最大化和剩余收益最大化。

（4）各分部管理当局是理性的，即各分部都立足于独立自主的基础上，公平地与公司内部其他部门以及外部企业进行交易。

（5）产品需要量预测以及成本、定价是准确的。

有关资料如表9-2所示。

表9-2　基本资料

项目	A 分部	B 分部
单价/元	50	100
单位变动成本/元	20	30
生产能力/件	2 200	400

其结果如表9-3所示。

表9-3　完全竞争条件下的转移定价　　　　　　　　　　　　金额单位：元

项目	出售方（A 分部）	购买方（B 分部）	公司整体
转移数量/件	400	400	0
总收入/元	400×50＝20 000	400×100＝40 000	40 000
变动成本总额/元	0	400×30＝12 000	20 000
转移价格或外购价格/元	400×20＝8 000	400×50＝20 000	0
边际贡献/元	12 000	8 000	20 000

从以上的计算可以看出，转移定价实际上是将公司整体的贡献毛益在不同的部分之间进行了分配。以市场价格为转移定价时，购买方没有得到内部转移所带来的节约好处，其业绩仍与从外部采购时一样，此时容易引发抵触情绪，导致其不从内部而从外部采购。此时可以考虑按市场价格扣减适当销售费用的节约额作为转移定价，从而使销售和购买方的业绩都能得到比较准确的反映。

另外，在进行产品由企业自制或外购及是否淘汰某一产品的决策时，以市场价格作为转移价格几乎完全无用。因为从企业作为一个整体的观点来看，这些决策应以边际成本或差异成本方法为基础来制定。尽管以市价为内部转移价格还有这样或那样的缺点，但由于以市场价格为转移价格适合于利润中心和投资中心组织，且有利于每一部分的业绩评价，故在产品有外界市场，购销双方可以自由购买或销售产品的情况下，以市场价格作为转移价格仍不失为一种有效的方法。

（二）协商价格

1. 协商价格的定义

协商价格（negotiated price）也称为议价，是指在正常市场价格的基础上，由企业内部责任中心通过定期协商所确定的为供求双方能够共同接受的价格。

采用协商价格的前提是责任中心转移的产品应在非竞争性市场上具有买卖的可能性，在这种市场内买卖双方有权自行决定是否买卖这种中间产品。

2. 对协商价格的干预

如果发生以下三种情况之一，企业高一级的管理层需要出面进行必要的干预：

（1）价格不能由买卖双方自行决定时；

（2）当协商的双方发生矛盾而又不能自行解决时；

（3）双方协商确定的价格不符合企业利润最大化要求时。

这种干预应以有限、得体为原则，不能使整个协商谈判变成上级领导包办。

3. 协商价格水平的上下限范围

协商价格通常要比市场价格低。其最高上限是市价，下限是单位变动成本。

当交易的产品或劳务没有适当的市价时，只能采用议价方式来确定。在这种情况下，可以通过各相关责任中心之间的讨价还价，形成企业内部的模拟"公允市价"，以此作为计价的基础。

4. 以协商价格作为内部转移价格的优缺点

以协商价格作为内部转移价格的优点：在协商价格确定的过程中，供求双方当事人都可以在模拟的市场环境下讨价还价，充分发表意见，从而可调动各方的积极性、主动性。

以协商价格作为内部转移价格的缺点：首先，在协商定价的过程中要花费人力、物力和时间；其次，协商定价的各方往往会因各持己见而相持不下，需要企业高层领导干预做出裁定。这样，弱化了分权管理的作用。

5. 协商价格的适用范围

在中间产品有非竞争性市场，生产单位有闲置的生产能力以及变动生产成本低于市场价格，且部门经理有讨价还价权利的情况下，可采用协商价格作为内部转移价格。

【例9-5】续【例9-4】的有关资料，假定A分部将其产品（零部件）卖给B分部而不是卖给企业外部，则可以节省运输费等，平均每件产品可以节省变动成本2元。该节约额在A、B分部之间平分，因此转移定价确定为市场价格减节约的成本的1/2，即50-1=49元，其结果如表9-4所示。

表9-4　以经过协商的市场价格为基础的转移定价

项目	出售方（A分部）	购买方（B分部）	公司整体
转移数量/件	400	400	0
总收入/元	400×49＝19 600	400×100＝40 000	40 000
变动成本总额/元	400×18＝7 200	400×30＝12 000	19 200
转移价格或外购价格/元	0	400×49＝19 600	0
边际贡献/元	12 400	8 400	20 800

比较表9-3、表9-4可以看出，A分部与B分部在企业内部进行交易的结果是使企业整体贡献毛益增加800元（400件×2元/件）。

内部交易形成的贡献毛益额应由A、B两个部门分享。如果以50元的市场价格定价，则企业内部交易形成的差额贡献毛益将全部表现为A分部的业绩，这会引起B分部的不满，由此也会影响企业整体业绩。相反，如果以48元（50-2）的价格定价，则内部交易所带来的节省额或差额贡献毛益将全部体现在B分部业绩中，这也会引起A分部的不满。比较合理的做法是，A、B双方经过理性的谈判，使价格定在48~50元，由此使差额贡献毛益由双方分享。如本例中双方经过协商，将转移价格定在49元，将使双方都从中受益。

（三）双重价格

1. 双重价格的定义

双重价格（dual price）就是针对供需双方分别采用不同的内部转移价格而制定的价格。例如，对产品（半成品）的出售单位，按协商的市场价格计价；而对购买单位，则按出售单位的变动成本计价。

2. 双重价格的优缺点

双重价格有利于产品（半成品）接受单位正确地进行经营决策，避免因内部定价高于外界市场价格。接受单位向外界进货而不从内部购买，使企业内部产品（半成品）供应单位的部分生产能力因此闲置而无法充分利用的情况出现；同时也有利于提高供应单位在生产经营中的主动性和积极性。这一方法可以促使接受单位站在企业整体的立场上做出正确的经营决策，较好地适应不同方面的实际需要，从而很好地解决目标一致性、激励等问题。

缺点在于：价格标准过多，在应用过程中，会因处理由此而形成的差异而带来一定麻烦。

3. 双重价格制度的适用范围

这种方法只有在任何单一内部转移价格均无法达到目标一致性及激励目的，中间产品有外部市场，生产（供应）单位生产能力不受限制，且变动成本低于市场价格的情况下，才会行之有效，并对企业有利。

（四）成本转移价格

1. 成本转移价格的概念

成本转移价格就是以产品或劳务的成本为基础而制定的内部转移价格。用产品成本作为转移价格，是制定转移价格最简单的方法。

2. 成本转移价格的种类及特点

由于人们对成本概念的理解不同，成本转移价格也包括多种类型，其中用途较为广泛的成本转移价格有以下三种：

（1）标准成本。它是以产品（半成品）或劳务的标准成本作为内部转移价格。适用于成本中心之间的产品（半成品）转移的结算。其优点是将管理和核算工作结合起来，可以避免供应方成本高低对使用方的影响，做到责任分明，有利于调动供需双方降低成本的积极性。

（2）标准成本加成。它是按产品（半成品）或劳务的标准成本加计一定的合理利润作为计价的基础。当内部交易价格涉及利润中心或投资中心时，可将标准成本加计一定利润作为转移价格。其优点是能分清相关责任中心的责任，有利于成本控制。但确定加成利润率时，应由管理当局妥善制定，避免主观随意性。

（3）标准变动成本。它是以产品（半成品）或劳务的标准变动成本作为内部转移价格，能够明确揭示成本与产量的性态关系，便于考核各责任中心的业绩，也利于经营决策。不足之处是产品（半成品）或劳务中不包含固定成本，不能反映劳动生产率变化对固定成本的影响，不利于调动各责任中心提高产量的积极性。

（五）共同成本的分配

共同成本（common costs），也称服务成本，它是由作为成本中心的服务部门，如动力部门、维修部门等，为生产部门提供服务所产生的成本。由于这些服务使各生产部门共同受益，需由各受益部门共同负担，故称为共同成本。

对于这些共同成本是否需要分配，应该分别对待。企业内部服务部门所发生的变动成本应该选择合适的分配标准分配给各受益的责任中心。一般情况下，对于服务部门所发生的固定成本和上级责任中心发生的管理费用和营业费用，各个共同受益的责任中心无法控制，企业可根据管理要求，将其分配给各受益责任中心，也可不予分配。

在共同成本的分配中，分配基础的选择极为重要。间接成本分配的任何价值都只来自对成本分配赖以进行各种活动变量的计量，而没有任何价值来自成本分配本身。如果在分配的基础上存在特定的偏差（选择的分配基础不合理），则往往会对有关方面的行为产生严重影响。这种严重影响的结果有时会阻碍目标一致性的实现。共同成本的分配，作为内部转移价格的一种具体表现形式，是责任会计中最复杂的问题之一，渗透在责任会计中的一些行为问题的考虑，使它难以得出一般的结论。某一分配基础在某种情况（或某种服务项目）下可以导致所期望的行为，因而是可取的；而在另一种情况（或另一种服务项目）下，则可能引起行为上相反的结果。因此，试图找出一种适合任何情况的最佳分配基础是不现实的。

共同成本分配基础归纳起来主要有三类：①以能反映成本因果关系的使用量作为分配基础；②以使用者的受益程度作为分配基础；③以使用部门对间接成本的承担能力大小作为分配基础。以下结合实例对以使用量为标准的共同成本分配进行分析。

以实际使用服务量为基础对实际发生的共同成本进行分配，是最常用的分配方式。这种分配基础的理论依据在于其同成本与服务量之间有较明确的因果关系。这一分配基础的优点是：有利于使用服务的部门对提供服务部门的工作效率进行监督。由于提供服务部门的效率高低会直接影响受益部门的业绩水平，这就为监督服务部门的工作提供了有效的监督工具。尽管如此，这一分配基础同时也存在以下不足：首先，其所分配的是实际成本，而不是预算成本。分配使服务部门的低效率转嫁给受益部门，因为对服务提供部门来说，节约和浪费一样，全部成本总是分配无余，而不会对控制成本的业绩进行考核，故这一分配基础对于服务部经理完成其职责缺乏激励作用。其次，按实际使用量分配固定成本，会使这一应由受益部门负担的服务成本受其他受益部门使用服务量的影响，易使受益部门的经理采取不利于实现企业整体目标的不良行为。下面以维修部门成本的分析为例予以说明。

【例9-6】假定某企业有一个运输部门为其两个生产部门（制造部门和装配部门）服务，当年有关资料如表9-5所示。

表 9-5　基本资料

生产部门	使用运输服务的里程/千米
制造	50 000
装配	30 000
合计	80 000

本年运输部门发生的成本为 560 000 元，运输成本分配情况如表 9-6 所示。

表 9-6　共同费用分配

	运输里程/千米	分配率	运输成本/元
制造	50 000		350 000
装配	30 000		210 000
合计	80 000	7	560 000

现假定第 2 年装配部门运输里程仍为 30 000 千米，而制造部门的运输里程数从原来的 50 000 千米降为 40 000 千米。运输第 2 年所发生的维修成本与第 1 年相同，则运输成本的分配情况如表 9-7 所示。

表 9-7　共同费用分配

	运输里程/公里	分配率	运输成本/元
制造	40 000		320 000
装配	30 000		240 000
合计	70 000	8	560 000

由表 9-7 可以看出，尽管装配部门所使用的运输里程数与第 1 年相同，但它所分担的维修成本却比第 1 年多 30 000 元。这是由于制造部门的经理用了较少的运输服务，从而使两个生产部门之间使用运输服务的里程比率发生了变化，即装配部门与制造部门的里程比率由原来的 3∶5 变为 3∶4，装配部门多负担了一部分运输成本。由此可见，这一分配基础会使一部门的业绩受另一部门使用服务量的影响，即部门经理人员可以采用少使用服务项目的办法来将共同成本转移给其他受益部门负担，由此导致经理人员少使用服务项目的趋势。然而，某些必要劳务的耗用不足，会损害企业的长远利益。例如，机器设备的到期维修被延缓，使机器设备带病运转，由此造成企业后劲不足，从而使企业长期利益受到损害。

第三节　责任预算与责任报告

一、责任预算

（一）责任预算的含义

责任预算（responsibility budget）是以责任中心为主体，以其可控的成本、收入、利润和投资等为对象所编制的预算。

（二）责任预算的指标构成

责任预算由各种责任指标组成。这些指标可分为主要责任指标和其他责任指标。

主要责任指标，是指特定责任中心必须保证实现，并能够反映各种不同类型的责任中心之间的责任和相应区别的责任指标。在上节所述及的有关责任中心的各项考核指标都属于主要指标的范畴。

其他责任指标，是根据企业其他总目标分解而得到的或为保证主要责任指标完成而确定的责任指标。这些指标包括劳动生产率、设备完好率、出勤率、材料消耗率和职工培训等内容。

（三）编制责任预算的意义

通过编制责任预算可以明确各责任中心的责任，并与企业的总预算保持一致，以确保企业目标的实现。责任预算既为各责任中心提供了努力的目标和方向，也为控制和考核各责任中心提供了依据。在企业实践中，责任预算是企业总预算的补充和具体化，只有将各责任中心的责任预算与企业的总预算有机地融为一体，才能较好地达到责任预算的效果。

（四）责任预算的编制程序

责任预算的编制程序有两种：

1. 自上而下的程序

本程序是以责任中心为主体，将企业总预算目标自上而下地在各责任中心之间层层分解，进而形成各责任中心责任预算的一种常用程序。其优点在于：可以使整个企业在编制各部门责任预算时，实现一元化领导，便于统一指挥和调度。其不足之处在于：可能会限制基层责任中心的积极性和创造性的发挥。

2. 由下而上的程序

本程序是由各责任中心自行列示各自的预算指标、层层汇总，最后由企业专门机构或人员进行汇总和协调，进而编制出企业总预算的一种程序。该程序的优点在于：便于充分调动和发挥各基层责任中心的积极性。不足之处在于：由于各责任中心往往只注意本中心的具体情况或多从自身利益角度考虑，容易造成彼此协调上的困难、互

第九章　责任会计

相支持少，以致可能冲击企业的总体目标，层层汇总的工作量比较大，协调的难度大，可能影响预算质量和编制时效。

（五）不同经营管理方式下责任预算编制程序的选择

责任预算的编制程序与企业组织机构设置和经营管理方式有着密切关系。在集权管理制度下，企业通常采用自上而下的预算编制方式；在分权管理制度下，企业往往采用自下而上的预算编制方式。

在集权组织结构形式下，公司的总经理大权独揽，对企业的所有成本、收入、利润和投资负责。公司往往是唯一的利润中心和投资中心。而公司下属各部门、各工厂、各工段、各地区都是成本中心，它们只对其权责范围内控制的成本负责。因此，在集权组织结构形式下，首先要按照责任中心的层次，从上至下把公司总预算（或全面预算）逐层向下分解，形成各责任中心的责任预算；然后建立责任预算执行情况的跟踪系统，记录预算执行的实际情况，并定期由下至上把责任预算的实际执行数据逐层汇总，直到高层的利润中心或最高层的投资中心。

在分权组织结构形式下，经营管理权分散在各责任中心，公司下属各部门、各工厂、各地区等与公司自身一样，可以同时是利润中心和投资中心，它们既要控制成本、收入、利润，也要对所占用的全部资产负责。在分权组织结构形式下，首先也应按责任中心的层次，将公司总预算（或全面预算）从最高层向最底层逐级分解，形成各责任单位的责任预算。然后建立责任预算的跟踪系统，记录预算实际执行情况，并定期从最基层责任中心把责任成本的实际数以及销售收入的实际数，通过编制业绩报告逐层向上汇总，一直达到最高的投资中心。

随着预算数据的逐级分解，预算的责任中心的层次越来越低，预算目标越来越具体。这意味着公司总预算被真正落实到责任单位或个人，使预算的实现有了可靠的组织保障，也意味着公司总预算被分解到了具体的项目上，使预算的实现有了客观的依据。

二、责任报告

（一）责任报告的含义

责任会计以责任预算为基础，通过对责任预算的执行情况的系统反映，确认实际完成情况同预算目标的差异，并对各个责任中心的工作业绩进行考核与评价。责任中心的业绩考核和评价是通过编制责任报告来完成的。

责任报告（performance report）亦称业绩报告、绩效报告，是指根据责任会计记录编制的反映责任预算实际执行情况，揭示责任预算与实际执行差异的内部会计报告。

（二）责任报告与责任预算的关系

责任报告是对各个责任中心责任预算执行情况的系统概括和总结。根据责任报告，可进一步对责任预算执行差异产生的原因和责任进行具体分析，以充分发挥反馈作用，以使上层责任中心和本责任中心对有关生产经营活动实行有效控制和调节，促使各个责任中心根据自身特点，卓有成效地开展有关活动以实现责任预算。

（三）责任报告的形式与侧重点

责任报告主要有报表、数据分析和文字说明等几种形式。将责任预算、实际执行结果及其差异用报表予以列示是责任报告的基本形式。在揭示差异时，还必须对重大差异予以定量分析和定性分析。其中，定量分析旨在确定差异的发生程度，定性分析旨在分析差异产生的原因，并根据这些原因提出改进建议。在现实工作中，往往将报表、数据分析和文字说明等几种形式结合起来使用。

在企业的不同管理层次上，责任报告的侧重点应有所不同。最低层次的责任中心责任报告应当最详细，随着层次的提高，责任报告的内容应以更为概括的形式来表现。这一点与责任预算的由上至下分解过程不同，责任预算是由总括到具体，责任报告是由具体到总括。责任报告应能突出产生差异的重要影响因素，为此应遵循"例外管理原则"，突出重点，使报告的使用者能把注意力集中到少数严重脱离预算的因素或项目上来。

（四）责任报告的编制程序及会计核算工作的组织方式

责任中心是逐级设置的，责任报告也必须逐级编制，但通常只采用自下而上的程序逐级编报。

为了编制各责任中心的责任报告，必须以责任中心为对象组织会计核算工作，具体做法包括"双轨制"和"单轨制"两种。

双轨制，是指将责任会计核算与财务会计核算分别按两套核算体系组织。在组织责任会计核算时，由各责任中心指定专人把各中心日常发生的成本、收入以及各中心相互间的结算和转账业务记入单独设置的责任会计的编号账户内，根据管理需要，定期计算盈亏。

单轨制，是指将责任会计核算与财务会计核算统一在一套核算体系中。为简化日常核算，在组织责任会计核算时，不另设专门的责任会计账户，而是在传统财务会计的各明细账户内，为各责任中心分别设户进行登记、核算。

第四节　业绩考核及员工激励机制

一、业绩考核

（一）业绩考核的含义

业绩考核（performance measurement）是以责任报告为依据，分析、评价各责任中心责任预算的实际执行情况，找出差距，查明原因，借以考核各责任中心工作成果，实施奖罚，促使各责任中心积极纠正行为偏差，完成责任预算的过程。

（二）业绩考核的分类

1. 狭义的业绩考核和广义的业绩考核

按照责任中心的业绩考核的口径为分类标志，可将业绩考核划分为狭义的业绩考核和广义的业绩考核两类。

狭义的业绩考核仅指对各责任中心的价值指标，如成本、收入、利润以及资产占用等指标的完成情况进行考评。

广义的业绩考核除这些价值指标外，还包括对各责任中心的非价值责任指标的完成情况进行考核。

2. 年终的业绩考核与日常的业绩考核

按照责任中心的业绩考核的时间为分类标志，可将业绩考核划分为年终的业绩考核与日常的业绩考核两类。

年终的业绩考核通常是指一个年度终了（或预算期终了）对责任预算执行结果的考评，旨在进行奖罚和为下年（或下一个预算期）的预算提供依据。

日常的业绩考核通常是指在年度内（或预算期内）对责任预算执行过程的考评，旨在通过信息反馈，控制和调节责任预算的执行偏差，确保责任预算的最终实现。业绩考核可根据不同责任中心的特点进行。

（三）成本中心业绩的考核

成本中心没有收入来源，只对成本负责，因而也只考核其责任成本。由于不同层次成本费用控制的范围不同，计算和考评的成本费用指标也不尽相同，越往上一层次计算和考评的指标越多，考核内容也越多。

成本中心业绩考核是以责任报告为依据，将实际成本与预算成本或责任成本进行比较，确定两者差异的性质、数额以及形成的原因，并根据差异分析的结果，对各成本中心进行奖罚，以督促成本中心努力降低成本。

（四）利润中心业绩的考核

利润中心既对成本负责，又对收入和利润负责，在进行考核时，应以销售收入、贡献毛益和息税前利润等为重点进行分析、评价。特别是应通过一定期间实际利润与预算利润的对比，分析其差异及形成原因，明确责任，借以对责任中心的经营得失和有关人员的功过做出正确评价，奖罚分明。

在考核利润中心业绩时，也只是计算和考评本利润中心权责范围内的收入和成本。凡不属于本利润中心权责范围内的收入和成本，尽管已由本利润中心实际收进或支付，仍应予以剔除，不能作为本利润中心的考核依据。

（五）投资中心业绩的考核

投资中心不仅要对成本、收入和利润负责，还要对投资效果负责。因此，投资中心的业绩考核，除收入、成本和利润指标外，考核重点应放在投资利润率和剩余收益两项指标上。

从管理层次看，投资中心是最高一级的责任中心，业绩考核的内容或指标涉及各个方面，是一种较为全面的考核。考核时通过实际数与预算数的比较，找出差异，进行差异分析，查明差异的成因和性质，一并据以进行奖罚。由于投资中心层次高、涉及的管理控制范围广，内容复杂，考核时应力求深入进行原因分析，做到依据确凿、责任落实具体，这样才可以达到考核的效果。

二、员工激励机制

（一）激励机制的定义及意义

激励机制是现代企业制度的重要组成部分，它包括绩效评价系统和相应的奖励制度。激励，是指运用各种有效手段激发人的热情，产生积极性、主动性，发挥人的创造精神和潜能，使其行为与组织目标保持一致。激励机制，是通过一套理性化的制度来反映激励主体与激励客体相互作用的方式。

激励机制，是企业对员工进行业绩考核的手段。对于组织而言，运用激励机制的终极目标就是提高组织绩效。建立奖励绩效挂钩的完善制度体系，是保证激励有效性的重要前提。企业内部激励制度是在业绩考核结果出来后，对业绩考核结果中表现突出的员工给予激励，而这种内部激励不仅仅是纯粹意义上的完善内部业绩考核，更在于激励机制的最终目标是通过激励制度激励员工，让他们对自己的企业产生信任感，培养员工的忠诚度，同时激励业绩比较优秀的员工会为企业带来积极的企业文化氛围，让员工知道只要为企业目标做出自己的贡献就会有收获。企业内部业绩考核是一个过程，而企业内部激励制度是将业绩考核作用发挥出来的手段。

企业内部业绩考核与激励制度的实施相互促进，有助于改进工作和提高业绩。通过企业内部业绩考核来掌握员工的业绩，再通过行之有效的激励制度激励员工业绩持续改进。良好的激励制度会给员工带来努力完成业绩计划的动力。企业内部业绩考核与激励制度是企业人力资源管理的一个核心内容，很多企业已经认识到考核的重要性，并且在业绩考核工作上投入了较大的精力来完善，与此同时，也制定出相应的机制，而且在制定企业内部激励制度时考虑到员工个体业绩差别，这就意味着良好的业绩考核与行之有效的激励制度配套实施相互促进，形成良性循环。只有好的激励制度，而企业内部业绩考核不能公平公正地实施，或者只有好的业绩考核制度而没有有效的激励制度与之配套，企业整体的业绩计划都将难以实现。

企业内部业绩考核是对员工工作结果的客观反映，企业内部激励制度是对这个结果的完善处理方式，从而使业绩考核的结果能够说明问题并产生影响。在执行业绩管理的过程中，如果只做业绩考核而忽视了激励制度的激励作用以及企业内部人力资源管理的其他环节，企业面临的结果必将是失败。因此，在企业内部业绩考核后，应有合理的企业内部激励制度使之完善，二者相互依存，缺一不可。

（二）激励机制的形式

为更好发挥激励机制的作用，企业应制定一系列制度，如薪酬制度、晋升制度、奖惩制度、员工参与管理制度等，并采取多方面的激励途径和方式与之相适应，在

"以人为本"的员工管理模式基础上建立企业的激励机制。

（1）行政激励，指按照公司的规章制度及规定给予的具有行政权威性的奖励和处罚。

（2）物质激励，指公司按照规章制度及规定以货币和实物的形式给予员工良好行为的一种奖励方式，或者对其不良行为给予的一种处罚的方式。

（3）升降激励，指公司按照规章制度及规定通过职务和级别的升降来激励员工的进取精神。

（4）调迁激励，指公司按照规章制度及规定通过调动干部和员工去重要岗位、重要部门担负重要工作或者去完成重要任务，使干部和员工有一种信任感、被尊重感和亲密感，从而调动其积极性，产生一种正强化激励作用。

（5）荣誉激励，指公司按照规章制度及规定对干部和员工或单位授予的一种荣誉称号，或是对干部和员工或单位在一段时间工作的全面肯定，或是对干部和员工或单位在某一方面的突出贡献予以表彰。

（6）示范激励，指公司按照规章制度及规定通过宣传典型，树立榜样而引导和带动一般的激励方式。

（7）尊重激励，指尊重各级员工的价值取向和独立人格，尤其尊重企业的小人物和普通员工，达到一种知恩必报的效果。

（8）参与激励，指建立员工参与管理、提出合理化建议的制度和职工持股计划，提高员工主人翁参与意识。

（9）竞争激励，指提倡企业内部员工之间、部门之间的有序平等竞争以及优胜劣汰。

（10）日常激励，指公司按照规章制度及规定程序通过经常地、随时地对干部和员工的行为做出是与非的评价，或进行表扬与批评、赞许与制止，以激励干部和员工的一种方法。

（三）激励机制应遵循的原则

1. 激励要因人而异

由于不同员工的需求不同，所以，相同的激励政策起到的激励效果也会不尽相同。即便是同一位员工，在不同的时间或环境下，也会有不同的需求。由于激励取决于内因，是员工的主观感受，所以，激励要因人而异。在制定和实施激励政策时，首先要调查清楚每个员工真正需要的是什么。将这些需要整理、归类，然后制定相应的激励政策帮助员工满足这些需求。

2. 奖励适度

奖励和惩罚不适度都会影响激励效果，同时增加激励成本。奖励过重会使员工产生骄傲和满足的情绪，失去进一步提高自己的动力；奖励过轻会达不到激励效果，或者使员工产生不被重视的感觉。惩罚过重会让员工感到不公，或者失去对公司的认同，甚至产生怠工或破坏的情绪；惩罚过轻会让员工轻视错误的严重性，从而可能还会犯同样的错误。

3. 公平性

企业在选拔、评定职称和任用人才的过程中，在实施奖励的过程中，要做到公开、公平、公正，不凭主观意志、个人好恶判断一个人的工作表现、得失成败，而是"凭政绩论英雄，靠能力坐位置"，建立一套科学、公正的制度化、规范化的测评标准，切实做到人尽其才。公平性是员工管理中一个很重要的原则，员工感到的任何不公的待遇都会影响他的工作效率和工作情绪，并且影响激励效果。取得同等成绩的员工，一定要获得同等层次的奖励；同理，犯同等错误的员工，也应受到同等层次的处罚。如果做不到这一点，管理者宁可不奖励或者不处罚。

管理者在处理员工问题时，一定要有一种公平的心态，不应有任何的偏见和喜好。虽然某些员工可能让你喜欢，有些你不太喜欢，但在工作中，一定要一视同仁，不能有任何不公的言语和行为。

4. 以人为本

员工是企业最宝贵的资源。为此，不论对组织还是对个人，有利于人力资源开发和管理的激励机制必须体现以人为本的原则，把尊重人、理解人、关心人、调动人的积极性放在首位。机制的设计不是束缚手脚、禁锢思想、没有生机和活力，而必须是承认并满足人的需要，尊重并容纳人的个性，重视并实现人的价值，开发并利用人的潜能，统一并引导人的思想，把握并规范人的行为，鼓励并奖赏人的创造，营造并改善人的环境。

5. 灵活性与稳定性统一

一个激励机制的确定是有一个过程的，因此其发挥作用也应有一段时间。如果激励措施内容、方法变动频繁，则被激励人难以适应，激励效果反而不好。因此，激励机制应有一定的稳定性，同时也应考虑到环境的不断变化，因此必须要求激励机制有灵活性，以适应激励机制环境的变化。

本章小结

责任会计是指以企业内部建立的各级责任中心为主体，以责、权、利的协调统一为目标，利用责任预算为控制的依据，通过编制责任报告进行业绩评价的一种内部会计控制制度。其主要内容包括：划分责任中心、规定权责范围、编制责任预算、制定内部转移价格、建立健全记录和报告系统、制定奖惩制度、评价和考核实际工作业绩、定期编制业绩报告。

责任中心，是指承担一定经济责任，并拥有相应管理权限和享受相应利益的企业内部责任单位的统称。责任中心分为成本中心、利润中心和投资中心三个层次类型。成本中心是指只对其成本或费用承担责任的责任中心，它处于企业的基础责任层次；利润中心是指对利润负责的责任中心，往往处于企业内部的较高层次，是具有产品或劳务生产经营决策权的企业内部部门；投资中心是指对投资负责的责任中心，是处于企业最高层次的责任中心，它具有最大的决策权，也承担最大的责任。

内部转移价格，是指企业内部各责任中心之间转移中间产品或相互提供劳务而发生内部结算和进行内部责任结转所使用的计价标准。内部转移价格主要包括市场价格、协商价格、双重价格和成本转移价格四种类型。

责任预算，是以责任中心为主体，以其可控的成本、收入、利润和投资等为对象所编制的预算。责任报告，是指根据责任会计记录编制的反映责任预算实际执行情况，揭示责任预算与实际执行差异的内部会计报告。责任报告是对各个责任中心责任预算执行情况的系统概括和总结，促使各个责任中心根据自身特点，开展有关活动以实现责任预算。

业绩考核，是以责任报告为依据，分析、评价各责任中心责任预算的实际执行情况，找出差距，查明原因，借以考核各责任中心工作成果，实施奖罚，促使各责任中心积极纠正行为偏差，完成责任预算的过程。考核时，成本中心只考核其责任成本；利润中心既考核成本，又考核收入和利润；投资中心不仅考核成本、收入和利润，还考核投资效果。激励机制，是通过一套理性化的制度来反映激励主体与激励客体相互作用的方式。它是企业对员工进行业绩考核的手段，有助于工作改进和业绩提高。激励包括行政激励、物质激励、升降激励、调迁激励、荣誉激励、示范激励、尊重激励、参与激励、竞争激励、日常激励等形式。

综合练习

一、单项选择题

1. 以下不属于责任会计核算原则的是（   ）。
   A. 责任主体原则　　　　　　　　B. 可控性原则
   C. 反馈原则　　　　　　　　　　D. 重要性原则

2. 以下关于成本中心的说法不准确的是（   ）。
   A. 成本中心的范围最广
   B. 成本中心只考评成本费用不考评收益
   C. 成本中心既考评成本费用又考评收益
   D. 成本中心只对可控成本承担责任

3. 某利润中心本期实现内部销售收入 600 000 元，变动成本为 360 000 元，该中心负责人可控固定成本为 50 000 元，中心负责人不可控、但应由该中心负担的固定成本为 80 000 元。则该利润中心可控利润总额是（   ）元。
   A. 240 000　　　　　　　　　　B. 110 000
   C. 190 000　　　　　　　　　　D. 160 000

4. 关于协商价格，以下说法正确的是（   ）。
   A. 协商价格的下限为单位变动成本　　B. 可以节省谈判成本
   C. 协商价格的下限为标准变动成本　　D. 客观性较强

5. 以下不属于成本转移价格类型的是（   ）。
   A. 标准成本　　　　　　　　　　B. 标准成本加成

C. 标准变动成本　　　　　　　　　D. 单位变动成本

6. 公司按照规章制度及规定程序通过经常地、随时地对干部和员工的行为做出是与非的评价，并据此进行表扬与批评、赞许与制止，此激励机制属于（　　　）。

A. 行政激励　　　　　　　　　　　B. 示范激励

C. 荣誉激励　　　　　　　　　　　D. 日常激励

二、多项选择题

1. 以下属于责任会计内容的有（　　　）。

A. 划分责任中心，规定权责范围

B. 编制责任预算，制定内部转移价格

C. 建立健全记录和报告系统、制定奖惩制度

D. 评价和考核实际工作业绩、定期编制业绩报告

2. 以下属于责任中心特征的有（　　　）。

A. 责任中心是一个责、权、利结合的实体

B. 责任中心具有承担经济责任的条件

C. 责任中心所承担的责任和行使的权力都应是可控的

D. 责任中心具有相对独立的经营业务和财务收支活动

3. 可控成本必须同时具备包括（　　　）。

A. 可以预计　　　　　　　　　　　B. 可以计量

C. 可以施加影响　　　　　　　　　D. 可以落实责任

4. 关于投资利润率，其计算公式正确的有（　　　）。

A. 投资利润率＝利润÷投资额

B. 投资利润率＝总资产周转率×销售利润率

C. 投资利润率＝总资产周转率×销售成本率×成本费用利润率

D. 投资利润率＝总资产周转率×权益乘数

5. 内部转移价格一般包括以下形式（　　　）。

A. 市场价格　　　　　　　　　　　B. 协商价格

C. 双重价格　　　　　　　　　　　D. 成本转移价格

6. 责任预算自上而下编制程序的优点是（　　　）。

A. 便于充分调动各基层责任中心的积极性

B. 可以实现一元化领导

C. 便于统一指挥和调度

D. 节省编制的时间

7. 编制责任报告的具体做法包括（　　　）。

A. 双轨制　　　　　　　　　　　　B. 单轨制

C. 结合制　　　　　　　　　　　　D. 并轨制

8. 对投资中心业绩考核的指标有（　　　）。

A. 收入、成本　　　　　　　　　　B. 利润

C. 投资利润率　　　　　　　　　　D. 剩余收益

三、判断题

1. 由于成本中心不会形成可以用货币计量的收入，因而不应当对收入、利润或投资负责。　　　　　　　　　　　　　　　　　　　　　　　　　　　　　（　　）

2. 技术性成本中心一般不形成实物产品，不需要计算实际成本。　　　（　　）

3. 人为利润中心是只对内部责任单位提供产品或劳务而取得"内部销售收入"的利润中心。　　　　　　　　　　　　　　　　　　　　　　　　　　　　　　（　　）

4. 投资中心可以是也可以不是独立法人。　　　　　　　　　　　　　（　　）

5. 用剩余收益指标考核投资中心可以避免本位主义。　　　　　　　　（　　）

6. 以市场价格作为内部转移价格，企业的中间产品应该以完全竞争的市场的价格为参考。　　　　　　　　　　　　　　　　　　　　　　　　　　　　　　　（　　）

7. 自上而下的责任预算编制程序，是由各责任中心自行列示各自的预算指标、层层汇总，最后由专门机构或人员进行汇总和协调，进而编制出企业总预算的一种程序。　　　　　　　　　　　　　　　　　　　　　　　　　　　　　　　（　　）

8. 激励机制的以人为本原则，就是把尊重人、理解人、关心人、调动人的积极性放在首位。　　　　　　　　　　　　　　　　　　　　　　　　　　　　　　（　　）

四、实践练习题

1. 某企业的第二车间是一个人为利润中心。本期实现内部销售收入 500 000 元，变动成本为 300 000 元，该中心负责人可控固定成本为 40 000 元，中心负责人不可控、但应由该中心负担的固定成本为 60 000 元。

要求：计算该利润中心的实际考核指标，并评价该利润中心的利润完成情况。

2. 某公司有 A、B 两个投资中心。A 投资中心的投资额为 1 000 万元，营业利润 70 万元；B 投资中心的投资额为 2 000 万元，营业利润为 320 万元。该公司最低投资报酬率为 10%。现在 A 投资中心有一个投资项目，需要投资 500 万元，项目投产后年营业利润 40 万元。该公司将投资报酬率作为投资中心业绩评价唯一指标。

要求：从 A 投资中心和总公司两个角度考察，决定是否接受该投资项目。

3. 某公司有 A、B 两个投资中心，平均营业资产、年营业利润和该公司要求的最低投资报酬率分别如下表所示。

A、B 两个投资中心资料

项目	A 投资中心	B 投资中心
营业资产/万元	10 000	100 000
营业利润/万元	2 000	12 000
最低投资报酬率/%	10	10
剩余收益/万元	1 000	2 000

要求：计算两个投资中心的剩余收益，并对其进行分析。

4. 某公司下设 A 和 B 两个投资中心，该公司要求的平均最低投资收益率为 10%。公司拟追加 30 万元的投资。有关资料如下表所示。

投资中心考核指标计算   金额单位：万元

项目	投资额	利润	投资利润率	剩余收益
追加投资前	甲投资中心	40	2	
	乙投资中心	60	9	
	公司	100	11	
甲投资中心追加投资30万	甲投资中心	40+30	2+2.2	
	乙投资中心	60	9	

　　要求：根据表中资料，分别采用投资利润率和剩余收益两项指标计算 A 和 B 两个投资中心的经营业绩，并做出追加投资的决策。

第十章

战略管理会计

【学习目标】

掌握：平衡计分卡、经济增加值的核心内容和应用程序。

熟悉：企业价值链分析、战略管理会计的主要方法和应用环境。

了解：战略管理会计的目标、原则、应用体系。

【关键术语】

战略管理；战略管理会计；战略定位；价值链分析；成本动因分析；竞争对手分析；作业成本管理；产品生命周期分析；平衡计分卡；经济增加值

第一节　战略、战略管理与战略管理会计

一、战略管理会计的概念

（一）企业战略和战略管理的内涵

1. 企业战略的内涵

战略原为军事用语。顾名思义，战略就是作战的谋略。《现代汉语辞海》中对"战略"一词的定义是："指导战争全局的方略，泛指工作中带全局性的指导方针。"①将战略思想运用于企业经营管理之中，便产生了"企业战略"这一概念。目前尚无一个大家一致公允的企业战略定义，定义众多，主要列示以下几种：

---

① 《现代汉语辞海》编委会. 现代汉语辞海［M］. 北京：光明日报出版社，2002：1489.

安德鲁斯（K. Andrews）。美国哈佛商学院教授安德鲁斯的战略定义是：通过一种模式把企业的目的、方针、政策和经营活动有机地结合起来，使企业形成自己的特殊战略属性和竞争优势，将不确定的环境具体化，以便较容易地着手解决这些问题。

魁因（J. B. Quinn）。美国达梯莱斯学院管理学教授魁因的战略定义是：通过一种模式或计划将一个组织的主要目的、政策与活动按照一定的顺序结合成一个紧密的整体。企业组织运用战略根据自身的优势和劣势、环境中的预期变化，以及竞争对手可能采取的行动而合理地配置自己的资源。

安索夫（H. I. Ansoff）。美国著名的战略学家安索夫的战略定义是：企业通过分析自身的"共同的经营主线"把握企业的经营方向，同时企业正确地运用这条主线，恰当地指导自己的内部管理。

亨利·明茨伯格（H. Mintzberg）。加拿大麦吉尔大学管理学教授亨利·明茨伯格借鉴市场营销学中的产品、价格、地点、促销四要素，认为战略至少应有五种定义[①]：第一，战略是一种计划。指战略是一种有意识的、有预谋的行动，一种处理某种局势的方针，具有事前制定和有意识有目的地制定两个本质属性。第二，战略是一种计策。指在特定的环境下，企业把战略作为威慑和战胜竞争对手的一种手段或计策。第三，战略是一种模式。指战略反映企业的一系列行动。第四，战略是一种定位。指一个组织在自身环境中所处的位置。第五，战略是一种观念。指战略体现组织中人们对客观世界固有的认识方式。

通过以上分析，可见亨利·明茨伯格的企业战略五种定义是相辅相成的，不是相互矛盾的。企业战略应包括战略背景、战略内容和战略过程三个方面：战略背景是指企业所处的环境状况；战略内容是指"企业做什么"，是作为企业在市场上所处地位的战略；战略过程是指战略内容决定产生的方式，即"企业怎样决定做什么"，说明战略作为企业内部的决策和控制方法。因此，本书可以综合地对企业战略做出以下定义：企业战略是指企业根据自身所处的环境状况，运用一定计策或手段，对自身的目标进行定位，以及为实现该目标所采取的一系列的一致性行动。

2. 企业战略管理的内涵

关于企业战略管理的含义，国外管理学界形成了 10 个流派：

①设计学派：将战略形成看作一个概念作用的过程；②计划学派：将战略形成看作一个正式的过程；③定位学派：将战略形成看作一个分析的过程；④企业家学派：将战略形成看作一个预测的过程；⑤认识学派：将战略形成看作一个心理的过程；⑥学习学派：将战略形成看作一个应急的过程；⑦权力学派：将战略形成看作一个协商的过程；⑧文化学派：将战略形成看作一个集体思维的过程；⑨环境学派：将战略形成看作一个反应的过程；⑩结构学派：将战略形成看作一个变革的过程。

其中①~③为说明型学派，④~⑨为实际制定与执行过程学派，⑩为综合型学派。上述 10 个流派虽然探讨的是同一事物和过程，但由于学派根基、预期要点、战略内容和战略过程、战略应用环境等方面的差异，导致看问题的视角不同，因而对战略形成的见解和揭示也就存在着差异。

---

① MINTZBERG H. Crafting strategy [J]. Harvard business review, 1987 (7/8).

如果从广义和狭义的两个方面对企业战略管理的内涵进行界定，广义的企业战略管理是指运用战略管理思想对整个企业进行管理；狭义的企业战略管理是指对企业战略的选择和实施和评价进行管理。大部分书籍所研究的战略管理，通常是指一般意义上的狭义战略管理，本书也是如此。战略管理包括战略选择、战略实施和战略评价三个主要元素。

（二）战略管理会计的产生

战略管理思想产生后，管理会计学家们将这种思想引入到了管理会计研究之中，由此产生了战略管理会计理论。西蒙兹教授将战略管理会计定义为"搜集与分析企业及其竞争者管理会计数据"。从这个定义可以看出，战略管理会计与传统管理会计最大的区别在于它不再只是关注企业自身的问题，而是将视野扩展到企业与竞争者之间的相互对比，搜集竞争者信息的同时，对比发现自身需要改进的地方。

（三）战略管理会计的内涵

战略管理会计是以取得企业长期竞争优势为主要目标，以战略管理观念审视企业外部和内部信息，强调财务与非财务信息、并重数量与非数量信息，为企业战略战术的制定、执行和考评，提供全面、相关和多元化信息而形成的管理会计与战略管理融为一体的一门学科。战略管理会计是传统管理会计在新的市场环境和企业管理环境下的发展，是管理会计与战略管理相结合的产物，是战略管理的管理会计。它的出现使会计从服务于企业内部管理扩展到内部、外部的全方位管理，进一步发挥了会计在企业管理中的能动作用。但是战略管理会计并没有改变管理会计的性质和职能，而只是其观念和方法的更新、拓展。

（四）战略管理会计的外延

首先，这是由战略管理会计的内涵决定的。战略管理会计的核心意义在于运用一系列的识别工具寻找顾客真正需要的价值所在，进而相应地改进企业自身发展战略。因此，企业在运用战略管理会计理论时，最重要的一个环节就是发现顾客真正的需求，顾客的需求也就是顾客真正需要的价值，由此，当战略管理会计的外延拓展到顾客价值时，我们发现原来这正是企业苦心想要解决的问题的症结所在，这样我们就真正把基于传统管理会计发展而来的战略管理会计与营销学中的顾客价值理论结合在一起了。

其次，战略管理会计可以用于分析竞争者、金融环境、市场环境等，做如此多准备工作的目的都是希望不断地优化企业自身，使企业不断提供符合顾客价值需要的产品和服务，因此战略管理会计的触角自然就延伸到了研究和分析顾客偏好和价值需求问题上来。

战略管理会计包含的内容十分丰富，它主要用于分析竞争者、市场环境、供应商和顾客等利益相关者，所有的分析都围绕着一个核心概念，这就是价值。企业希望自己提供的产品价值优于竞争对手，希望以更低的价格从供应商那里获得更有价值的原材料供应，希望提供给顾客更多的价值，这些都是战略管理会计的重要内容。

二、战略管理会计的特征

战略管理会计的发展并没有改变管理会计的性质及职能，但其观念和方法得以更新。这些新的观念和方法使战略管理会计具有不同于传统管理会计的基本特征。

（一）战略管理会计着眼于长远目标，注重整体性和全局利益

现代管理会计以单个企业为服务对象，着眼于有限的会计期间，在"利润最大化"的目标驱使下，追求企业当前的利益最大化。它所提供的信息可对促进企业进行近期经营决策、经营管理起到作用，注重的是单个企业价值最大和短期利益最优。

战略管理会计适应形势的要求，超越了单一会计期间的界限，着重从多重竞争地位的变化中把握企业未来的发展方向，并且以最终利益目标作为企业战略成败的标准，而不在于某一个期间的利润达到最大。它的信息分析完全基于整体利益，有时更为了顾全大局而支持弃车保帅的决策。战略管理会计放眼长期经济利益，在会计主体和会计目标方面进行大胆的开拓，将管理会计带入了一个新境界。战略管理是制定、实施和评估跨部门决策的循环过程，要从整体上把握其过程，既要合理制定战略目标，又要求企业管理的各个环节密切合作，以保证目标实现。相应地，战略管理会计应从整体上分析和评价企业的战略管理活动。

（二）战略管理会计重视企业和市场的关系，具有开放系统的特征

传统的管理会计主要针对企业内部环境，如提供的决策分析信息主要依据企业内部生产经营条件，业绩评价主要考虑本身的业绩水平等，因此构成了一个封闭的内部系统。而战略管理会计要考虑到市场的顾客需求及竞争者实力。一方面表现为管理会计信息收集与加工涉及面的扩大及控制角度的扩展，市场观念使管理会计的视角由企业内部转向企业外部；另一方面，战略管理会计倡导的市场观念的核心是以变应变，在确定的战略目标要求下，企业的经营和管理要适应动态市场的需要进行及时调整。这种"权变"管理的思想对管理会计的方法体系同样产生了深远的影响，它要求战略管理会计在变动的外部环境下进行各项决策分析。

（三）战略管理会计重视企业组织及其发展，具有动态系统特征

企业战略目标的确定是和特定的内外部环境相适应的，在环境发生变化时还要相应地做出调整，所以战略管理是一种动态管理。处于不同发展阶段的企业，必然要采取不同的企业组织方式和不同的战略方针，并且要根据市场环境及企业本身实力的变化相应地做出调整。例如，比较处于发展期和处于成熟期的企业，前者可能注重营销战略、以迅速占领扩大中的市场，组织结构相应较为简单，内部控制较为松散；而后者一般规模较大，组织结构复杂，面对的是成熟的市场，因此必须通过加强内部控制来降低成本、增强竞争优势，同时注重新产品的开发。这种和企业组织发展阶段相对应的战略定位又必然随着企业由发展期向成熟期过渡而做出调整。

（四）战略管理会计拓展了管理会计人员的职能范围和素质要求

在传统管理会计下，信息范围狭小，数据处理方法有限，使管理会计人员难以从战略的高度提出决策建议，只能计算财务指标、传递财务数据，跳不出单个企业财务分析的范围。

在战略管理会计下，管理会计人员不止于财务信息的提供，而是要求他们能够运用多种方法，对包括财务信息在内的各种信息进行综合分析与评价，向管理层提供全部信息的分析结论和决策建议。在战略管理会计中，管理会计人员将以提供具有远见的管理咨询服务为其基本职能。随着职能的发展，管理会计人员就总体素质而言，不仅应熟悉本企业所在行业的特征，而且更要通晓经济领域其他各个方面，具有战略的头脑、开阔的思路以及准确的判断力，善于抓住机遇，从整体发展的战略高度认识和处理问题，是一种具有高智能、高创造力的人才。

三、战略管理会计的目标

战略管理会计的目标，又可以分为基本目标和具体目标两个层次。

（一）长期、持续地提高整体经济效益是战略管理会计的基本目标

战略管理会计目标是在战略管理会计网络体系中，起主导作用的目标，它是引导战略管理会计行为的航标，是战略管理会计系统运行的动力和行为标准。战略管理会计的基本目标是长期持续提高企业整体经济效益，从概念和性质上它与会计基本目标相一致，从内容上又有别于会计基本目标。它从自身体系的角度提出了更具体、更符合自身发展要求的基本目标，这使它从本质上有别于财务会计、管理会计、社会责任会计等分支体系。战略管理会计基本目标的定义，就决定了战略管理会计研究的方向、研究内容，并在此基础上奠定了战略管理会计的行为准则。根据这个基本目标，战略管理会计的宗旨就是要为企业获得长期、持续的整体经济效益服务。

（二）提供内外部综合信息是战略管理会计的具体目标

具体目标是在其基本目标的制约下，体现会计本质属性的目标。会计具体目标具有如下特征：①直接有用性，它是会计管理最直接的目标。②可测性，指作为具体目标的经济和社会信息必须在量上能测度，能够用一定的会计方法加工、制造出来。③相容性，会计的具体目标应该与基本目标密切相关，具体目标是基本目标的具体体现，它受制于基本目标，它是基本目标得以实现的基础。④可传输性，会计是为内部和外部决策服务的，它必须用一定的形式，通过一定的途径传输给服务对象。

综合战略管理会计的基本目标和会计具体目标的特征，战略管理会计的具体目标可以概述如下：①通过统计、会计方法，搜集、整理、分析涉及企业经营的内外部环境数据、资料。②提供尽可能多的有效的内外部信息帮助企业做好战略决策工作。战略管理会计基本目标和具体目标两者之间的关系是相辅相成的。基本目标对具体目标起着指导与制约作用，具体目标服从于基本目标；具体目标体现了战略管理会计具体的职能作用。

四、战略管理会计的原则

战略管理会计的原则可以概括为战略原则，具体又分为基本原则和一般原则。

（一）基本原则

战略管理会计的基本原则贯穿于战略管理会计的始终，具体包括：

（1）全局性原则。一是每个责任中心的目标、决策、计划，既要实现本责任中心的效益，也要协调与相关责任中心有关指标的关系，更要与企业总体目标一致。二是当前利益要服从于长远利益。

（2）外向性原则。不仅考察企业自身的信息，而且注重考察企业外部的相关信息，特别是市场信息、竞争对手的有关信息等。

（3）信息的成本效益原则。根据信息成本和信息收益的比较结果来确定是否要加工输出信息。因为任何成本大于收益的行为都是不可取的。

（4）相关性原则。注重提供与企业战略目标密切相关的非财务指标，以及提供超出本企业范围、联系竞争者对本企业的竞争优势产生影响等的信息。

（5）及时性原则。根据企业内外部环境的变化，及时加工和传输各种与企业管理相关的信息。时间就是金钱，在知识经济时代表现尤其突出。

（二）一般原则

战略管理会计的一般原则包括：

（1）规划与决策会计所遵循的一般原则，即目标管理原则、价值实现原则、合理使用资源原则。

（2）控制与业绩评价会计所遵循的一般原则，即权责利相结合原则、例外管理原则、反馈性原则等。

五、战略管理会计的基本内容

战略管理会计是战略管理的管理会计，其内容与其目标密切相关。由于战略管理会计注重企业未来的发展，因此，战略管理会计的内容不能局限于企业内部，还要研究企业的外部环境；同时，战略管理会计的内容不能局限于企业的价值信息，也要考虑一些非价值方面的信息对企业战略管理产生的影响。基于此，战略管理会计的内容是对企业战略决策和战略实施有重要影响的各种信息资源，即战略管理会计不仅要对企业内部经营环境进行研究，还要考虑外部市场及其竞争对手的情况。

战略管理会计的研究内容应按照战略管理循环，划分为战略选择阶段的战略管理会计、战略实施阶段的战略管理会计和战略评价阶段的战略管理会计。

企业战略选择阶段是企业确定经营宗旨和经营目标，分析内、外部环境及本企业的业务组合，并选择具体战略的阶段，在这一阶段应结合企业内外部的各种财务和非财务数据，对企业目前状况进行详细的分析，选择相应的战略，以保持企业的竞争力；战略实施阶段是战略方案转化为企业战略性绩效的重要过程，这一阶段的任务就是根据企业已经选定的战略，实施选定的战略并进行控制，以确保战略目标的实现；战略的评价阶段是战略管理中的一个重要环节，在这一阶段，企业可以运用科学的战略业绩评价系统对其战略实施效果进行评价，及时发现战略的实际执行情况与战略目标的差异，一并采取有效措施，保证战略目标的实现。

第二节　战略管理会计的主要方法

战略管理会计的方法有很多，在本节仅简单介绍战略定位分析、价值链分析、成本动因分析、竞争对手分析、产品生命周期分析五个方法。

一、战略定位分析

(一) 战略定位的定义

战略定位就是将企业的产品、形象、品牌等在预期消费者的头脑中占据有利的位置，它是一种有利于企业发展的选择，也就是说它指的是企业如何吸引人。对企业而言，战略是指导或决定企业发展全局的策略，它需要回答以下四个问题：企业从事什么业务；企业如何创造价值；企业的竞争对手是谁；哪些客户对企业是至关重要的，哪些是必须要放弃的。

企业战略定位的核心理念是遵循差异化。差异化的战略定位，不但决定着能否使你的产品和服务同竞争者的区别开来，而且决定着企业能否成功进入市场并立足市场。著名的战略学专家迈克尔·波特早在其 20 年前的名著《竞争战略》中就指出了差异化战略是竞争制胜的法宝，他提出的三大战略——成本领先、差异化、专注化都可以归结到差异化上来。差异化就是如何能够做到与众不同，并且以这种方式提供独特的价值。这种竞争方式为顾客提供了更多的选择，为市场提供了更多的创新。

(二) 战略定位分析的核心内容

1. 企业内外环境的分析

企业的内外环境在一定的意义上对企业的经营起着决定性作用，所以，在成本战略规划子系统构建之前，必须对企业所处的环境做较为详细的了解。企业的外部环境通常包括政治、法律、经济、技术、社会、文化等宏观环境和规模、吸引力、细分市场、竞争者、替代品、潜在进入者、顾客、供应商等行业环境；内部环境包括战略、生产、财务、营销、人力资源、组织、信誉等。企业管理当局通过选择 PEST 分析法、脚本法和 SWOT 分析法等对企业的内外部环境进行分析，主要从成本方面找出企业的威胁、机会、优势和劣势，为成本战略规划子系统构建提供支持。

2. 行业层面的战略定位

通过对企业内外部环境的分析，特别是对企业的宏观环境和行业环境的分析，从行业层面对战略进行选择。在选择时，采用价值链、成本动因、行业生命周期、五种力量分析等分析工具，进行行业的选择。通过对行业所处的生命周期阶段的分析，以及现有和潜在的竞争对手、客户、供应商、替代品、价值链和成本动因的分析，可以了解自身在行业中的成本优势,以决定自己是否进入或固守或退出某个行业,以及根据总体竞争战略(发展型的竞争战略、稳定型的竞争战略和紧缩型的竞争战略)采用什么样的行业竞争战略,在行业层面为战略定位提供支持。

3. 市场层面的战略定位

在确定了自身应该进入或固守的行业以后,通过对企业产品所处的市场环境和自身能力的分析,对市场层面的战略进行选择,即对企业将要生产的产品进行市场定位。只有对产品进行正确的定位,才能正确地制定出产品的市场竞争战略。在选择时,采用 BCG 矩阵分析法、GE 矩阵分析法和产品寿命周期分析法等工具对某个产品进行市场定位。比如用 BCG 法可以分析出产品属于明星产品或问号产品或金牛产品或瘦狗产品;用 GE 法或产品寿命周期分析法可以分析出产品在市场上的地位,在市场层面为战略定位提供支持。

4. 产品层面的战略定位

任何企业都是"在一个特定产业内的各种活动的组合",是"用来进行设计、生产、营销、交货以及对产品起辅助作用的各种活动的组合"①。所以,在行业和市场定位以后,通过对企业产品所处的市场环境、产品的生命周期以及自身能力的分析,对产品层面的战略进行选择,即对某种产品的具体竞争战略进行抉择。进而从生产的角度对生产作业系统进行战略决策,即制定生产作业系统的目标、产品决策、生产作业战略方案的确定以及产品的设计。从产品生产的层面看,这些决策是产品的决策和设计;从成本的层面看,这些决策是对产品成本的决策和设计。在设计时,首先,采用价值链和成本动因分析法对企业自身和竞争对手进行分析;其次,采用成本企划和作业成本管理确定产品的目标成本;最后,采用预算管理和责任成本管理对成本进行有效控制。在产品层面为战略定位提供支持。

二、价值链分析

(一) 价值链分析的定义

价值链分析法是由美国哈佛商学院教授迈克尔·波特提出来的,是一种寻求确定企业竞争优势的工具。企业有许多资源、能力和竞争优势,如果把企业作为一个整体来考虑,又无法识别这些竞争优势,这就必须把企业活动进行分解,通过考虑这些单个的活动本身及其相互之间的关系来确定企业的竞争优势。价值链分析法具有以下特点:

1. 价值链分析的基础是价值,其重点是价值活动分析

各种价值活动构成价值链。价值是买方愿意为企业提供给他们的产品所支付的价格,也是代表着顾客需求满足的实现。价值活动是企业所从事的物质上和技术上的界限分明的各项活动。它们是企业制造对买方有价值的产品的基石。

2. 价值活动可分为基本活动和辅助活动两种

基本活动是涉及产品的物质创造及其销售、转移给买方和售后服务的各种活动。

① 波特. 竞争战略 [M]. 陈小悦, 译. 北京:华夏出版社, 1997:36.

辅助活动是辅助基本活动并通过提供外购投入、技术、人力资源以及各种公司范围的职能以相互支持。

3. 价值链列示了总价值

价值链除包括价值活动外，还包括利润，利润是总价值与从事各种价值活动的总成本之差。

4. 价值链的整体性

企业的价值链体现在更广泛的价值系统中。供应商拥有创造和交付企业价值链所使用的外购输入的价值链（上游价值），许多产品通过渠道价值链（渠道价值）到达买方手中，企业产品最终成为买方价值链的一部分，这些价值链都在影响企业的价值链。因此，获取并保持竞争优势不仅要理解企业自身的价值链，而且也要理解企业价值链所处的价值系统。

5. 价值链的异质性

不同的产业具有不同的价值链。在同一产业，不同的企业的价值链也不同，这反映了他们各自的历史、战略以及实施战略的途径等方面的不同，同时也代表着企业竞争优势的一种潜在来源。

（二）价值链分析的核心内容

（1）把整个价值链分解为与战略相关的作业、成本、收入和资产，并把它们分配到"有价值的作业"中。

（2）确定引起价值变动的各项作业，并根据这些作业，分析形成作业成本及其差异的原因。

（3）分析整个价值链中各节点企业之间的关系，确定核心企业与顾客和供应商之间作业的相关性。

（4）利用分析结果，重新组合或改进价值链，以更好地控制成本动因，产生可持续的竞争优势，使价值链中各节点企业在激烈的市场竞争中获得优势。

案例视角

宜家公司的价值链管理

宜家公司于1943年由英格瓦·坎普拉德创建，其口号为"生活，从家开始"。在此后的半个多世纪中，宜家的事业蓬勃发展，从最初的文具邮购业务发展成为分布在42个国家，拥有180家连锁店的世界著名跨国公司。2023财年宜家的零售总额达到476亿欧元。80年来，宜家公司不断壮大，其成功得益于优质的管理。宜家公司在保证高质量以及实用性的理念下，坚持战略成本管理，为公司赢得了长久的战斗力和竞争力。

（一）模块式的研发设计

在产品的研发阶段，宜家将战略调整为模块式的管理，这也是宜家的很多家具能够拆分和安装的主要原因之一。宜家的模块设计理念对于产品的生产和销售都具有重要的影响。对于设计部门而言，每一种产品的设计都是有据可依的，在设计的过程中，避免了因为不可行方案而导致的成本方面的浪费。模块化的设计理念打破了传统企业的流水作业，生产环节不仅提升了效率，也节约了流水线生产中所需大量设备而导致的设备购买成本方面的支出。此外，宜家产品由于可实现拆分，在物流过程中节约了包装费，降低了物流的成本。

（二）平板包装的物流管理

宜家产品的低价格售价还得益于其独特的物流管理，宜家实行的是平板包装的运输过程，即将家具进行拆分，使其呈现出扁平的状态，从而节省更多的空间。"我们不想花钱运输空气"。这是宜家管理者常用的一句话。宜家的仓库有效填充空间为65%左右，这是一个不小的比例，对于枕头等膨胀性物件，宜家在运输的过程中会采取压缩的策略，以此来节约更多的空间。此外，平板包装的方法降低了运输过程中的损坏率，防止由于挤压而使得家具发生变形，影响销售情况。相关数据显示，宜家这种平板运输的方式节约了5倍的空间，实现了一次运输多种产品的目的。

宜家作为一家具有战斗力的企业，在半个多世纪的发展过程中，取得了可喜的成绩。宜家的成功来源于其成本的战略管理。

三、成本动因分析

（一）成本动因的定义

成本动因是指引起成本发生的原因，是作业成本法的前提。多个成本动因结合起来便决定一项既定活动的成本。企业的特点不同，具有战略地位的成本动因也不同。因此，需识别每项价值活动的成本动因，明确每种价值活动的成本地位形成和变化的原因，为改善价值活动和强化成本控制提供有效途径。20世纪80年代中后期以来，由美国著名会计学教授卡普兰等所倡导的作业成本计算法，在美国、加拿大的许多先进制造企业成功应用，结果发现这一方法不仅解决了成本扭曲问题，而且它提供的相关信息为企业进行成本分析与控制奠定了很好的基础。虽然，成本动因是作业成本计算法的核心概念，但并不专属于作业成本计算法模式。因为从战略成本管理的高度来看，成本动因不仅包括这一模式下围绕企业的作业概念展开的、微观层次上的执行性成本动因，而且包括决定企业整体成本定位的结构性成本动因。分析这两个层次的成本动因，有助于企业全面地把握其成本动态，并发掘有效路径来获取成本优势。

（二）成本动因分析的核心内容

1. 执行性成本动因分析

执行性成本动因分析包括对每项生产经营活动所进行的作业动因和资源动因分析。作业动因是指作业贡献于最终产品的方式与原因，如购货作业动因是发送购货单数量。可通过分析作业动因与最终产出的联系，来判断作业的增值性：为生产最终产品所需的且不可替代的作业或为最终产品提供独特价值的作业为增值作业；反之，则为非增值作业。一般企业的购货加工、装配等均为增值作业，而大部分的仓储、搬运、检验，以及供、产、销环节的等待与延误等，由于并未增加产出价值，为非增值作业，应减少直至消除，以使产品成本在保证产出价值的前提下得以降低。资源动因是指资源被各作业消耗的方式和原因，它是把资源成本分配到作业的基本依据。如购货作业的资源动因是从事这一活动的职工人数。对资源动因的分析，有利于反映和改进作业效率。在确定作业效率高低时，可将本企业的作业与同行业类似作业进行比较，然后通过资源动因的分析与控制，寻求提高作业效率的有效途径，尤其应注意分析与控制在总成本中占有重大比例或比例正在逐步增长的价值活动的资源动因。如可通过减少作业人数、降低作业时间、提高设备利用率等措施来减少资源消耗，提高作业效率，降低产品成本。

2. 结构性成本动因分析

当我们将视角从企业的各项具体活动转向企业整体时，就会发现大部分企业成本在其具体生产经营活动展开之前就已被确定，这部分成本的影响因素即称结构性成本动因。波特认为，影响企业价值活动的十种结构性成本驱动因素分别是：规模经济、学习、生产能力利用模式、联系、相互关系、整合、时机选择、自主政策、地理位置和机构因素。结构性成本动因从深层次上来影响企业的成本地位，如产业政策、规模、厂址的选择、市场定位、工艺技术与产品组合的决策等，将会长久地决定其成本地位。为了创建长期成本优势，应比竞争对手更有效地控制这类成本动因。如美国西南航空公司为了应对激烈的竞争，将其服务定位在特定航线而非全面航线的短途飞行，避免从事大型机场业务，采取取消用餐、订座等特殊服务，以及设立自动售票系统等措施来降低成本。结果其每日发出的众多航班与低廉的价格吸引了众多的短程旅行者，成本领先优势得以建立。

案例视角

宜家公司的成本动因分析

（一）结构性成本

宜家作为一家大型的生活类产品企业，在规模、经验、技术厂址等各个方面都涉及结构性成本的问题。结构性成本的特点在于开始性和确定性，即企业一旦开始营业，其结构性成本就被确定下来，而后很难改变。在几十年的发展过程中，宜家不断积累经验，对企业的规模以及资源等各个方面进行了成本战略的控制。宜家的业务从单一的家居生产到现代化的百货商场，无一不渗透着结构性成本的理念。就目前而言，宜家的家居产品可谓是应有尽有，企业无须做广告，就实现了宣传的效果。如客户在宜家中购买窗帘时，发现宜家中的碗筷很好，这就是产品多样化带来的宣传作用。

（二）执行性成本

执行性成本动因主要表现在企业操作层面上，对于成本的态势有着至关重要的作用。宜家在对执行性成本的管理中，同样注重企业的内部管理。对于员工，宜家将人才看作企业制胜的筹码之一，定期组织员工大会，对优秀的员工进行技术以及管理方面的培训，以便于其更好地为企业服务。宜家及时了解员工所需，做到奖惩分明，激励了一大批上进的员工；对于产品设计，宜家不仅将质量作为生产的根本，还注重将家居产品的简单实用原理和美观原理相结合，吸引了一大批消费者。此外，宜家还拥有专业的产品设计师，包括对功能的设计以及外观的设计。

四、竞争对手分析

（一）竞争对手的界定

任何一个企业都难以有足够的资源和能力，也没有必要与行业内企业全面为敌、四面出击，它必须处理好主要的竞争关系，即与直接竞争对手的关系。直接竞争对手是指那些向相同的顾客销售基本相同的产品或提供基本相同的服务的竞争者。竞争的激烈程度是指：为了谋求竞争优势各方采取的竞争手段的激烈程度。与市场细分相类似，行业也可以细分为不同的战略群组。战略群组（亦称战略集团）就是一个行业中沿着相同的战略方向，采用相同或相似的战略的企业群。只有处于同一战略群组的企业才是真正的竞争对手。因为他们通常采用相同或相似的技术、生产相同或相似的产品，提供相同或相似的服务，采用相互竞争性的定价方法，因而其间的竞争要比与战略群组外的企业的竞争更直接、更激烈。

（二）竞争对手分析的核心内容

在确立了重要的竞争对手以后，就需要对每一个竞争对手做出尽可能深入、详细的分析，揭示出每个竞争对手的长远目标、基本假设、现行战略和能力，并判断其行动的基本轮廓。特别是竞争对手对行业变化，以及当受到竞争对手威胁时可能做出的反应。

1. 竞争对手的长远目标

对竞争对手长远目标的分析可以预测竞争对手对目前的位置是否满意，由此判断竞争对手会如何改变战略，以及他对外部事件会采取什么样的反应。

2. 竞争对手的战略假设

每个企业所确立的战略目标，其根本是基于他们的假设之上的。这些假设可以分为三类：其一，竞争对手所信奉的理论假设；其二，竞争对手对自己企业的假设；其三，竞争对手对行业及行业内其他企业的假设。实际上，对战略假设，无论是对竞争对手，还是对自己，都要仔细检验，这可以帮助管理者识别对所处环境的偏见和盲点。可怕的是，许多假设是尚未清楚意识到或根本没有意识到的，甚至是错误的；也有的假设过去正确，但由于经营环境的变化而变得不那么正确了，但企业仍在沿用过去的假设。

3. 竞争对手的战略途径与方法

战略途径与方法是具体的多方面的，应从企业的营销战略、产品策略、价格战略等各个方面去分析。

4. 竞争对手的战略能力

目标也好，途径也好，都要以能力为基础。在分析研究了竞争对手的目标与途径之后，还要深入研究竞争对手是否具有能力采用其他途径实现其目标。这就涉及企业如何规划自己的战略以应对竞争。如果较之竞争对手本企业具有全面的竞争优势，则不必担心在何时何地发生冲突。如果竞争对手具有全面的竞争优势，那么只有两种办法：或是不要触怒竞争对手，甘心做一个跟随者，或是避而远之。如果不具有全面的竞争优势，而是在某些方面、某些领域具有差别优势，则可以在自己具有的差别优势的方面或领域把文章做足，但要避免以己之短碰彼之长。

五、产品生命周期分析

（一）产品生命周期的定义

产品生命周期（product life cycle），简称 PLC，是产品的市场寿命，即一种新产品从开始进入市场到被市场淘汰的整个过程。弗农认为：产品生命是指市场的营销生命，产品和人的生命一样，要经历形成—成长—成熟—衰退这样的周期。就产品而言，也就是要经历一个开发—引进—成长—成熟—衰退的阶段。而这个周期在不同的技术水平的国家里，发生的时间和过程是不一样的，其间存在一个较大的差距和时差。正是这一时差，表现为不同国家在技术上的差距，它反映了同一产品在不同国家市场上的竞争地位的差异，从而决定了国际贸易和国际投资的变化。产品生命周期理论是美国哈佛大学教授雷蒙德·弗农（Raymond Vernon）1966 年在其《产品周期中的国际投资与国际贸易》一文中首次提出的。

（二）产品生命周期分析的内容

1. 引入期

引入期是指产品从设计投产直到投入市场进入测试阶段。新产品投入市场，便进入了介绍期。此时产品品种少，顾客对产品还不了解，除少数追求新奇的顾客外，几乎无人实际购买该产品。生产者为了扩大销路，不得不投入大量的促销费用，对产品进行宣传推广。该阶段由于生产技术方面的限制，产品生产批量小，制造成本高，广告费用大，产品销售价格偏高，销售量极为有限，企业通常不能获利，反而可能亏损。

2. 成长期

成长期是当产品进入引入期，销售取得成功之后，便进入了成长期。成长期是指产品通过试销效果良好，购买者逐渐接受该产品，产品在市场上站住脚并且打开了销路。这是需求增长阶段，需求量和销售额迅速上升。生产成本大幅度下降，利润迅速增长。与此同时，竞争者看到有利可图，将纷纷进入市场参与竞争，使同类产品供给量增加，价格随之下降，企业利润增长速度逐步减慢，最后达到生命周期利润的最高点。

3. 成熟期

成熟期是指产品进入大批量生产并稳定地进入市场销售阶段。经过成长期之后，随着购买产品的人数增多，市场需求趋于饱和。此时，产品普及并日趋标准化，成本低而产量大。销售增长速度缓慢直至转而下降，由于竞争的加剧，导致同类产品生产企业之间不得不在产品质量、花色、规格、包装服务等方面加大投入，在一定程度上增加了成本。

4. 衰退期

衰退期是指产品进入了淘汰阶段。随着科技的发展以及消费习惯的改变等原因，产品的销售量和利润持续下降，产品在市场上已经老化，不能适应市场需求，市场上已经有其他性能更好、价格更低的新产品，足以满足消费者的需求。此时成本较高的企业就会由于无利可图而陆续停止生产，该类产品的生命周期也就陆续结束，以致最后完全撤出市场。

第三节 平衡计分卡

一、平衡计分卡及其关联的四个方面

科莱斯平衡计分卡（Careersmart Balanced Score Card），源自哈佛大学教授罗伯特·卡普兰（Robert S. Kaplan）与诺朗顿研究院（Nolan Norton Institute）的戴维·诺顿（David P. Norton）于 20 世纪 90 年代所从事的"未来组织绩效衡量方法"一种绩效评价体系，当时该计划的目的在于找出超越传统以财务量度为主的绩效评价模式，以使组织的策略能够转变为行动；经过 20 多年的发展，平衡计分卡已经发展成为集团战略管理的工具，在集团战略规划与执行管理方面发挥非常重要的作用。

平衡计分卡是从财务、客户、内部运营、学习与成长四个层面，将组织的战略落实为可操作的衡量指标和目标值的一种新型绩效管理体系。这几个角度分别代表企业三个主要的利益相关者：股东、顾客、员工。其中每一个层面，都有其核心内容：

（一）财务层面

财务业绩指标可以显示企业的战略及其实施和执行是否对改善企业盈利作出贡献。财务目标通常与获利能力有关，其衡量指标有营业收入、资本报酬率、经济增加值等，也可能是销售额的迅速提高或创造现金流量。

（二）客户层面

在平衡计分卡的客户层面，管理者确立了其业务单位将竞争的客户和市场，以及业务单位在这些目标客户和市场中的衡量指标。客户层面指标通常包括客户满意度、客户保持率、客户获得率、客户盈利率，以及在目标市场中所占的份额。客户层面使业务单位的管理者能够阐明客户和市场战略，从而创造出可观的财务回报。

（三）内部运营层面

在这一层面上，管理者要确认组织擅长的关键的内部流程，这些流程帮助业务单位提供价值主张，以吸引和留住目标细分市场的客户，并满足股东对卓越财务回报的期望。

（四）学习与成长层面

它确立了企业要创造长期的成长和改善就必须建立的基础框架，确立了未来成功的关键因素。平衡计分卡的前三个层面一般会揭示企业的实际能力与实现突破性业绩所必需的能力之间的差距，为了弥补这个差距，企业必须投资于员工技术的再造、组织程序和日常工作的理顺，这些都是平衡计分卡学习与成长层面追求的目标。如员工满意度、员工保持率、员工培训和技能等，以及这些指标的驱动因素。

一份结构严谨的平衡计分卡应当包含一系列相互联系的目标和指标，这些指标不仅前后一致，而且互相强化。例如，投资回报率是平衡计分卡的财务指标，这一指标的驱动因素可能是客户的重复采购和销售量的增加，而这二者是客户的满意度带来的结果。因此，客户满意度被纳入记分卡的客户层面。通过对客户偏好的分析显示，客户比较重视按时交货率这个指标，因此，按时交付程度的提高会带来更高的客户满意度，进而引起财务业绩的提高。于是，客户满意度和按时交货率都被纳入平衡计分卡的客户层面。而较佳的按时交货率又通过缩短经营周期并提高内部过程质量来实现，因此这两个因素就成为平衡计分卡的内部经营流程指标。进而，企业要改善内部流程质量并缩短周期的实现又需要培训员工并提高他们的技术，员工技术成为学习与成长层面的目标。这就是一个完整的因果关系链，贯穿平衡计分卡的四个层面，如图 10-1 所示。

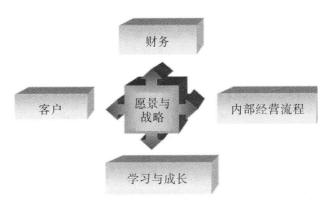

图 10-1　平衡计分卡基本框架

二、战略地图

（一）定义

战略地图是以平衡计分卡的四个层面（财务、客户、内部流程、学习与成长层面）目标为核心，通过分析这四个层面目标的相互关系而绘制的企业战略因果关系图。

战略地图的作用，就是避免企业经营中的短期行为偏差，发掘与利用无形资产。它提供了一个框架，说明了战略如何将无形资产与价值创造流程联系起来。战略地图的本质，是要让企业明确经营中的逻辑关系——如何创造价值以及为谁创造价值。

值得注意的是，"财务、客户、内部流程和学习与成长"这四个层面仅仅是一个范例，一个企业的战略地图究竟分成多少个层面，是需要企业根据自己的实际情况进行分解和建立的。

（二）起源

战略地图由罗伯特·卡普兰（Robert S. Kaplan）和戴维·诺顿（David P. Norton）提出。他们是平衡计分卡的创始人，在对实行平衡计分卡的企业进行长期的指导和研究的过程中，两位大师发现，企业由于无法全面地描述战略，管理者之间及管理者与员工之间无法沟通，对战略无法达成共识。"平衡计分卡"只建立了一个战略框架，而缺乏对战略进行具体而系统、全面的描述。2004年1月，两位创始人的第三部著作《战略地图——化无形资产为有形成果》出版。

（三）演变

战略地图是在平衡计分卡的基础上发展来的，与平衡计分卡相比，它增加了两个层次的东西，一是颗粒层（granularity），是对各个维度按空间布局的具体分解，每一个层面下都可以分解为很多要素；二是动态层（detail），是对各个维度按时间顺序的动态展开，也就是说战略地图是动态的，可以结合战略规划过程来绘制。

（四）应用

战略地图的核心内容包括：企业通过运用人力资本、信息资本和组织资本等无形资产（学习与成长），才能创新和建立战略优势和效率（内部流程），进而使公司把特定价值带给市场（客户），从而实现股东价值（财务）。

化战略为行动是一个从宏观到微观、从抽象到具体的过程，"目标、指标、目标值、行动方案"是"财务、客户、内部流程、学习与成长"四个层面的具体构成要素，是落实战略必不可少的四个关键词。

目标：在每一个层面里达成的目标是什么。

指标：即衡量这个目标的指标是什么，目标一定要可衡量。例如，在财务层面要实现的一个目标是"增加销售收入"，那么"销售收入增长率"就是一个可选的指标。

目标值：即这项指标所应该达到的一个度，比如说"每年的销售收入增长率是10%"，这是目标值。目标值有长期、中期、短期，甚至更短的季度和月份目标值。

行动方案：指为了完成某一项指标的特定目标值，应该采取的行动。比如说为了使销售收入增长率达到每年10%的增长速度，在营销方面、内部研发方面应该采取什么样的行动，这即是行动方案。

（五）六步绘制企业战略地图

第一步，确定股东价值差距（财务层面）。比如说股东期望五年之后销售收入能够达到五亿元，但是现在只达到一亿元，距离股东的价值预期还差四亿元，这个预期差就是企业的总体目标。

第二步，调整客户价值主张（客户层面）。要弥补股东价值差距，要实现四亿元销售额的增长，对现有的客户进行分析，调整客户价值主张。客户价值主张主要有四种：第一种是总成本最低，第二种强调产品创新和领导，第三种强调提供全面客户解决方案，第四种是系统锁定。

第三步，确定价值提升时间表。针对五年实现四亿元股东价值差距的目标，要确定时间表，第一年、第二年、第三年分别提升多少，将提升的时间表确定下来。

第四步，确定战略主题（内部流程层面）。要找关键的流程，确定企业短期、中期、长期做什么。有四个关键内部流程：运营管理流程、客户管理流程、创新流程、社会流程。

第五步，提升战略准备度（学习和成长层面）。分析企业现有无形资产的战略准备度，是否具备支撑关键流程的能力；如果不具备，找出办法来予以提升。企业无形资产分为三类：人力资本、信息资本、组织资本。

第六步，形成行动方案。根据前面确定的战略地图以及相对应的不同目标、指标和目标值，再来制定一系列的行动方案，配备资源，形成预算。

三、平衡计分卡的战略管理

企业要想获得突破性的成果，或者要想使战略得到有效执行，下面这个等式给出了完整的指导。

突破性成果＝战略地图＋平衡计分卡＋战略中心型组织企业

战略地图的核心是如何"描述"战略，平衡计分卡强调如何"衡量"战略，战略中心型组织的重点则在"管理"战略。

等式右边三个关键要素之间的关系是："无法描述，则无法衡量；无法衡量，则无法管理"。这是平衡计分卡理论最核心、最精髓所在。

（一）平衡计分卡实施战略的优缺点

相对于其他战略实施工具来说，基于平衡计分卡的企业战略管理具有以下三点优势：

1. 有利于加强企业的战略管理能力

在实际工作中能否有效实施企业战略，关键在于对战略实施的有效管理。平衡计分卡把企业的战略目标转化成可操作的具体执行目标，使企业的长远目标与近期目标紧密结合，并努力使企业的战略目标渗透到整个企业的架构中，成为人们关注的焦点和核心，实现企业行为与战略目标的一致与协调。

2. 加强沟通注重团队合作

战略实施中的沟通障碍给众多企业的发展带来很大的负面影响。平衡计分卡从企业的战略出发，并从流程绩效对战略的驱动力推导指标，将其层层分解到公司、部门和员工。这样既能帮助企业形成纵向的目标链，又能要求企业考虑目标的横向联系。同时，在制定目标的行动计划时要求充分考虑部门之间的协作，促使高层管理者在总的经营目标与不同经营单位存在分歧的领域建立共识和团队精神。因此平衡计分卡把企业总体战略与各个经营单位局部行为方案建立成一个系统的整体网络，促使企业上下齐心协力实施企业战略。

3. 能促进经营者追求企业的长期利益和长远发展

随着市场经济的进一步发展，仅凭财务指标决定企业竞争胜负已远远不够，建立包含非财务指标在内的综合评价体系比单一的财务指标评价体系更能及时地反映企业经营情况。平衡计分卡注重非财务指标的运用，如根据客观需要选择客户满意度、市场占有率等作为评价指标。同时还将财务指标与非财务指标有机结合，综合评价企业长期发展能力。这有利于把企业现实的业绩和长期获利能力联系在一起，增强企业的整体竞争能力和发展能力，有效避免为了追求短期业绩而出现的短期行为。

（二）企业构建战略实施系统应注意的问题

切勿照搬其他企业的模式和经验；科学分解战略目标；不断调整和维护平衡计分卡指标；在企业内部要进行充分的交流与沟通。

第四节　经济附加值

一、经济附加值的概念

EVA 是经济增加值（economic value added）的英文缩写。它是由美国思腾思特（Stern Stewart）管理咨询公司在 20 世纪 90 年代初提出的，同时在 1993 年 9 月《财富》杂志上完整地将其表述出来。它的逻辑前提是企业所运用的所有资本，其来源无论是借贷资金还是募股资金都有其成本，甚至是捐赠资金也有机会成本。也就是说，无论是股权投资还是债权投资都有其成本（Stewart，1991）。只有企业创造的利润超过所有成本，包括股权和债务成本之后的结余才是创造了价值，这就是 EVA。它可以帮助投资者了解目标公司在过去和现在是否创造了真正的价值，实现了对投资者高于投资成本的超额回报。在数值上，EVA 等于税后经营净利润减去所使用的资金成本（包括债务和股权成本）后的余额（叶晓铭，2004）。用公式表示为：

EVA＝调整后的税后净经营利润－资本总额×加权平均资本成本率

由公式可知，EVA 的计算从经营利润开始，首先对经营利润进行一系列的调整，得到税后净营业利润（NOPAT）；然后，用资本总额乘以加权平均资本成本（WACC）计算出占用资本的成本；最后，用 NOPAT 减去占用资本的成本就得到了 EVA。

由于 EVA 全面考虑了公司资产负债表和损益表的管理，改变了报表上无资本成本的缺陷，使管理者开始关注资本运行的有效性、资本收益性，从而提高资本配置效率。透过经济附加值（EVA）方法，人们可以判断企业是在创造价值还是在毁灭价值，企业经理人是价值的创造者还是毁灭者（赵立三 等，2003）。值得注意的是当期会计净利润的上升未必就会使得 EVA 上升，有时 EVA 反而下降，这就说明经营者在表面创造当期会计利润的同时，实质上却减少了股东的投资价值。不难发现，EVA 指标强调企业任何资源的使用都必须考虑所有投入资本包括债务资本和权益资本的使用成本，从而改变许多管理者认为权益资本是"免费的午餐"的思想（谢铭杰，2004）。而且，由于 EVA 充分考虑了企业资本成本等相关信息，所以 EVA 能够全面正确地反映企业的获利能力（龙云飞，2004）。

二、经济附加值的经济学解释

实际上 EVA 与西方经济学中的利润概念也是一致的。经济学家哈密尔顿（Hamilton）曾提出，一个公司要为股东创造财富，就必须获得比其债务资本成本和权益资本成本更高的报酬。另外，英国著名经济学家阿尔费雷德·马歇尔（Alfred Marshall）定义了经济利润这个概念。马歇尔指出企业在任意期间内所创造的价值，即经济利润，不仅要考虑会计核算中的费用支出，还要考虑经营活动中所用资本的机会成本（曹萍，2005）。经济学家们将公司经营的总成本分为两部分：一部分作为显性成本，指在计算会计利润时所扣除的全部经营成本和费用；另一部分是全部投入资本的机会成本，这是隐性成本。公司的真正盈利在于其创造的总收益必须足以弥补显性成本和机会成本，这样的盈利才能给公司带来真实价值的增长。

虽然经济利润的概念由来已久，然而，在 EVA 产生之前，各个公司都极少用经济利润来衡量业绩，很少公司管理者真正了解它。但当经济利润再度流行并被冠以 EVA 的名称时，它出现了三个显著特征：

（1）EVA 吸收了早期利用经济利润思想的人们所不具备的各种资本市场理论，建立了公司权益资本的可靠计算方法。这是基于金融经济学的最新发展，尤其是借助于资本资产定价模型（Capital Asset Pricing Model，CAMP）推导出了体现行业风险特征的资本成本，从而扩展了传统的经济利润方法。

（2）EVA 是在对因财务报告的需要而被公认会计准则曲解的信息做出调整后计算得出的，这在某种意义上使得 EVA 从通用会计准则中"释放"出来。传统的经济利润计算方法接受的是会计经营利润的概念。EVA 的倡导者则认为任何建立在通用会计准则基础上的利润数字，包括经济利润，都极有可能使人们对公司产生严重的错觉。因此 EVA 对税后利润和权益两个要素进行了改进。EVA 考虑到了不同会计政策选择对收益计算的影响，它以会计利润为基础进行调整，从而减弱了会计利润容易被人为操纵，容易导致短期行为等缺点，使业绩评价指标的噪声得以控制，从而提供了比未经调整的经济利润更为可靠的业绩衡量方法。

（3）在将业绩、薪酬和管理结合方面，EVA 比早期的经济利润走得更远。将管理者的薪酬和 EVA 相联系，从而当 EVA 增长时，表明管理者为不参与管理的股东们创造了更多的财富，所以管理者也可以得到更多报酬。正因为这样的评价激励机制，使得 EVA 还能够成为战略执行过程的中心，企业财务管理的各方面如战略计划、资本配置、经营预算、业绩评价、薪酬激励都可以用统一的指标加以联系沟通。

三、经济附加值的会计调整

（一）会计调整的原因

传统指标是根据会计报表信息计算出来的，而会计报表编制的稳健性原则可能使报表低估了企业的业绩（郑玉歆 等，2002）。稳健性原则要求公司确认收入和费用时应采取保守的态度，尽量多确认费用、少确认收入。这样就有可能低估公司的资产和利润。会计准则从债权人和监管者的角度出发，要求公司在编制报表时遵循稳健性原则，这一点无可厚非。但站在公司股东和管理者的角度，则需要更精确、更客观地评价公司的经营业绩。无论是低估资本还是低估利润都会使经营者的行为发生畸变，偏离为股东创造最大价值的正确方向。因此，用 EVA 方法进行计算时需要进行会计调整，而这些调整都有利于改进对所用资本和税后净经营利润的度量。

1. EVA 方法对常规会计保守的倾向进行调整

这也是 EVA 调整中最关键的部分。举例来说，从股东和管理层的角度看来，研究开发费用是企业的一项长期投资，有利于企业在未来提高劳动生产率和经营效益，因此应该和其他长期投资一样列为企业的资产项目。同样，市场开拓费用对于企业未来的市场份额也会产生深远的影响，从性质上讲也属于长期资产，而长期资产应该在受益年限内分期摊销。但是，根据会计制度稳健性原则的规定，企业必须在研究开发费用和市场开拓费用发生的当年列作期间费用一次性核销，这种处理方法实际上否认了这两种费用对企业未来发展的作用，而把它们同一般期间费用等同起来。这种处理方法的最大弊端就是诱使管理层为了获得短期业绩，减少对这两项费用的投入，这将会影响企业的长远发展。类似的调整还包括提取的各项资产减值准备、重组费用、递延税款等。

2. 对不能反映企业运用资本所产生的经营业绩的部分进行调整

比如营业外收支项目，对资产负债表中不占用企业资本成本的资产部分也进行调整；比如企业负债中的商业信用负债是无息负债，不占用资本成本，在计算资本成本时要去掉这一部分，而对资产负债表外用于企业实际经营、占用企业资本成本的部分则应加入所用资本中去，计算资本成本，如经营性租赁资产。

3. 对采用 EVA 方法带来的不良影响进行处理

比如新添一项固定资产，当采用平均折旧法进行折旧计算时，初期累计折旧少因而计算出来的资本成本很高，后期累计折旧多因而计算出来的资本成本低，从而影响不同时期企业的 EVA。这显然是不能反映企业经营业绩变化的结果。这种计算方法的后果是企业不愿购置新资产。EVA 方法对此的处理方法是，对固定资产采用沉淀资金法进行折旧，使提取的累计折旧与 EVA 方法扣除的资本成本每年保持不变。此外，EVA 方法对于初期 EVA 为负，但长远效益良好的新投资（战略性投资）的处理方法为：在没有收益的年份不计算资金成本，暂时用一个临时账户"搁置"起来，待有收益时再考虑资金成本。这样做也避免了管理层的短视行为。

（二）会计调整的原则

常规会计由于会计准则保守的偏向及一些不尽合理的核算方法扭曲了真实的利润，只有经过必要的调整，即由于消除了权责发生制和会计谨慎性原则对经营业绩评价所造成的扭曲性影响，EVA 能真实地反映企业的经营业绩（李波，2005）。根据 Stewart 的研究表明：为了使 EVA 更好地提供企业的经营业绩情况，要进行 160 多项的调整，企业在实际操作中如果调整这么多的项目，其工作量和成本可想而知（王宏新，2004）。而在实际应用中并不须如此复杂，在大多数情况下，10 项左右的调整就可达到相当的准确程度（埃巴，2001）。当企业在选择调整项目时应遵循的原则有：①重要性原则；②可控制性原则；③可获得性原则；④现金收支原则；⑤易理解性原则；⑥一贯性原则等。

四、经济附加值在我国的应用

国务院国资委宣布从 2010 年开始，中央企业全面实行经济附加值考核。

由于传统考核（即利润总额与净资产收益率）难以客观、全面地对中央企业进行考核，致使中央企业在经营过程中出现了一系列问题。首先，部分中央企业通过无限制的资本扩张去片面追求规模的增长，但这种增长或利润是以资产的低质量（低收益率）、高资产负债率（高风险资本结构）、投资的低回报为代价的；其次，中央企业在片面追求规模扩张的同时，往往忽略了主营业务，忽略了盲目多元化这种投机型的业务扩张所导致的经营风险，以致收入及利润中的主要部分来源于非主营业务，这与国家对中央企业集中发展主业、进行产业升级的要求背道而驰；最后，以提升企业核心竞争力为目的的研究支出，因为要让路于利润指标，始终在投入上处于较低的比例，损害了企业的发展能力。

根据中央企业的特殊性，国资委对经济附加值进行了调整：第一，将资本成本率基准设为 5.5%；第二，鼓励加大研发投入，对研究开发费用视同利润来计算考核；第三，鼓励为获取战略资源进行的风险投入，对企业投入较大的勘探费用按一定比例视同研究开发费用；第四，鼓励可持续发展投入，对符合主业的在建工程从资本成本中予以扣除；第五，凡通过非主营或非经常性业务获得的收入（益），可以增加利润并相应增加利润指标的考核得分和高管薪酬水平，但不能全额增加经济附加值。

第五节 战略管理会计的应用体系[①]

战略管理会计的研究内容应按照战略管理循环划分为：战略选择阶段的战略管理会计、战略实施阶段的战略管理会计和战略评价阶段的战略管理会计。其应用体系应包括战略选择、战略实施与战略业绩评价三部分。

一、战略选择阶段的战略管理会计

企业战略的选择，决定了企业资源配置的取向和模式，影响着企业经营活动的行为与效率。企业战略的选择必须着眼于企业的地位、竞争对手、生命周期等影响企业生存和发展的关键因素，及时地对企业战略进行调整，以保持企业的竞争优势。

（一）基于管理会计视角的战略定位分析

战略定位分析就是企业通过调查分析，了解其所处的外部环境以及自身条件，做到知己知彼，并取得竞争优势的过程。知己知彼的基本要求就是，企业要认真审视其内外部环境。

企业的外部环境是处于企业之外但对企业发生影响的因素，主要包括宏观环境、

---

① 顾维维. 战略管理会计学科体系的构建［D］. 大连：东北财经大学，2010：25-32.

产业环境以及经营环境。这些因素彼此关联、相互影响，决定了企业面临的主要机会和威胁。对企业外部环境的分析，最主要的是对其竞争对手和顾客的分析。其中，对竞争对手的分析，可以明确企业与竞争对手相比的成本态势、资本结构、经营决策、投资决策等；对顾客的分析，可以明确其已有和潜在顾客的偏好、信用、经济实力等，从而有针对性地采取战略，以利用外部环境的机会，尽可能消除环境威胁对企业的影响。

内部环境是指企业自身资源及其经营活动，其中企业自身资源是企业所拥有或控制的有效因素的总和，如专有技术、人力资源等，通过对这些资源的构成、数量和特点的分析，可以识别企业在资源方面的优势和劣势；而企业的经营活动可以被看作原材料供应、生产、产品出售以及售后服务等一连串相关活动的总和，通过本量利分析，可以对经营的保本点、保利点、产品定价、企业利润与价格的关系等方面加以考察并找出企业经营中的优势及劣势。针对这些优势和劣势，企业可以采取相应的战略，利用优势，化解劣势，从而为企业股东和相关利益者创造更多的财富。

内外部的环境分析对于企业而言是必不可少的，它有助于帮助企业清楚地看到自己所面临的优势、劣势、机会和威胁，并帮助企业选择相匹配的管理战略，通过不同类型的战略组合，如发展战略、分散战略、退出战略和防卫战略，最大限度地利用企业的内部优势和环境机会，降低企业内部劣势和环境威胁的影响。

（二）基于管理会计视角的竞争对手分析

与竞争对手进行比较是当代竞争战略建立的基础，只有准确地判断竞争对手，才能制定出可行的竞争战略。竞争对手分析则可以通过重点分析竞争对手的财务信息，如价格信息、成本信息等，以及一定的非财务信息，判断竞争对手的经营策略、优势劣势，最后选择能使企业保持相对竞争优势，获取超额利润的战略。

对竞争对手的分析，可以通过估计竞争者成本、监测竞争者地位以及评价竞争者财务报告进行。估计竞争者成本是指企业通过定期地评估竞争者的生产设备、规模经济性、政府关系、技术、产品设计、供应商、客户以及员工等方面的情况，判断竞争者产品的单位成本；监测竞争者地位是通过估计和监视竞争者的销售额、市场份额、产量、单位成本和价格等指标的变化趋势，分析行业中竞争者的地位；评价竞争者财务报告是指通过对竞争者利润水平、现金收支水平以及资产负债结构的监视，分析竞争者竞争优势的来源。

（三）基于管理会计视角的产品生命周期分析

生命周期这种划分方法在一定程度上解决了传统会计掩盖了企业发展不同阶段、不同产品对企业价值增值所做的贡献这一问题，并从战略的角度、用全局性的眼光、以企业整体最优为原则整合企业的各种资源，制定和完善企业的经营战略和财务战略。

在产品初创期，由于产品刚刚投入市场，缺乏知名度，导致此阶段实际购买产品的人较少，生产成本与费用通常较高，企业通常不能获利，现金净流量基本上为负值。因此，在该阶段，企业可以采取夺取和渗透的经营策略；并尽量避免负债融资，以降低相应的财务风险，将总风险控制在可接受的范围内。在企业成长期，企业的现金流入量和流出量趋于平衡，经营风险虽有所降低但仍然很高，因此，企业可以通过改进产品质量、进行市场细分以及适当降低价格等策略提高竞争力；并通过维持较高的收益留存比率和吸收新的权益资本进行筹资，从而使企业抓住现有的成长机会，维持高速的市场增长率。在企业成熟期，企业盈利能力达到最大，获利水平相对稳定，经营风险大大降低，企业有足够的实力进行债务融资，以利用财务杠杆达到节税和提高权益报酬率的目的，因此，企业可以通过发展产品的新用途、开辟新市场，提高产品的销售量和利润率、改良产品的特性，以满足消费者的需求，延长企业成熟期。在企业衰退期，科技的发展、新产品和替代品的出现以及消费习惯的改变导致产品的销售量迅速下降，产品已无利可图，再投入大量的资金以维持其规模是不明智的，因此处于该阶段的产品常采用立刻放弃策略、逐步放弃策略和自然淘汰策略陆续停止该产品的生产，使其退出市场。

（四）基于管理会计视角的结构性战略成本动因分析

所谓结构性成本动因是指与企业基础经济结构有关的成本驱动因素，一般包括构成企业的规模、业务范围、经验积累、技术和厂址等。在此仅从企业规模及经验积累两个角度，研究企业战略的选择。

从企业规模角度看，当企业规模在某一临界点以下时，规模越大，由于分摊固定成本的业务量较大，产品的单位成本越低。所以，当企业规模较小时，由于企业很难形成规模效应，降低单位成本，导致其竞争力较弱，同时，小企业拥有的资源、获利机会以及资金有限，所以，从企业发展的角度来看，小企业多通过盈利再投入、增加债务、募集资本等方式实现企业的发展；当企业规模扩大时，企业极容易实现规模效益，降低产品成本，并且企业有足够的资本和实力进行扩张，因此，大企业也可通过市场行为拥有或控制其他法人企业，从而实现企业发展。

从经验积累角度看，经验积累越高，操作越熟练，成本降低的机会就越多。对于企业战略的选择而言，经验的积累来自企业的决策次数。企业持续发展的关键是企业有一个不断完善的惯域，从这一角度说，企业在完成了数次相似的决策之后，在以后制定决策的过程中，也更倾向于采用相似的决策。也就是说，如果企业曾经选择过多次相同决策，由于企业对该种决策方式比较熟悉，因此，在没有较强的外界冲突的情况下，企业的决策是很难发生变化的。

二、战略实施阶段的战略管理会计

制定战略只是企业战略管理的开始，将战略构想转化为战略行动才是最关键的阶段。战略实施是战略管理会计过程的行动阶段，在这个转化过程之前，企业除了要考虑建立与战略相适应的组织结构外，还要对企业资源进行合理的配置，使企业战略真正进入企业日常的经营管理活动中，以保证战略的顺利实施。

（一）基于目标成本分析的成本控制

目标成本分析是指在保证目标利润的基础上，通过各种途径实现目标成本的一种方法，其本质是一种对企业未来利润进行战略性管理的技术。实施目标成本分析通常要经过三个步骤：一是确定目标成本，二是运用价值工程识别降低产品成本的途径，三是通过改善成本和经营控制进一步降低成本。由于目标成本是企业目标体系的一个重要组成部分，且其与企业的其他目标是相互依存、相互制约、相互影响、相互促进的，因此确定目标成本是企业进行目标成本分析的基础，企业只要将待开发产品的预计售价扣除期望利润，即可得到目标成本。目标成本确定后要分解到各部门，各部门通过制定相应运营标准，并通过考核和监督来保证该标准得到贯彻和实施。

（二）基于全面质量管理的成本控制

质量管理是指导和控制一个组织里与质量有关的活动。全面质量管理的本质在于以最经济的方法生产出用户最满意的产品，以尽可能少的消耗，创造出尽可能大的使用价值。全面质量管理关注的是预防成本、鉴定成本、内部故障成本和外部故障成本四种成本。质量和成本的关系是相辅相成的，必要的预防成本、鉴定成本的支出，可以减少故障成本所造成的损失，确保产品或服务的质量，维护企业及其品牌的声誉。因此，企业在质量方面追求的目标应该是尽可能做到防患于未然，缩小故障成本的支出，力求以尽可能低的成本，确保质量的要求，为企业开拓和占领市场奠定基础。

（三）基于价值链以及成本动因分析的成本控制

企业价值链中的每一项活动都是相互影响的，通过了解企业有哪些增值活动，处于什么样的分布状态，就可以找出能降低企业成本的作业活动，并最大限度地消除不增值作业，减少浪费，降低成本，优化企业经营过程。

第一，企业需要确定其价值链。企业无论选择何种决策，总是要在一定的行业内进行生产经营的，而任何行业都是由一系列具有显著特征的作业组成。所以，要对企业生产经营决策进行管理，就要先定义行业的价值链，将企业生产经营过程中的成本、收入和资产分配到各种作业上。

第二，找出统御每个作业的成本动因。我们已经知道成本动因可以分为结构性成本动因以及执行性成本动因，而影响各个价值作业的主要是执行性成本动因。对于企业而言，影响其作业的执行性成本动因主要包括：能力利用、时机等因素。其中，能力利用是指企业生产经营过程中，其员工、机器和管理能力是否得到充分利用，以及各种能力的组合是否最优；时机的选择会影响企业的生产经营成本，例如率先将新产品投放市场的行动者可以获得许多优势，所以恰当选择时机可以带给企业短期甚至持久的成本优势，从而改变企业的成本地位。

总而言之，价值链分析不仅能为信息使用者提供较为客观、真实的成本信息，而且能动态地跟踪和反映所有作业活动，以便有效地控制企业扩张过程中发生的成本。这样，就可以使管理者更好地根据企业战略目标实施战略，从而降低企业成本，改善经营效率，提高企业的竞争地位。

三、战略业绩评价阶段的战略管理会计

随着战略管理理论的发展，战略业绩评价成为战略管理会计中的重要环节。管理者可以用战略业绩评价的信息来激励员工，制定和修订战略，是连接战略目标和日常

经营活动的桥梁。平衡计分卡为管理者提供了全面的框架，它以企业的战略为中心，从财务、顾客、内部流程以及学习和成长四个维度评价企业的战略业绩，也就是说要获得组织最终目标——财务上的成功，必须使顾客满意，使顾客满意只能优化内部价值创造过程，优化内部过程只能通过学习和提高员工个人能力。

由于企业的战略目标仍然是价值最大化，这就要求我们在评价企业价值时充分考虑企业的权益资本成本，而经济附加值则满足这一要求。因此，我们可以将经济附加值作为平衡计分卡财务层面的主要评价指标，以此建立一个基于经济附加值作为平衡计分卡的综合战略业绩评价体系。该综合业绩评价体系以企业战略目标——企业价值最大化为出发点，以平衡计分卡为框架，将企业的战略分解为财务、顾客、内部流程、学习和成长四个维度，最后与经济附加值结合选择恰当的业绩指标对企业扩张前后的成果进行评价。

（一）财务维度的战略业绩评价

财务维度是评价企业战略业绩的一个重要组成部分，由于企业战略的目标是价值最大化，因此该层面需要反映企业过去可计量业务的经营状况，反映企业的经营战略、经营业绩对实现企业价值最大化的影响，以及企业的经营战略是否能为企业的价值增值作出贡献，并且体现股东及利益相关者的利益。这样，也许经济附加值就是最合适的绩效评价指标。除此之外，企业可以根据企业生命周期的不同阶段选择其他财务指标。例如，处于成长期的企业各方面的资金需求比较大，而由于市场和销售渠道还处于初始状态，此时的投资回报会比较低，因此该阶段可以选取的财务指标主要有收入增长率、新产品收入占总收入的比率等。成长期企业的销售额迅速增加，成本大幅度降低，利润增加，因此该阶段可以将市场占有率、投资周转率、研发费占销售额百分比等作为其财务指标。成熟期企业主要致力于收获利润，无须扩大生产能力，不需要进行大量投资，因此主要的财务指标可以是现金流量、营运资本、市场占有率、销售利润率等。衰退期企业的财务指标可选择单位成本、现金净流入、投资回收期等。

（二）顾客维度的战略业绩评价

顾客维度关注的是顾客价值的实现。这就需要我们聚焦于如何吸引客户、保留客户和加深顾客关系等问题，以此增加顾客价值。提高顾客价值可以通过经营优势、顾客关系和产品领先三方面进行。追求经营优势的企业需要在定价、产品质量、订单完成速度、及时送货等方面取胜；并通过充分和额外的服务加强与顾客之间的关系。而可以衡量顾客价值的典型指标通常包括：顾客满意程度、顾客保持程度、市场份额、新客户的获得、客户获利能力等。

（三）内部流程维度的战略业绩评价

内部流程维度影响顾客需求的满足，关系到企业的业绩状况。一般而言，企业中一般有三个流程：创新流程、经营流程和售后流程。创新流程是整个内部流程的关键，它主要负责开发新产品和服务，并深入新的市场和客户群；经营流程关注产品的成本、质量、周转时间、效率、资产利用、能力管理等，保证企业能够为顾客提供卓越的产品和服务；售后服务是很重要的辅助流程，企业通过完美的售后服务，为客户使用产品和服务提供更高的价值。这个层面的衡量指标可以包括：新产品占销售额的比率、专利产品占总收入的比率、新产品开发周期、成本指标等。

（四）学习和成长维度的战略业绩评价

学习和成长维度是企业成长和进步的基础。在全球竞争日趋激烈的情况下，企业只有不断学习与创新，才能创造持久的竞争力。在该层面的指标主要有：新产品开发、研究与开发能力与效率、培训支出、员工满意程度、员工流动率、信息传递和反馈所需时间、员工受激励程度、企业文化、信息系统的更新程度等。

通过对上述四个层面的评价，该战略评价体系兼顾了战略和战术业绩、短期和长期目标、财务和非财务信息、内部和外部指标之间的平衡。这样，一些看似不相关的指标有机地结合在一起，提高了管理效率，为企业未来的成功奠定了坚实的基础。

本章小结

企业战略是指企业根据自身所处的环境状况，运用一定计策或手段，对自身的目标进行定位，以及为实现该目标所采取的一系列的一致性行动；企业战略管理是指对企业战略的选择、实施和评价进行管理，战略管理包括战略选择、战略实施和战略评价三个主要元素；战略管理会计是战略管理的管理会计，内容与其目标密切相关。由于战略管理会计注重企业未来的发展，因此，战略管理会计的内容不能局限于企业内部，还要研究企业的外部环境；同时，战略管理会计的内容不能局限于企业的价值信息，也要考虑一些非价值方面的信息对企业战略管理产生的影响；战略管理会计的研究内容应按照战略管理循环，划分为战略选择阶段的战略管理会计、战略实施阶段的战略管理会计和战略评价阶段的战略管理会计。同时，战略管理会计的方法有很多，战略定位分析、价值链分析、成本动因分析、竞争对手分析、作业成本管理、产品生命周期分析、平衡计分卡、经济增加值等是其主要的方法。

平衡计分卡是从财务、客户、内部运营、学习与成长四个层面，将组织的战略落实为可操作的衡量指标和目标值的一种新型绩效管理体系。这几个角度分别代表企业三个主要的利益相关者：股东、顾客、员工。

EVA 是经济增加值（economic value added）的英文缩写，它基于的逻辑前提是企业所运用的所有资本，其来源无论是借贷资金还是募股资金都有其成本，甚至是捐赠资金也有机会成本，也就是说无论是股权投资还是债权投资都有其成本（Stewart，1991）。只有企业创造的利润超过所有成本，包括股权和债务成本之后的结余才是创造了价值，这就是 EVA。它可以帮助投资者了解目标公司在过去和现在是否创造了真正的价值，实现了对投资者高于投资成本的超额回报。在数值上，EVA 等于税后经营净利润减去所使用的资金成本（包括债务和股权成本）后的余额（叶晓铭，2004）。

综合练习

一、单项选择题

1. 以下不属于战略管理会计特征的是（　　　）。
    A. 战略管理会计着眼于长远目标、注重整体性和全局利益
    B. 重视企业和市场的关系，具有开放系统的特征
    C. 重视企业组织及其发展，具有动态系统特征
    D. 重视生产管理和客户管理，具有时效系统的特征

2. 以下不属于战略管理会计基本原则的是（　　　）。
    A. 全局性原则　　　　　　　　　　B. 重要性原则
    C. 信息的成本效益原则　　　　　　D. 相关性原则

3. 迈克尔·波特在《竞争战略》中指出（　　　）战略是竞争制胜的法宝。
    A. 成本领先　　　　　　　　　　　B. 差异化
    C. 专注化　　　　　　　　　　　　D. 顾客至上

4. 以下不属于价值链分析特点的是（　　　）。
    A. 价值链分析的基础是价值　　　　B. 价值链的整体性
    C. 价值链的异质性　　　　　　　　D. 价值链的特殊性

5. 涉及产品的物质创造及其销售、转移给买方和售后服务的各种活动，是属于
（　　　）。
    A. 生产活动　　　　　　　　　　　B. 销售活动
    C. 基本活动　　　　　　　　　　　D. 辅助活动

6. 以下关于成本动因分析错误的是（　　　）。
    A. 是作业成本法的前提
    B. 成本动因分析的内容之一为执行性成本动因分析
    C. 不同企业具有相同的成本动因
    D. 成本动因分析内容包括结构性成本动因分析

7. 以下不属于行业环境内容的是（　　　）。
    A. 细分市场　　　　　　　　　　　B. 潜在进入者
    C. 顾客和供应商　　　　　　　　　D. 人力资源

8. 以下关于产品成长期的说法错误的是（　　　）。
    A. 市场需求趋于饱和　　　　　　　B. 需求量和销售额迅速上升
    C. 生产成本大幅度下降　　　　　　D. 利润迅速增长

9. 以下不属于产品生命周期分析的初创期应该采取的策略或特点的是（　　　）。
    A. 采取夺取和渗透的经营策略　　　B. 尽量采用负债融资
    C. 尽量避免负债融资　　　　　　　D. 现金净流量基本上为负值

10. "销售增长速度缓慢直至转而下降，企业在产品质量、花色、规格、包装服务

等方面加大投入，在一定程度上增加了成本"，这一特征反映企业处于（　　）阶段。

    A. 引入期   B. 成长期

    C. 成熟期   D. 衰退期

二、多项选择题

1. 以下属于战略管理会计具体目标特征的有（　　）。

    A. 直接有用性   B. 可测性

    C. 相容性   D. 可传输性

2. 企业进行战略定位分析的内容有（　　）。

    A. 企业内外环境的分析   B. 行业层面的战略定位

    C. 市场层面的战略定位   D. 产品层面的战略定位

3. 企业进行外部环境分析时常用的工具包括（　　）。

    A. PEST 分析法   B. 脚本法

    C. 产品寿命周期分析法   D. SWOT 分析法

4. 价值链分析的核心内容是（　　）。

    A. 把整个价值链分解为与战略相关的作业、成本、收入和资产，并把它们分配到"有价值的作业"中

    B. 确定引起价值变动的各项作业，并根据这些作业，分析形成作业成本及其差异的原因

    C. 确定核心企业与顾客和供应商之间作业的相关性

    D. 利用分析结果，重新组合或改进价值链

5. 竞争对手分析的核心内容包括（　　）。

    A. 竞争对手的长远目标   B. 竞争对手的战略假设

    C. 竞争对手的战略途径与方法   D. 竞争对手的战略能力

6. 产品生命周期一般包括以下（　　）阶段。

    A. 引入期   B. 成长期

    C. 成熟期   D. 衰退期

7. 平衡计分卡具体包括以下（　　）层面。

    A. 财务层面   B. 客户层面

    C. 内部经营流程层面   D. 学习和成长层面

8. 以下关于企业外部环境分析说法正确的有（　　）。

    A. 企业外部环境分析主要包括宏观环境、产业环境以及经营环境分析

    B. 对企业外部环境的分析，最主要的是对其竞争对手和顾客的分析

    C. 对竞争对手的分析可以明确企业与竞争对手相比的优势和劣势

    D. 对顾客的分析，可以明确其已有和潜在顾客的相关情况

9. 以下属于作业成本管理的核心内容的有（　　）。

    A. 分析累积顾客价值的最终商品的各项作业，建立作业中心

    B. 归类汇总企业相对有限的各种资源，并将资源合理分配给各项作业

    C. 对生产经营的最终商品或劳务分类汇总，明确成本对象

D. 发掘成本动因，加强成本控制

10. 基于管理会计视角的产品生命周期分析中，要延长成熟期，企业可以采取的措施包括（　　）。

    A. 发展产品的新用途　　　　　　B. 开辟新市场

    C. 提高产品的销售量和利润率　　D. 改良产品的特性

11. 实施目标成本分析通常要经过的步骤有（　　）。

    A. 确定目标成本　　　　　　　　B. 识别降低产品成本的途径

    C. 降低成本　　　　　　　　　　D. 成本评价

12. 全面质量管理关注的成本包括（　　）。

    A. 预防成本　　　　　　　　　　B. 鉴定成本

    C. 内部故障成本　　　　　　　　D. 外部故障成本

三、判断题

1. 广义的企业战略管理是指对企业战略的选择、实施和评价进行管理。　　（　　）

2. 战略管理会计的核心意义在于运用一系列的识别工具寻找顾客真正需要的价值所在，进而相应地改进企业自身发展战略。　　（　　）

3. 企业战略定位的核心理念是遵循专注化。　　（　　）

4. 价值链分析的基础是价值，其重点是价值活动分析。　　（　　）

5. 为生产最终产品所需的且不可替代的作业或为最终产品提供独特价值的作业为非增值作业。　　（　　）

6. 战略群组竞争要比与战略群组外的企业的竞争更直接、更激烈。　　（　　）

7. 作业成本管理（ABCM）是以提高客户价值、增加企业利润为目的，基于作业成本法的新型集中化管理方法。　　（　　）

8. 对企业外部环境的分析，最主要的是对其竞争对手和顾客的分析。　　（　　）

9. 企业处于成熟期阶段的产品常采用逐步放弃策略和自然淘汰策略，陆续停止该产品的生产，使其退出市场。　　（　　）

10. 从企业规模角度看，当企业规模在某一临界点以下时，规模越大，由于分摊固定成本的业务量较大，产品的单位成本越低。　　（　　）

11. 制定战略是企业战略管理的最关键阶段。　　（　　）

12. 成本动因可以分为结构性成本动因以及执行性成本动因，而影响各个价值作业的主要是结构性成本动因。　　（　　）

13. 成熟期企业主要致力于收获利润，无须扩大生产能力，不需要进行大量投资，因此主要的财务指标可以是现金流量、营运资本等。　　（　　）

14. 企业中一般有三个流程：创新流程、经营流程和售后流程。创新流程是整个内部流程的关键。　　（　　）

四、实践练习

1. 沿海某企业从去年初起，把平衡计分卡作为公司的一项考核制度，开始在这家2 000人规模、年产值数亿元的企业内实施。李君作为人力资源部的绩效经理直接负责平衡计分卡的推广事宜。然而，将近一年的时间过去了，平衡计分卡的推行并没有顺利实施，反而在公司内部的有不少抱怨和怀疑。甚至有人说："原来的考核办法就像是一根绳子拴着我们，现在想用四根绳子，还不就是拴得再紧点，为少发奖金找借口？""其实，我们发现有些公司遇到的情况和我们现在差不多。因此，我不知道这到底是我们的问题，还是因为平衡计分卡真的不适合中国企业。"李君说起这些，显得颇有些无奈。

要求：根据案例资料指出该公司在实施平衡计分卡上遭遇尴尬的原因并做深入剖析，为其走出困境提出合理的建议。

2. 1999年财政部颁布《国有资本金效绩评价规则》及《国有资本金效绩评价操作细则》，也是我国企业业绩评价指标体系的第三次变革，初步形成了财务指标与非财务指标相结合的业绩评价指标体系。该体系以定量分析为基础，定性分析为辅助，实行定量分析与定性分析的相互校正，以此形成企业绩效的评价的综合结论。《国有资本金效绩评价》体系包括的指标及权重安排具体见下表：

财务绩效定量指标（权重70%）			管理绩效定性指标（权重30%）
指标类别（100）	基本指标（100）	修正指标（100）	评议指标（100）
一、盈利能力状况（34）	净资产收益率 20 总资产报酬率 14	销售（营业）利润率 10 盈余现金保障倍数 9 成本费用利润率 8 资本收益率 7	战略管理 18 发展创新 15 经营决策 16 风险控制 13 基础管理 14 人力资源 8 行业影响 8 社会贡献 8
二、资产质量状况（22）	总资产周转率 10 应收账款周转率 12	不良资产比率 9 流动资产周转率 7 资产现金回收率 6	
三、债务风险状况（22）	资产负债率 12 已获利息倍数 10	速动比率 6 现金流动负债比率 6 带息负债比率 5 或有负债比率 5	
四、经营增长状况（22）	销售（营业）增长率 12 资本保值增值率 10	销售（营业）利润增长率 10 总资产增长率 7 技术投入率 5	

要求：请结合平衡计分卡理论体系及相关内容，指出该绩效评价体系尚存的问题并提出改进建议。

3. 东方汽车是国内首家推行EVA薪酬改革的公司。2001年5月，东风汽车宣布要实施以EVA为基础的岗位绩效工资。同其他企业业绩评价指标相比，EVA最大的不同是加入了资金成本这一因素。资金成本是EVA体系一个最重要的理论支撑点。

其基本计算公式是：EVA＝企业当年经营净利润-资金成本。

因此，EVA比任何传统的指标都更能体现投资者的利益和企业的运作状况。东风汽车认识到，随着中国加入WTO，外资大量涌入，人才的争夺战愈演愈烈，企业要吸引和保留优秀人才，必须进一步深化薪酬分配制度改革。在改革中，他们将薪酬分配由过去的以保险功能为主向激励功能为主转变，尽量做到薪酬设计科学化、薪酬分配市场化、薪酬管理规范化。但该项改革却遇到了阻力，引发了诸多争议，更引起了关于 EVA 中国化的各种深度思考。

要求：（1）结合本案例分析 EVA 指标本身的局限性；

（2）结合本案例分析外部环境对实施 EVA 的约束。

4. 国资委宣布从 2010 年开始对中央企业（以下简称"央企"）全面实行经济附加值考核。

由于传统考核（即利润总额与净资产收益率）难以客观、全面地对央企进行考核，致使央企在经营过程中出现了一系列问题。首先，部分央企通过无限制的资本扩张去片面追求规模的增长，但这种增长或利润是以资产的低质量（低收益率）、高资产负债率（高风险资本结构）、投资的低回报为代价的；其次，央企在片面追求规模扩张的同时，往往忽略了专注于主营业务，忽略了盲目多元化这种投机型的业务扩张所导致的经营风险，以致收入及利润中的主要部分来源于非主营业务，这与国家对央企集中发展主业、进行产业升级的要求背道而驰；最后，以提升企业核心竞争力为目的的研究支出，因为要让路于利润指标，始终在投入上处于较低的比例，损害了企业的发展能力。

根据央企的特殊性，国资委对经济附加值进行了调整：第一，将资本成本率基准设为 5.5%；第二，鼓励加大研发投入，对研究开发费用视同利润来计算考核；第三，鼓励为获取战略资源进行的风险投入，对企业投入较大的勘探费用按一定比例视同研究开发费用；第四，鼓励可持续发展投入，对符合主业的在建工程从资本成本中予以扣除；第五，凡通过非主营或非经常性业务获得的收入（益），可以增加利润并相应增加利润指标的考核得分和高管薪酬水平，但不能全额增加经济附加值。

要求：针对央企全面实行经济附加值考核的决定，分析该项考核决定可能带来哪些积极影响？又尚存哪些方面的问题？

参考文献

[1] 潘飞. 管理会计 [M]. 上海：上海财经大学出版社，2003.

[2] 胡玉明. 高级管理会计 [M]. 2 版. 厦门：厦门大学出版社，2005.

[3] 毛付根. 管理会计 [M]. 2 版. 北京：高等教育出版社，2007.

[4] 孟焰. 管理会计学 [M]. 北京：经济科学出版社，2007.

[5] 刘金星. 管理会计 [M]. 上海：上海财经大学出版社，2009.

[6] 余绪缨，汪一凡. 管理会计 [M]. 3 版. 北京：中国人民大学出版社，2010.

[7] 吴大军. 管理会计 [M]. 2 版. 大连：东北财经大学出版社，2010.

[8] 苗莉. 企业战略管理 [M]. 北京：清华大学出版社，2010.

[9] 陈汉文. 管理会计 [M]. 北京：中央广播电视大学出版社，2010.

[10] 周航. 管理会计 [M]. 北京：中国财政经济出版社，2010.

[11] 王雍欣，何秀贤. 管理会计 [M]. 北京：经济科学出版社，2011.

[12] 傅元略. 管理会计 [M]. 北京：经济科学出版社，2011.

[13] 查尔斯，亨瑞格. 管理会计教程 [M]. 潘飞，译. 北京：机械工业出版社，2012.

[14] 孙茂竹，文光伟，杨万贵. 管理会计学 [M]. 6 版. 北京：中国人民大学出版社，2012.

[15] 冯巧根. 管理会计 [M]. 2 版. 北京：中国人民大学出版社，2013.

[16] 徐哲. 管理会计基础 [M]. 上海：上海财经大学出版社，2017.

[17] 邱玉莲. 管理会计学 [M]. 北京：经济管理出版社，2006.

[18] 张长胜. 企业全面预算管理 [M]. 北京：北京大学出版社，2013.